한국 무교와 그리스도교

Il-Young Park
*Korean Shamanism and Christianity*

© Benedict Press, Waegwan, Korea 2003

한국 무교와 그리스도교
2003 초판
지은이 · 박일영 | 펴낸이 · 이형우
ⓒ 분도출판사

등록 · 1962년 5월 7일 라15호
718-806 경북 칠곡군 왜관읍 왜관리 134의 1
왜관 본사 · 전화 054-970-2400 · 팩스 054-971-0179
서울 지사 · 전화 02-2266-3605 · 팩스 02-2271-3605
www.bundobook.co.kr

ISBN 89-419-0313-0 04230
ISBN 89-419-9751-8 (세트)
값 10,000원

아시아 신학 총서 10

# 한국 무교와 그리스도교

박 일 영

분도출판사

# 지은이의 말

이 책은 필자가 앞서 간행한 『한국 무교의 이해』(분도출판사, 1999)를 잇는 후속 연구 내지는 연계 작업이라고 할 수 있다. 필자는 『한국 무교의 이해』에서 한국의 가장 오래된 종교현상으로서의 무교를 우선 있는 그대로 이해하려고 노력했다. 많은 경우 사람들은, 특히 한국의 그리스도인들은 지금까지도 무교를 미신과 동일시하거나 우상숭배의 대표쯤으로 치부해 버리고 만다. 어찌하여 그런 사태가 벌어졌는가는 그 책에서 비교적 상세히 다루었기에 여기서 재론은 피하고자 한다. 그래서 그 책에서는 무교가 가진 정체가 과연 무엇인가를 종교학적 시각에서 접근한 후, 그리스도교와 만남의 가능성을 종교신학적 입장에서 시론적이나마 타진해 보았던 것이다.

그러한 필자의 의도가 바로 그 책의 마지막 부분에서 「16. 무교와 그리스도교의 만남」 그리고 「17. 무교와 그리스도교의 대화」라는 제목을 달고 나타난다. 무교와 그리스도교가 한반도에서 첫 만남을 가지게 되었던 시기부터 서양 선교사들의 무교에 대한 시각이나, 한국 그리스도인들이 무교에 대하여 갖는 양가감정적인 애증을 가감 없이 보여주고자 시도했다. 그리고나서 무교와 그리스도교는 어떤 식으로 적극적 만남을 가질 수 있는지를 예수와 바리데기, 한풀이와 그리스도풀이, 그리고 굿과 미사를 비교하면서 시도해 보았다. 그러한 연구 내용들은 바로 한국의 기층종교로서의 무교와 여전히 "서양종교"로 인식되고 있는 그리스도교 사이에 본격적인 학문적 논의의 물꼬를 트고자 했던 의도에서 이루어졌다.

이제 이 책에서는 좀 더 본격적인 논의의 마당을 열고자 한다. 본서에서 필자는 무교와 그리스도교 사이의 만남을 일곱 개의 마당으로 구성하여 다루었다. 첫째 마당에서는 "그리스도인이 본 무교"를 다룬다. 먼저 과거 이 땅에서 활약한 서양 출신의 가톨릭과 개신교 선교사들이 한국의 고유 종교인 무교를 어떤 시각에서 보고 해석했는지를 다룬다. 다음에는 현재 한국의 그리스도인들은 그리스도의 가르침을 이 땅에 토착화하는 노력 중에서 무교와의 관계를 어떻게 정립하고자 하는지를 대표적인 토착화 논의들을 통하여 천착한다.

둘째 마당에서는 시각을 달리하여 "무교와 그리스도교의 만남 — 무교적 관점에서"를 다루었다. 이제까지 그리스도교의 무교 이해라든가 그리스도교가 무교에서 받은 영향은 비교적 다양하게 다루어져 왔다. 그 내용의 정확성이나 연구의 깊이는 차치하고라도 말이다. 그러나 반대로 무교의 그리스도 이해나 무교가 그리스도교에서 받은 영향은 이제까지 학계에서 거의 다루어진 적이 없었다. 그래서 여기서는 그리스도교를 처음 만난 한국종교들의 충격이 어떠했는지, 무교에서 수용한 그리스도교의 신앙 내용은 무엇이고, 배척하거나 거부한 내용은 무엇인지, 무교의 입장에서 보았을 때 무교의 영향을 받은 그리스도교의 모습은 어떤 것인지 등을 다루었다.

셋째 마당부터는 좀 더 구체적인 접근이라고 말할 수 있다. 종교들 간의 비교연구에서 가장 핵심적 내용이라고 할 수 있는 신관의 비교 문제를 "신령님과 하느님"이라는 측면에서 다루었다. 무교와 그리스도교의 신이 과연 두려운 분인지 아니면 인자한 분인지를 중점적으로 규명했다.

넷째 마당에서는 계시의 문제를 다룬다. "공수와 계시"라는 제목하에 두 종교의 계시 문제를 비교 고찰했다. 종교 일반의 계시 이해를 정리한 후에, 그리스도교 특유의 계시관을 성서, 교리, 신학의 측면에서 밝혔다. 그 후에 무교의 공수를 무당의 신병 현상과 실제 굿에서 이루어진 신령과 인간의 의사소통으로 공수의 사례를 들어 살펴보았다. 덧붙여서 그동안 한국 교계에서 그리스도교의 계시인가 무교의 공수인가 하는 논란이 있어 온 이른바 "사적 계시"의 문제를 비교종교학적으로 정리했다.

다섯째 마당에서는 종교심성이라는 인간 내면의 가장 심층 분야를 다루어 보았다. "종교성과 신앙심"이 서로 어떤 특성을 갖고 있는지 알아본 후에, 한국의 종교문화적 맥락 속에서 그 둘을 어떻게 조화시킬 것인가를 다루었다.

여섯째 마당은 두 종교의 공동체관에 대한 비교이다. "단골판과 교회"로 이름 붙여진 두 종교의 공동체는 오늘을 살아가는 우리에게 여전히 어떤 의미를 제시하는지를 살펴보았다. 먼저 무교의 단골판은 공동체의 신앙 실천에 어떤 식으로 기능하는지를 다루고 나서, 그리스도교 교회공동체의 특성을 교회 공식문헌들을 통하여 정리했다. 종교 공동체로서 단골판과 교회는 겉으로 비슷한 공통점을 보이면서도 또 속으로는 상당히 다른 내용을 갖고 있음도 밝혀냈다.

마지막 일곱째 마당에서는 한국의 그리스도교계에서 여전히 뜨거운 화두가 되고 있는, 그리고 어쩌면 모든 종교들의 영원한 숙제인 "토착화"의 문제를 무교와 관련지어 다시 한 번 정리했다. 단순히 외래종교의 성공적 정착(?)이라는 편협한 의미에서의 토착화가 아니라, 세계-내-조화를 추구하는 무교적 영성의 토양 속에서 한극의 그리스도교는 한국의 종교이기 위하여 어떤 모습으로 "한국화"되어야 할지, 또 여러 이웃 종교들이 서로 풍요로운 모습으로 이 땅의 종교문화를 비옥하게 만드는 길을 모색했다. 그것은 바로 닫는 마당으로 이어지면서 필자가 여전히 붙들고 있는 "그리스도교와 한국 무교의 상호 선교"라는 주제에 다다르게 된다. 여기서는 교세 확장을 목적으로 하는 양적 전도와 달리, 열린 사회 속에서 이루어지는 질적인 선교를 천명하게 된다. 무교의 영성과 그리스도교의 문화가 만나서 함께 이루어 내는 "상호 선교"로서의 아름다운 세상 만들기는 어떤 단계를 거쳐서 이행될지를 제시했다.

또 한 권의 책을 세상에 내놓으면서 여전히 두려움과 부끄러움이 앞선다. 정작 원고는 오래 전에 마무리했으면서도, 출판을 차일피일 미루고 있었던 데는 물론 필자의 게으름이 주원인이었겠지만, 내 딴에는 또 다른 이유도 도사리고 있었다. 그건 바로 여전히 설익은 글과 엉성한 말을 가뜩이나 어지럽고 복잡한 세상 한가운데로 하릴없이 내보내는 것이나 아닌가 하여 주저했기 때문이기도 했다. 이제 이와 같은 부끄러움과 두려움을 무릅쓰고 또다시 만용을 부려 본다. 그런저런 망설임에도 불구하고 이 책에서 다루었던 내용들은 오늘날 종교문화의 거친 풍토 속에서 더 이상 미룰 수 없는 주제들이라고 생각했기 때문이다. 밝은 귀와 맑은 눈, 그리고 고운 맘을 가진 많은 분들의 가르침을 청한다.

2003년 여름, 원미산 기슭에서
박 일 영

# 머리에_여러 종교들 사이에서 이웃으로 살아가기


## 1. 「비그리스도교와 교회의 관계에 대한 선언」

1962년부터 1965년까지 3년여에 걸쳐 전 세계 가톨릭 교회 지도자들이 교황청이 있는 바티칸에 모여서 "현대 세계에 대한 적응"aggiornamento을 목표로 개최했던 국제 종교회의가 바로 제2차 바티칸 공의회였다. 이 공의회가 공표한 17건의 공식 문건 가운데 종교문화 일반의 문제를 다룬 것은 1965년 10월 28일에 반포된 「비그리스도교와 교회의 관계에 대한 선언」과 같은 해 12월 7일에 반포된 「종교 자유에 관한 선언」이 있다. 이 두 문건 중 「종교 자유에 관한 선언」은 종교문화 전반에 대한 교회의 공식 견해라기보다는 인간의 존엄성과 관련한 종교 실천의 자유 문제에 국한하여 다루고 있다. 반면에 「비그리스도교와 교회의 관계에 대한 선언」(이하 「선언」)은 인류의 다양한 종교문화에 대한 가톨릭 교회의 공식 입장을 확인해 볼 수 있는 문헌이다.[1]

「선언」은 "인류가 날로 더욱 긴밀히 결합되고 여러 민족들 사이의 유대가 더욱 강화되어 가는 현대에 있어서 … 타종교에 대한 (가톨릭 교회) 스스로의 태도를 진지하게 검토"한다고 제1항에서 밝히고 있다. 총 5항으로 구성된 짤막한 이 문헌은 인류에게 공통되는 문제점들인 "인생의 숨은 수

---

[1] 박일영 「제2차 바티칸 공의회의 "비그리스도교에 관한 선언"」『종교문화』1, 가톨릭종교문화연구원 1999, 345-9 참조.

수께끼들에 해답"(2항)을 제시하는 종교들로 "마음속의 종교"(1항), "힌두교, 불교, 기타 종교"(2항), "회교"(3항) 그리고 "유다교"(4항)를 다루고 있다. 결론적으로는 "사랑하지 않는 사람은 하느님을 알지 못한다"(1요한, 4,8)라는 성경 구절을 인용하면서 우리는 모두 하느님의 모상대로 창조된 인간이기에 혈통이나 피부색이나 사회적 조건이나 종교적 차이에 상관없이 모든 사람들을 하느님 아버지를 대하듯이 대하여야 한다고 주장한다.

이렇게 볼 때 이 「선언」은 그리스도교 이외의 타종교와 타종교인들은 하느님의 구원 경륜 안에서 어떤 위치에 놓여 있으며, 가톨릭 교회는 이들 여러 종교들에 대하여 어떤 태도를 취하여야 할 것인가를 다루고 있다. 과거나 현재나 세상에는 수많은 종교들이 있고 무수한 사람들이 진심으로 자기가 믿는 종교가 올바른 것이라고 믿고 그 종교를 통하여 구원을 받는다고 확신한다. 그렇다면 현대의 가톨릭 교회는 그리스도교 이외의 종교문화 전반에 관하여 어떠한 견해를 가지고 있는가?

1963년 9월 29일 공의회 제2회기 개회식에서 교황 바오로 6세는 "가톨릭 교회는 그리스도교 신자라는 한계를 넘어서 저편도 본다. … 교회는 타종교와 대화하고 각 종교가 가진 선한 것, 진실된 것을 인정하고 하느님을 예배하는 종교적 정신을 보존하고 참다운 문화에 공헌할 임무를 자각하도록 권고한다"라고 말했다. 또 1964년 8월 6일에 공포한 회칙 「에끌레시암 수암」*Ecclesiam suam*에서는 "측량할 수 없을 만큼 큰 원이 나의 주위에 펼쳐지고 있다. 그것은 인류 자체, 즉 세계이다. 이것이 제1의 원이다"라고 말한 후, 이어서 여러 종교의 신봉자들을 제2의 원으로 묘사하고 있다.

이러한 분위기 속에서 비그리스도교에 대한 가톨릭 교회의 공식적인 태도 표명이 공의회에서 역사상 최초로 공공연하게 이루어지게 되었다. 논의의 요점은 다음과 같은 것이었다. 즉, 그리스도교에 속하지 않는 사람들이 만약 양심의 명령에 충실하다면 반드시 구원될 것이다. 따라서 가톨릭 교회에 속하는 사람들이 이 문제에 관하여 어떤 방법으로든 교회 밖의 사람들과 말을 나누고 대화를 하는 것은 중대한 의무이다. 그리하여 비그리스도인들과도 대화를 하겠다는 교회의 태도를 분명히 했다.

이제 가톨릭 교회는 비그리스도교 전통 안에서 가치 있는 것들을 발견할 때, 그 귀중한 유산이 하느님으로부터 온 것임을 인정한다. 그리스도인들은 타종교인들과 사귐으로써 여러 가지 방법으로 인간의 마음에 호소하는 하느님을 더 깊이 이해할 수 있다. 제2차 바티칸 공의회가 선포한 「선언」은 타종교와 무원칙한 타협을 하려는 목적으로 작성된 것이 아니고, 타종교의 존재 의미를 제대로 인식하고 그에 대한 교회의 태도를 분명히 한 역사상 최초의 문건이라고 평가할 수 있다.[2]

## 2. 열린 사회와 종교 간 대화

정치·경제·종교·문화·인구분포 등 세계구조의 전반적인 개편과 함께 가치관의 재정립으로 말미암아 오늘을 살아가는 인간의 사고방식과 생활유형에도 근본적인 변화가 요청되고 있다. 이러한 현실을 종교 문제에 국한시켜 보면, 그것은 종교 자체에 대한 새로운 도전이라고 보겠다. 한국갤럽조사연구소에서 실시한 "한국인의 종교와 종교의식"에 관한 조사 보고서에 따르면, 피조사자의 소속 종교와 윤회에 대한 믿음 사이의 양상이 다음 도표와 같이 나타났다. "사람이 죽으면 어떤 형태로든 이 세상에 다시 태어난다"라는 설문 항목에 대하여 증교별로 한국인들의 응답을 보여준다. 많은 불자들이 윤회설을 믿지도 않으면서 불교도라고 대답했으며, 반면에 상당수의 그리스도인들이 윤회설을 믿으면서도 개신교인이요, 천주교 신자라고 응답했다.[3]

---

[2] 심상태 「교회와 타종교와의 관계」『그리스도 신앙의 진리』성심여자대학교 출판부 1991, 246-72 참조.

[3] 박무익 편 『한국인의 종교와 종교의식』한국갤럽조사연구소 1984, 320 〈표 4-7. 종교적 성향〉. 같은 기관에 의하여 같은 주제에 대한 조사가 주기적으로 계속되고 있으나, 여전히 비슷한 성향을 보여주고 있다.

(단위: %)

| 구분 | 그렇다 | 아니다 | 모름/무응답 | 계 |
| --- | --- | --- | --- | --- |
| 전체(1,946) | 20.7 | 46.8 | 32.5 | 100.0 |
| 불교 | 29.1 | 38.6 | 32.3 | 100.0 |
| 개신교 | 21.4 | 54.9 | 23.8 | 100.0 |
| 천주교 | 24.5 | 50.5 | 25.0 | 100.0 |
| 믿지 않음 | 16.9 | 47.3 | 35.7 | 100.0 |

이상과 같은 현실 속에서 이제 어느 특정 종교든지 나만이 종교적 진리를 간직하고 있다는 배타적인 진리보유권Wahrheitsrecht의 주장이나 절대성 요청 Absolutheitsanspruch을 쉽사리 할 수 없게 된 듯하다. 뿐만 아니라, 지역별 종교 분할책qualis regio, talis religio 마저도 종교 간의 — 제한적·소극적이기는 하나 — 평온을 유지하는 사회적 기능을 상실한 지 오래이다. 이러한 상황에 대한 인식으로부터 각 종파 간에 그리고 각양각색의 종교들 사이에 상호 접촉과 대화와 만남에 의한 새로운 이해가 요청된다. 스위스의 종교학자 프리들리Richard Friedli의 말대로, 우리는 지금 "상호 선교"를 위한 종교신학 내지는 "종교들의 신학"이 절실히 요청되는 시점에 서 있는 것이다.[4]

양적인 측면에서 볼 때 한국의 종교들은 목하 대단한 진전을 보이고 있다. 하지만 한국의 종교들은 수적인 증가에 자족하고 있을 것이 아니라, 질적인 성숙도 도모해야 한다. 각 종교의 메시지가 화음禍音(Drohbotschaft)이 아니라, 복음福音(Frohbotschaft)이 되기 위해서는 오로지 교세 확장만을 추구하는 양적인 "전도"에 머무를 일이 아니라, 인간 삶의 모든 분야를 인간답게 성숙시키는 질적인 "선교"에 관심을 기울여야 한다.

이러한 작업은 수많은 종교들의 집합장인 한국이라는 삶의 자리에서 다양한 종교들의 수용과 교류라는 전통과 맥락에서 진행되어야 한다. 한국종

---

[4] R. 프리들리 (박일영 역) 『현대의 선교. 선교인가 반선교인가』 신학선서 10, 성바오로출판사 1989, 66-165 참조.

교사는 고래로 다양한 종교들이 서로 관용과 조화로 다종교 공존의 역사를 오랫동안 이어 온 전통이 있다. 또한 한국은 지금 바로 세계의 대표적인 종교들이 모두 모여들어 서로의 관용과 조화의 가능성을 시험받고 있는 실험실이요 전시장이라 해도 과언이 아니다. 그래서 이 책에서는 한편으로 한국의 대표적 기층종교인 무교와 다른 한편 이즈음 한국의 종교문화를 주도하고 있는 제도종교의 전형인 그리스도교, 특히 가톨릭 신앙과의 접촉과 갈등, 교류의 현황과 종교 간inter-religious 만남의 가능성을 본격적으로 타진해 보고자 한다.

무교적 바탕에서 이루어져 있는 한국 전통종교성을 올바로 깨닫고 제대로ortho-praktisch 계발하는 일은 한국 그리스도교 초미의 관심사인 조화로운 토착화 내지는 문화순응inculturation을 위해서도 최우선의 의미를 지닌다. 물론 무교의 종교성은 한국종교사 안에서 "단순 전승"되기만 하는 것이 아니라, 다양한 모습으로 변용acculturation되어 오고 있다. 주위 문화의 강한 영향력으로 인해 외래종교들과의 깊은 교섭관계 속에서 자기 정체성을 보존하려는 노력은 한편으로 종교-혼합syncretism의 현상을 보이는가 하던, 또 다른 한편으로는 무제한의 포용력으로 개방적이며 창조적인 고양高揚의 길을 걸어 오고 있다.[5]

이 책에서는 이와 같은 한국종교사의 전개 특성을 고려하면서, 특히 무교의 종교성과 그리스도 신앙의 사회의식이 상호 선교적인 종교신학의 견지에서 어떻게 접근 가능하며 상호 보완될 수 있는지 살필 것이다. 그리하여 이 두 종교의 만남이 현대 한국 사회가 지닌 갈등과 모순의 해결에 어느 만큼 공헌할 수 있을 것인가에 초점을 맞추고자 한다.

---

[5] 류동식 「한국 무교의 종교적 특성. 외래종교와의 교섭관계를 중심으로」 김인회 외 『한국 무속의 종합적 고찰』 민족문화연구총서 6, 고려대학교 민족문화연구소 1982, 129-45 참조.

# 그리스도인이 본 무교

# 1. 샤머니즘 결정론?

제2차 바티칸 공의회 폐막 10주년을 기념하여 교황 바오로 6세가 1975년에 반포한 회칙 「현대의 복음선교」*Evangelii Nuntiandi*에는 민간신앙과 그리스도교 선교의 관계에 대하여 이렇게 말하고 있다.

> 수세기를 통하여 이루어진 가톨릭 국가나 다른 포교지역에 있어서 백성들 가운데 신과 신앙을 찾고자 하는 특수한 표현을 볼 수 있습니다. 이러한 표현은 오랫동안 순수한 것이 못 된다고 때로는 무시해 왔습니다. 그러나 오늘에 있어서는 이러한 표현들을 어디서나 다시 생각해 보기에 이르렀습니다. … 만일 그런 것들이 적절히 선도되고 특히 복음선교의 방향으로 선도된다면 가치 있는 것이 될 것입니다. 민간신앙은 순박하고 가난한 사람들만이 알아볼 수 있는 하느님께 대한 갈망을 표현하고 있습니다. 그러한 신앙은 신앙을 위해서라면 헌신과 영웅적 희생도 할 수 있는 것을 보여줍니다. 그리고 하느님의 부성, 섭리, 사랑, 현존 등 하느님의 속성을 이해할 수 있는 예리한 감수성도 볼 수 있을 뿐만 아니라 다른 데서는 보기 드문 인내심, 일상생활에 있어서의 십자가의 의의, 해탈, 귀의심, 신심 등 내적 자세도 볼 수 있습니다. 그러기에 나는 민중의 종교심이라고 하기보다 민간신앙, 즉 민중의 종교라고 기꺼이 부르고자 하는 것입니다. … 선도만 잘된다면 이 대중적 신앙심은 오늘의 일반 대중들이 그리스도를 통하여 점차적으로 하느님과의 참된 상봉을 이루게 해 줄 것입니다(48항).[1]

비교적 길게 인용된 위의 글은 현대 그리스도교 특히 가톨릭 교회가 개별 문화권의 토속종교 내지는 민간신앙에 대하여 어떠한 태도를 지녀야 할지 그 지침을 정해 주는 공식문헌이라고 판단된다. 그 이전에도 가톨릭 교회

---

[1] 교황 바오로 6세 (이종흥 역) 『현대의 복음선교』 한국천주교중앙협의회 1977, 61-3.

는 이미 제2차 바티칸 공의회가 공포한 일련의 문헌을 통하여 비그리스도교에 대한 교회의 태도라든가 종교의 자유에 대한 진일보한 자세를 내비치기는 했으나 민간신앙을 지적하여 이렇게 명확한 자세를 정리한 것은 최초가 아닌가 한다. 또 공의회 폐막과 「교회의 선교 활동에 관한 교령」*Ad Gentes Divinitus* 반포 25주년 및 「현대의 복음선교」*Evangelii Nuntiandi* 반포 15주년을 기념하여 교황 요한 바오로 2세가 1990년에 반포한 회칙으로서, 선교 대헌장이라고 불리는 「교회의 선교 사명」*Redemptoris Missio*에서도 "복음과 민족문화와의 융합"이라는 소제목 아래 교회가 여러 가지 문화에 복음을 융화시킴으로써 전체 교회가 더욱 풍부한 자기 표현 방법을 얻을 수 있음을 공의회 문헌과 그 후의 교도권의 문헌들에서 그리고 교황 자신의 젊은 교회들에 대한 사목 방문시에 거듭 거론한 사실을 상기시킨 후 이어서 이렇게 말하고 있다.

> 다른 나라와 교회에서 파견된 선교사들은 출신 지역의 문화 환경을 초월하여 파견된 지역의 사회적·문화적 환경에 자신들을 적응시킬 필요가 있다. 그들은 활동하고 있는 지방의 언어를 습득하고, 주요한 문화재와 친숙해지고 체험으로 그 장점을 발견해야 한다. 이런 것을 알고서야 감추어진 신비를(로마 16,25; 에페 3,5) 신빙성 있게 효과적으로 그 백성에게 알려줄 수 있다. …(53항).[2]

> … 전통적 가치의 보존은 성숙한 신앙의 결과이다(54항).[3]

이상 소개한 교회 교도권의 최근 문헌들은 그리스도 신앙의 "현지(문화) 순응"inculturation과 관련하여 각 민족의 문화와 종교가 갖는, 그 중에서도 특히

---

[2] 교황 요한 바오로 2세 (정하권 역) 『교회의 선교 사명』 한국천주교중앙협의회 1991, 83.
[3] 같은 책 85.

민간신앙이 가지는 적극적인 의미를 잘 표현한다. 그렇지만 그리스도 교회가 이같이 타종교나 민간신앙에 대하여 적극적인 관심을 보이고 긍정적인 평가를 내린 것은 비교적 최근의 일로 기억된다. 가톨릭 교회의 경우는 제2차 바티칸 공의회(1962~1965)를 기점으로 다양한 전통문화와 종교를 보존하면서 저마다의 문제를 안고 있는 오늘의 현대세계에 교회를 적응시키는 문제aggiornamento에 대하여 심각하게 고려하기 시작했다고 할 수 있다.

한국의 사정도 이러한 세계교회의 기류와 무관하지 않은 듯하다. 1960년대를 시발점으로 토착화라든가 한국화의 문제가 그리스도 교회 내에서 본격적으로 거론되기 시작했으니 말이다. 그러나 이렇게 토착화를 운위하는 교회 내부의 분위기가 한 세대를 경과하고 있지만, 그것은 아직도 소수 전문가들의 전유물로 여겨져 오는 인상을 지울 수 없다. 특히 민간신앙이나 토착종교를 대하는 그리스도인들의 자세는 여전히 전투적이고 오만하기까지 하다. 무교를 대표로 하는 민간신앙이 한국인의 종교성을 결정하여 오기는 하나, 그것은 바로 수치스러운 과거의 유물로서 하루빨리 극복해야 할 대상으로만 여기는 부정 일변도의 표정이 역력하다. 한편으로 그리스도 사상의 한국화를 시도하는 일부 신학자들은 무교를 위시한 민간신앙이야말로 한국종교문화의 모태이며 종교심성의 기반으로서 그리스도교의 토착화에 절대적인 관건이라고 단정한다. 이 글에서는 한국에 그리스도 신앙이 도입된 이래 지금까지 그리스도인들의 무교관이라고 할 수 있는 이와 같은 "샤머니즘 결정론"의 허실을 따져 보고자 한다.

그리스도교의 입장에서 한국 무교를 본격적으로 연구한 최초의 연구자들은 서양 선교사들이었다. 그러므로 초기 선교사들의 무교관과 그에 따르는 신학자들의 노선을 먼저 일별하겠다. 그러고 나서 한국화를 시도하는 현대 한국인 신학자들의 무교 이해와 문제점을 살피기로 하겠다. 한국인들에 의한 신학작업이 처음 본격적으로 시도되는 1960년대 개신교 일각에서 "토착화 논쟁"을 불러일으켰던 토착화신학 내지 문화적 토착화론의 무교관을 살펴보고, 1970년대 사회참여의 기치 아래 등장하여 세계적인 주목을 받고 있는 민중신학 내지 정치적 토착화론 안에서의 무교 이해를 찾아보겠다.

가톨릭 교회 안에서도 산발적으로 나타나던 무교를 위시한 민간신앙에 대한 관심이 1980년대를 전후하여 본격화되고 있다. 무교를 한국의 대표적인 종교의 하나로 인정하면서 종교 간 대화와 토착화의 주요 대상으로 인식하기 시작한 최근 한국 가톨릭의 동향을 "종교적 토착화론"이라고 이를 만도 하다. 이렇게 무교를 보는 다양한 평가들을 정리한 후 결론적으로 종교신학적인 전망을 시도하려 한다.

여러 종교로부터 배워서 나의 종교성을 심화하겠다는 자세를 지닐 때, 무교를 위시한 민간신앙 내지 민중종교를 보는 한국 그리스도인들의 시각 교정(혹은 시력 교정)이 올바로 이루어질 것이다. 일방적인 매도나 찬양일변도가 아닌 균형 있는 전망은 민간종교성의 기능과 공헌도, 그리고 역기능과 한계를 바로 봄으로써 진리에 한 걸음 더 다가갈 수 있을 뿐만 아니라, 세계 교회에 대한 한국 교회의 제 목소리와 제 몫을 드러내게 될 것이기 때문이다.

## 2. 서양인 선교사가 본 무교

무교, 나아가서는 한국의 민간신앙과 그리스도교가 이 땅에서 처음 접촉한 시기는 언제일까? 확실한 사료가 남아 있는 것은 아니나, 이미 삼국 시대에 이 땅에 전래된 불교가 그리스도교의 일파로 당시 중국(唐)에서 상당한 세력을 얻고 있던 경교景敎(Nestorianism)의 영향을 다분히 받았다든가, 적어도 고려 시대에 와서는 몽골과의 빈번한 접촉으로 경교가 이 땅에서 영향력을 끼쳤을 것이라는 가설들이 있기도 하다.[4] 그것이 정말이라면, 토착종교와

---

[4] 오윤태 『한국기독교사(한국경교사)』 혜선문화사 1973, 315; 서양자 『15세기 이전에 동방에 온 선교사』 계성출판사 1986, 11-23 등 참조. 종교가 지닌 역동적 성격을 감안할 때 이미 7세기 초반 당나라에 전해진 경교가 비슷한 시기에 한반도에 전래되었을 가능성은 충분하다. 물론 이러한 가설은 아직까지 사료가 미비하여 더 철저한 고증이 요구된다.

의 광범위한 습합을 그 특징으로 하는 경교의 성격으로 미루어 보아서, 무교와 그리스도교가 이 땅에서 서로 접촉하고 상호 관심의 대상이 된 시기도 신라나 고려 시대로까지 소급될 것이다.[5]

그러나 무교가 그리스도교와 본격적으로 만나고 문제가 되어 연구되고 기록으로 남기 시작한 것은 1830년대부터 이 땅에 들어오기 시작한 그리스도교 선교사들에 의해서라는 것이 정설로 되어 있다. 그러나 이들 서양 선교사들은 한국의 고유한 문화전통에 대한 몰이해 때문에 이 땅에 진작부터 있어 온 종교문화 전반을 우스꽝스러운 미신으로 치부하기를 서슴지 않았다. 이들은 무교를 위시한 민간신앙 일반에 대해서만이 아니라, 유교나 불교 등도 무신론의 일부로 단정했다.[6]

이들의 무교 연구 작업은 당시의 한국인들을 서양문화로 차색된 그리스도교로 성급하게 개종시키기 위한 편협한 선교정책의 일환이었다. 그렇기 때문에 이들의 무교를 보는 눈은 매우 적대적이었고, 그러한 "미신"에 매달린 한국인들에 대한 동정 어린 시선이었다. 초기 선교사들이 무교를 어떻게 보았는지를 정리해 본다.

## 2.1. 달레

1830년대부터 이 땅에 잠입해 들어오기 시작한 파리 외방전교회Missions Étrangères de Paris 소속의 서양인 선교사들은 한국천주교회와 로마 교황청을 연결시킴으로써 한국의 그리스도인들이 천주교회라는 국제적인 종교 공동체의 일원이 되도록 만들었다.[7] 한국에서 숨어 다니며 활동하던 선교사들

---

[5] 박일영 「무속과 그리스도교의 교류. 회고와 전망」『종교연구』 8, 한국종교학회 1992, 80-3 참조.

[6] 클로드 샤를르 달레 (최석우 · 안응렬 역주) 『한국천주교회사』(상), 분도출판사 1979, 218: "조선에 있어서 유교와 불교의 현상은 이러한 것이다. 이 두 가지 교리는 사람들이 흔히 그리고 필자가 보기에는 매우 정확히 지적하다시피, 실상은 무신론의 두 가지 다른 형태에 불과하다."

[7] 최석우 『한국천주교회의 역사』 한국교회사연구소 1982, 81-9 참조.

이 몰래 보내 준 편지들을 토대로 방대한 분량의 한국천주교회사를 집필한
달레Claude-Charles Dallet (1829~1878)는 16세기 이후 천주교가 한국에 들어온 이
후 1870년대까지 그 기원과 발전, 선교사들과 신자들의 활동을 기록했다.
주로 박해사를 기술하기 위한 사전 이해의 차원에서 한국의 역사, 제도,
언어, 풍습, 습관 등을 기록하고 있다.

그 중에 서설 제11장에서 한국의 종교 전반에 걸친 소개를 하고 있다.
특히 천연두가 유행할 때 무당을 불러 굿을 하는 "마마배송굿"의 정황을
설명하고 있으며, 덧붙여서 이러한 강신무와는 달리 경문을 읽어 병마를
쫓으며 점복을 위주로 하는 눈먼 남자 무당, 즉 맹격盲覡에 대해서도 언급
하고 있다. 또한 조그만 단지나 호리병 속에 잡귀를 몰아넣는 푸닥거리에
대하여도 흥미롭게 자세한 설명을 곁들이고 있다. 그러면서 한국인들의 종
교성을 이렇게 묘사하고 있다.

> 그들(조선 사람들)은 가장 미신을 잘 믿는 사람들이다. 그들은 어디에서나 귀신
> 을 본다. … 끊임없이 그들은 운명을 점치고 점쟁이들을 찾아간다. … 집마
> 다 출생과 생명의 보호신인 성주와, 주거의 보호신인 터주 등의 가신家神을
> 넣어 두는 단지가 한두 개 있고 … 산을 지나다가 무슨 사고가 일어나면 산
> 신에게 어떤 제물을 바쳐야 한다. …
>
> 이런 미신과 그 밖에 수많은 미신이 나라에 널리 퍼져 있는데 … 궁중에
> 서부터 아주 보잘것없는 오막살이에 이르기까지 널리 행하여진다. 이런 점
> 으로 보아, 조선에는 남녀간에 얼마나 많은 사기꾼이며, 음양가며, 점쟁이
> 며, 요술쟁이며, 사주쟁이가 민중의 고지식함을 이용하여 살아가고 있는가
> 를 알 수 있다.
>
> 돈을 받고 와서 알맞은 집터나 묏자리를 살펴주고, 사업하는 데 상서로운
> 날을 점쳐 주고, 장래 배우자들의 사주를 보아 주고, 불행이나 사고를 액막
> 이해 주고, 악기惡氣를 몰아내 주고, 이러저러한 병에 주문을 외워 주고, 귀
> 신을 내쫓아 주고 하는 자들을 어디서나 볼 수 있다. 그때마다 큰 의식을

행하고, 법석을 떨고, 많은 음식을 차린다. 왜냐하면 점쟁이들의 게걸이 조선에서는 널리 알려진 것인 까닭이다."[8]

이렇듯이 달레는 선교사들의 보고서를 근거로 하여, 조선 사람들은 모두 실제적으로는 무신론자들이며 미신을 믿는 사람들이 많다고 판단했다. 길일과 흉일을 믿으며, 집집마다 가신을 섬기고 있으며, 산신을 떠받들고, 불을 소중히 여기는 점 등이 바로 조선 사람들이 가진 미신의 대표적인 형태라고 열거하고 있는 것이다. 달레는 계속해서 당시 조선 천주교회의 책임자였던 다블뤼Daveluy (安敦伊) 주교의 편지를 직접 인용한다.

굉장한 목소리가 아닌가! 정말이지 지옥의 마귀들을 모두 달아나게 하기에 충분하다는 것을 나는 단언합니다. 푸닥거리마다 서너 시간씩 계속되고, 때로는 다시 시작하는데, 줄곧 더 세차게, 하룻밤에 세 번씩 며칠 밤을 계속해서 합니다. 이런 일이 벌어지는 집 옆에 사는 사람들은 불쌍합니다. 나도 여러 번 겪어 보았습니다만, 눈을 붙이기란 절대로 불가능한 일입니다.[9]

그러면서 달레는 엑스타시ecstasy에 의거해서 악마와 직접 교통하는 마술사나 무당이 실제로 있다는 사실을 시인하면서, 조선에서뿐 아니라 성서에서도 그 예를 찾을 수 있다고 덧붙이고 있다.

결국 달레가 본 무교를 비롯한 한국인의 종교관은 이렇게 요약된다. 조선인의 정신생활을 지배하고 있는 것은 겉으로는 불교와 유교인데, 이 두 가지 종교는 사실은 무신론에 불과하다. 그것은 선교사들의 눈에 비칠 때, 조선 사람들이 믿는 유교와 불교에는 신앙 관념이 없는 것으로 보였으며, 조선인은 내세관도 없는 사람들이라고 비쳤던 까닭이다. 조상숭배를 비롯

---

[8] 달레, 앞의 책 219-21 참조.
[9] 같은 책 222.

하여 죽은 사람들을 존중하는 전통과 갖가지 귀신을 섬기는 행위는 있으나, 서양식의 종교 개념에 합치되지 않는다고 조선인들은 종교 개념을 가지고 있지 않다고 일방적으로 단정했던 것이다.

그러나 달레를 위시한 프랑스 선교사들은 조선 사람들도 중국 사람들처럼 조상에 대한 의식(祭)을 종교 신앙으로 절대시하지 않았기 때문에 그리스도교 신앙을 수용하는 데 갈등을 빚지 않는 좋은 여건을 갖추고 있다고 보았다. 그 결과 그들이 열렬한 신앙을 갖게 되었으며, 많은 순교자까지도 낼 수 있었다고 보았다.[10]

## 2.2. 헐버트

당시 이러한 서양 선교사들의 태도는 신교信教의 자유가 허용된 후 이 땅에 들어온 개신교 선교사들에게서도 여전히 나타난다. 서구문화를 그리스도교 복음 자체와 혼동한 이들은 서구문화로 채색된 기독교의 이식移植이라는 일방적인 선교 목적에 따라 한국의 고유신앙을 바라본 관계로 오해와 편견의 소지를 마련하고 있다.

헐버트Homer-Bezaleel Hulbert(1863~1949)는 미국 북감리회 선교부 소속 선교사로서 1886년 한국에 첫발을 디뎠다. 그는 한국문화를 연구하여 이미 1905년에 두 권으로 된 『한국사』[11]를 냈으며, 다음 해 1906년에 출판한 『대한제국 멸망사』[12]에서는 역사적인 사실 외에도 당시 한국의 사회와 문화적 상황을 잘 묘사하고 있다. 특히 종교에 대한 여러 가지 이야기들이 언급되고 있다. 헐버트가 보기에 동양인은 종교와 미신의 구별을 제대로 하지 않으며, 종교혼합적인 성향을 가진다고 설명하고 있다.

---

[10] 김정옥 「박해기 선교사들의 한국관」 『한국교회사논문집』 2, 한국교회사연구소 1985, 716-20 참조.

[11] H.B. Hulbert, *The History of Korea*, 2 vols., Seoul 1905.

[12] 같은 저자, *The Passing of Korea*, London 1906 (신복룡 역 『대한제국멸망사』 평민사 1984).

논리적으로 보면 한국인들이 신봉하는 여러 가지 상이한 의식들은 서로 상충되지만 그들의 내부적인 면에서는 아무런 적의를 느끼지 않고 오히려 수 세기에 걸쳐 서로가 익숙하여지는 동안에 하나의 종교적인 혼성물을 이루었으며 … 일반적으로 말해서 한국인들은 사회적으로는 유교도이고 철학적으로는 불교도이며 고난을 당할 때는 정령숭배자이다.[13]

그렇지만 "한국인의 밑바탕에 깔려 있는 신앙은 원시적인 정령숭배 사상이며, 그 밖의 모든 문화는 그러한 신앙 위에 기초를 둔 상부구조에 불과하다"[14]고 함으로써, 한국의 유교와 불교는 점차 토속적인 정령숭배 사상과 혼용함으로써 하나의 혼합종교를 이루게 되었다고 본다.

헐버트가 1903년 4월부터 9월까지 『한국 평론』*The Korea Review*에 연재한 「한국의 무당과 판수」The Korean Mudang and P'ansu라는 제하의 글은 한국 무교 연구사의 본격적인 출발점이 된다. 이 논문의 요지는 다음과 같이 정리할 수 있다.

한국에서 무당巫堂과 판수(盲覡)는 민간신앙 내지 원시종교의 대표적인 두 유형이다. 무당은 영어에서 sorceress, 판수는 exorcist에 해당되나, 넓게는 witch나 wizard와도 비슷하다. 무당이란 말은 "속인다"(誣, deceive)와 "무리"(黨, company)라는 두 개의 한자어가 합성된 개념으로, 무녀巫女는 바로 "사기치는 여자"(誣女, deceiving woman)라는 뜻이다. 판수는 "결정한다"(判, to decide)라는 말과 "운명"(數, destiny)이라는 한자가 합성되어 결국 "점쟁이"fortune-teller가 된다.

무교는 주로 하층민과 여성들에게 지배적이며, 상류층 사람들은 무당과 관계를 맺으려 하지 않는다. 무당은 영매靈媒(spiritual medium)의 일종이어서 정령들을 강제할 수는 없고 그들과 의사소통이 가능하다. 반면에 판수는 정

---

[13] 같은 책 388.

[14] 같은 책 389.

령들과 적대관계에 있어서 직접 내쫓는다.

무당의 기능은 굿을 통하여 드러나는데 굿의 유형은 다음과 같다. 먼저, 병굿: 병은 "걸신"hungry spirit이나 악령을 푸대접하거나 죽은 친지의 영혼이 병자와 친교를 맺으려 할 때 생긴다. 병자에게 들어온 이 신령들을 대접하려고 굿을 하게 된다. 대표적인 병굿은 천연두신을 위한 마마배송굿이다. 다음으로, 죽은 자를 위해서는 자리걷이와 지노귀굿이 있다. 다음에 "용신龍神굿"은 비를 빌 때 벌인다. 그리고 중국으로 가는 사신도 굿을 청한다.

이렇게 헐버트는 처음으로 한국 무교를 학문적 대상으로 체계적인 기술을 했다. 그 내용 또한 상당히 자세하여 당시 무교의 형태에 대한 윤곽을 잡을 수 있게 해 준다. 무당의 엑스타시 현상에도 주목하여 한국의 무당이 시베리아의 샤머니즘과 동일한 유형임을 시사하는 등 비교적 종교학적인 방법론에 가까운 연구였다고 할 수 있다.[15]

## 2.3. 언더우드

언더우드Horace-Grant Underwood (1859~1916)는 뉴욕 대학과 뉴 브런스윅 신학교를 졸업하고 미국 북장로회의 선교사로 임명되어 한국에 왔다. 1887년 "새문안교회"를 창립했고, 1889년에는 "기독교서회"를 설립하여 문서 선교에 노력했으며, "연희전문학교"를 설립하는 등 한국의 근대화에도 어느 정도 기여했다. 주로 한국어와 한국 문화의 정리 및 그리스도교 관계 자료의 정리에 힘썼으나, 한국종교에도 상당한 관심을 보였다. 한국에 그리스도교를 뿌리내리려면 그 역시 한국의 전통종교에 대한 이해가 필요하다고 생각했다. 그것은 그가 이 땅에서 선교의 기본 노선으로 1890년에 공식으로 채택한 네비우스Nevius 선교방법의 정책과도 일치한다. 언더우드 자신은 장로교

---

<sup>15</sup> 김종서 「한말, 일제하 한국종교연구의 전개」 『한국사상사대계』 6, 한국정신문화연구원 1993, 258-60; 이필영 「초기 기독교 선교사의 민간신앙 연구」 한남대학교 동아문화연구소 편 『서양인의 한국 문화 이해와 그 영향』 한남대학교 출판부 1989, 182-4; 최길성 「한국 무속 연구의 과거와 현재」 『문화인류학』 3, 한국문화인류학회 1970, 127-9 참조.

회 소속이었으나 개신교의 다른 교파와는 비교적 친밀한 관계를 유지했다. 그러나 타종교에 대하여는 당시의 선교 이해에 따른 일정한 한계와 그리스도교 우월주의를 벗어나지 못하고 있다.[16]

언더우드는 1908년에 간행한 『한국 개신교 수용사』[17]에서 한국인의 종교생활을 독립된 장으로 다루고 있다. 흔히 한국인은 종교가 없는 사람들이라고 하지만, 그것은 전통종교들이 한국인의 종교심을 충족시키지 못하기 때문일 따름이라는 것이다.[18] 유교는 종교라기보다는 윤리 체계이고, 불교는 오랫동안 금기시되어 낮은 계층에서만 받아들여지며, 샤머니즘이 종교적으로는 한국에서 제일 강력하여 그리스도교가 한국에서 선교에 성공하려면, 우선 샤머니즘을 극복해야 한다고 본다.[19]

언더우드는 1908년에 모교인 뉴욕 대학에서 "아시아의 종교"The Religions of Asia라는 제하의 강연을 한 적이 있는데, 이 강연을 정리하여 1910년에 『동아시아의 종교』[20]라는 제목의 단행본으로 간행했다. 이 책의 제3강Lecture III이 「한국의 샤머니즘」The Shamanism of Korea으로 여기에서 처음으로 한국의 민중종교가 샤머니즘으로 불리게 된다.[21] 내용은 대부분 헐버트의 논문 「한국의 무당과 판수」The Korean Mudang and P'ansu (1903)에서 전재하고 있지만, 나름대로 무당이 황홀경trance 속에서 자기 최면self-hypnotism에 걸려 인격 전환을 하

---

[16] 이광린 『초대 언더우드 선교사의 생애. 우리 나라 근대화와 선교 활동』 연세총서 1, 연세대학교 출판부 1992 참조.

[17] H.G. Underwood, *The Call of Korea*, New York: Fleming H. Revell 1908 (이광린 역, 일조각 1989). 이 책은 언더우드가 미국의 주요 도시들에서 행한 모금 운동을 위한 순회 강연 내용을 정리한 것이었다. 한국에서 그리스도교가 짧은 기간 내에 크게 팽창하고 있는데, 미국 교회에서 이에 호응하여 도와달라는 요지였다.

[18] 같은 책 61.

[19] 같은 책 68, 74.

[20] H.G. Underwood, *The Religions of Eastern Asia*, New York: McMillan 1910.

[21] 엄밀히 말하면 무교(shamanism)는 민중종교의 한 분야이다. 그런데 언더우드에 이르러 한국의 무교를 포함한 민간 종교 현상 일반을 샤머니즘으로 뭉뚱그려 표현하는 경향이 굳어져서, 이후 한국의 민간 종교신앙에 대한 연구가 바로 무교 연구와 동일시되는 잘못된 전통을 이루어 오늘에까지 이어지게 된다. 같은 책 67-81 참조.

는 요소 등을 강조하고 있다.[22] 그러나 언더우드는 샤머니즘을 확대 해석하여 무당과 판수의 현상뿐만 아니라, 천제단, 고인돌, 미륵 신앙 등 한국 원시종교 내지 민간신앙 일반을 모두 샤머니즘에 포함시킨다.[23]

## 2.4. 클라크

초기 서양 선교사들의 한국종교 연구 내지 무교 연구는 클라크Charles-Allen Clark (1878~1961)에 이르러 그 절정에 달했다고 할 수 있다. 미국 북장로회 소속 선교사로 평양 장로회 신학교 교수를 지낸 그는 『구한국의 종교』[24]라는 책을 1929년에 출판했다. 원래 미국 프린스턴 신학교Princeton Theological Seminary에서 1921년에 강연한 내용을 다시 정리해 내놓은 저술이다. 헐버트나 언더우드의 연구 결과를 재정리하면서 자신의 현지 경험과 견해를 덧붙이는 형태를 띠고 있다. 전체적으로 그리스도교를 가치 판단의 절대 기준으로 삼아 당시의 일방적인 선교 이해에 근거하여 집필된 만큼, 역시 한국 고유종교에 대한 인식에는 상당한 한계가 있다. 한국의 불교, 유교, 천도교, 무교 등에 대하여 논하고 있는데, 무교는 이 책의 제4장에서 서술하고 있다. 개략적인 내용은 다음과 같다.

한국의 무교는 시베리아 샤머니즘과의 접촉으로 이루어졌다. 그리고 시베리아 샤머니즘의 특징은 자동 최면auto-hypnotism과 황홀경을 통한 인격전환 a state of trance or alternate personality[25]이다. 그래서 남자 무당이 굿을 할 때 여자 옷을 입는 것은 시베리아 샤먼의 성 교환과 공통된다. 샤먼의 호칭도 시베리아 제 민족의 명칭과 유사하다. 한국에서 무당이라는 명칭은 시베리아나 몽골의 우다간udagan을 한자로 표기하기 위해 약간 변형한 것이다.

---

[22] 같은 책 24: "A series of incantations and rituals and a sort of self-hypnotism, where the mudang, having by her performances thrown herself into a kind of trance (pretend or real), becomes the mouthpiece of the deity".

[23] 같은 책 108.

[24] Ch. A. Clark, *Religions of Old Korea*, New York: Fleming H. Revell, 1929/32.

[25] 같은 책 173.

시베리아 샤먼의 제의가 밤에 이루어지듯이, 무당굿도 주로 밤에 거행된다. 시베리아 샤머니즘의 제의에 북과 춤이 빠지지 않듯이, 한국 무교도 그렇다. 한국 샤먼의 유형으로는 무당, 박수, 판수, 지관地官, 일관日官이 있다. 그 중에서 무당과 박수가 시베리아 샤먼과 직결되며 나머지는 중국의 영향으로 생겨난 변형이다. 그 밖에도 클라크는 무당의 소명과 수련 과정, 굿의 구조와 종류, 민간신앙의 신령들의 종류를 체계적으로 분류했다.

그는 그리스도교 신론과의 비교적인 관점에서 무교의 신관에도 관심을 기울였다. 한국에서는 하늘을 신으로 보는데, 그 신(天神)은 그리스도교의 유일신과는 다르나, 한국인의 하늘은 단순한 자연적 하늘이 아니고 인격적인 요소가 있다고 보았다.[26] 한국인이 신으로 여기는 하늘은 자연의 귀신들과는 전적으로 다른 존재임을 말한다. 애초에 하느님은 지고신이었다가 차차 "한가한 신"Deus otiosus이 되었다고 본 것이다. 한국인의 하느님관은 단군의 이야기에 그 흔적이 남아 있듯이, 하느님은 희미하게 이름만 남아 샤머니즘 만신전shamanistic pantheon의 우두머리가 되고 말았다는 것이다.[27]

결론적으로 클라크는 한국 무교의 특성을 이렇게 짚고 있다. 한국의 샤머니즘에는 지고신의 개념이 없으며, 윤리의식과 죄의 개념이 빠져 있으며, 그러면서도 영혼의 불멸성은 믿고 있다는 것이다.[28] 이러한 특징을 지닌 한국 무교는 좀처럼 소멸되기가 쉽지 않을 것이나, "이 은자의 나라를 위하여서는 가능한 한 그 시간이 빨리 오기를 희망한다"[29]고 말한다.

이제까지 본 대로, 초기 서양 선교사들이 한국 무교를 보는 눈은 그리스도교 절대주의의 관점이며, 수량적인 교세 확장이라는 조급하고 편협한 당시의 선교 이해에 근거하다 보니, 피선교 지역의 전통종교들에 대한 이해나 대면자세가 올바르지 못했으며, 그 특성들도 철저하게 규명해 내지 못한 것이 사실이다. 물론 이즈음에 이르러서 선교사들의 자세도 많이 달라

---

[26] 같은 책 116-7.

[28] 같은 책 217.

[27] 같은 책 196-7.

[29] 같은 책 219.

지고 있다. 선교에 대한 이해가 과거와는 달리 "하느님의 자애와 인간애"(디도 3,4)를 본받아 실천한다는 의미에서 인간의 질적인 성숙에 초점을 맞춘다든가, 다종교 상황에 적응하여 여러 종교로부터 배워서 나의 종교성을 심화시킨다는 "종교신학"의 대두로 그리스도교 안에서도 타종교를 보는 눈이 달라져 가고 있는 것이다.

가톨릭의 경우, 선교에 대한 이해는 특히 제2차 바티칸 공의회를 계기로 달라지고 있다. 선교 대상 국가의 문화에 대한 존중과 토착화의 강조로 그리스도교의 선교는 새로운 국면을 맞이하게 되었다. 한국에서 활동하는 서구 출신 선교사들이 한국의 고유 종교문화에 적극적이고 긍정적인 관심을 갖고 전문적으로 연구하는 이들도 나타나고 있다.[30]

## 3. 한국 그리스도인이 본 무교

한국 무교에 대한 그리스도인들의 태도는 외면상으로는 아직까지도 대부분 거부와 배척으로 일관한다. 그것은 첫째, 한국의 종교문화에 대한 전반적인 이해 부족과; 둘째, 불교와 함께 무교를 배척했던 조선조에서 당시 시대정신의 제약을 받았던 유학자 출신 초기 그리스도인들의 배타적 종교관을 오늘날까지 그대로 비판 없이 추종하면서; 셋째, 서구문화 우월주의에 입각하여 선교 활동을 했던 과거 서양 선교사들의 영향에 주로 기인한다.

---

[30] 가톨릭 선교사 중에서: Sean Dwan S.S.C.(한국명: 원하림) 「영계에 관한 샤머니즘과 그리스도교 사상」『사목』 55, 한국천주교중앙협의회 1978/1, 13-25; Hector Diaz(한국명: 원도식) *A Korean Theology: The Essential Teaching of the Lord*, Dissertation, University of Fribourg / Swiss, 1986 (원 핵톨 『한국신학. 정약종의 "주교요지"를 중심으로』 원홍문화사 1998); Daniel A. Kister(한국명: 기수현) 『무속극과 부조리극. 원형극에 대한 비교 연구』 서강학술총서 14, 서강대학교 출판부 1986; 같은 저자, 『삶의 드라마. 굿의 종교적 상상력 연구』 서강대학교 출판부 1997. 미국인 예수회 회원인 키스터 신부는 1991년 2학기부터 다년간 수원가톨릭대학교 대학원에서 한국인 사제 지망생들을 상대로 한국 무교를 강의하기도 했다. 개신교 선교사 중에서: James Huntley Grayson(한국명: 김정현), *Korea: A Religious History*, Oxford: Clarendon 1989 (강돈구 역 『한국종교사』 세계종교연구총서 9, 민족사 1995).

거기다가 일제의 식민 정책도 한국 무교에 대한 거부와 배척에 영향을 끼쳤다. 일제는 1920년대 한국의 민속에 대한 조사를 실시한 후, 미신이라는 명분을 내세워서 마을굿 등을 금지시켰다. 그리하여 한국의 그리스도인들은 민중의 의식 속에 남아 있는 무교적인 현실도피라든가 기복행위 따위의 부정적인 측면을 강조하여 부각시키고, 무교는 한국에서 극복되고 소멸되어야 할 대상으로만 취급하는 것이다.[31]

그 반면에 다른 그리스도인들은 무교가 한국문화의 근저를 이루고 있으므로, 무교에 대한 깊은 연구와 이해야말로 그리스도교가 한국에서 효과적으로 뿌리를 내려 토착화하는 데 결정적인 중요한 구실을 할 것으로 기대한다.[32] 이하에서는 그리스도교의 한국화를 시도하는 현대 신학자들의 무교에 대한 견해를 다루려고 한다. 먼저, 문화적 토착화론을 대표하여 "토착화신학"의 무교 이해를, 그리고 정치적 토착화론으로 성격지을 수 있는 "민중신학"의 무교 이해를, 마지막으로는 종교적 토착화론이라 할 최근 "가톨릭 신학계"의 무교 신앙을 대하는 동향을 살피기로 한다.

## 3.1. 문화적 토착화론

이백여 년 전 이 땅에 그리스도교가 소개된 이래 한국신학의 주류를 이루는 것은 서구 전통에 따르는 신학이다. 서구신학의 전통을 배우고 이해한 대로 자기도 따르고 남도 가르치는 것이 오늘날 한국 신학계의 대세다. 그러나 1960년대를 전후하여 국학 관련 학문의 발전과 함께 이에 발맞추기

---

[31] 예를 들면: 문상희 「무속과 한국 기독교」 『새생명』 1969/7, 16-23; 같은 필자, 「한국의 무속」 『종교란 무엇인가?』 분도출판사 1982, 123-90; 한완상 외 「한국 교회는 무당 종교를 극복할 수 있는가?」 『기독교 사상』 216, 대한기독교서회 1976/6, 66-85.

[32] 앞에서 소개한 몇몇 외국인 선교사들 외에: 장익 「미사와 굿 사이에」 (특집 "샤머니즘과 그리스도교" 발문) 『사목』 55, 한국천주교중앙협의회 1978/1, 2-3 및 관련 논문들; 심상태 「격동기를 사는 종교심성」 (특집 "한국인의 종교심성" 발문) 『사목』 56, 1978/3, 2-3 및 관련 논문들; 류동식 『한국종교와 기독교』 대한기독교서회 1965; 『한국 무교의 역사와 구조』 연세대학교 출판부 1975; 『민속종교와 한국문화』 현대사상사 1978; 현영학 「민중신학과 한의 종교」 『신학사상』 47, 한국신학연구소 1984/겨울, 762-73.

라도 하듯 나타난 세계 신학계의 새로운 동향 등으로 고유 문화를 중시하는 자각이 이 땅의 신학계에서 일어나기 시작한다.

이러한 자각이 가능했던 것은 민족주의 사관 등에 힘입은 민족 주체성의 존중과 함께, 복음의 메시지가 담고 있는 "그리스도 사실 자체"(Christustum)와 그 메시지를 구체적 역사와 현실 속에서 다양하게 해석하고 실천해 온 "그리스도교계"(Christentum)를 분별할 수 있게 된 선교신학의 발전에 의해서이다.[33] 이리하여 자주적인 한국 그리스도교 내지는 한국 고유의 신학을 세워 보려는 시도들이 나타나게 된다.

그 중 하나가 한국학의 발전에 자극을 받아, 고유 문화전통을 탐색함으로써 한국신학의 형성에 발판을 마련하고자 하는 소위 "토착화신학" 내지는 "문화적 토착화론"이라 할 수 있다. 복음의 메시지를 한국문화의 토양 속에, 한국인의 살아 숨쉬는 종교심성 속에 씨뿌리고 뿌리 내리려는 시도라 할 만하다.

> 한국 땅은 tabula rasa가 아니라, "한국의 사상", "한국의 종교"가 복음을 기다리고 있다는 사실에 그들은 주목하고 있다. 복음은 백지에 도장 찍듯이 이 땅에 갖다 찍어 낼 것이 아니라, 한국인의 산 "심성"이 이를 받는다는 사실에 주목하고 있다.[34]

그리스도 복음의 메시지와 한국문화와의 만남을 그 신학작업의 주축으로 삼는 "문화적 토착화론"의 한 대표자로, 특히 한국 전통종교문화와 복음의 만남을 시도하기 위하여 한국 재래종교를 연구한 류동식(1922~ )의 무교를 보는 태도를 살피기로 한다. 류동식이 말하는 토착화는 "초월적인 진리가

---

[33] R. Friedli, "Interkulturelle Theologie", *Handwörterbuch missionswissenschaftlicher Grundbegriffe*, Düsseldorf 1989.

[34] 한철하 「한국신학계의 동향」『기독교 연감』한국기독교협의회 1970, 44. 금장태 · 류동식 『한국종교사상사』 2 연세대학교 출판부 1986, 280에서 재인용.

자기를 변화하여 일정한 역사적 상황에 적응함으로써 그 역사적 실존을 새로운 존재로 창조하는 것"[35]이다. 그러므로 복음의 씨(초월적 진리)가 어떻게 한국의 문화적 토양에 뿌리를 내리고 결실을 가져오게(일정한 역사적 상황에 적응) 할 수 있는가를 보기 위하여서는 문화의 핵인 (전통)종교를 보아야 한다는 것이다.

그래서 그는 한국종교와 그리스도교의 관계를 검토하는 작업부터 시작한다. 이러한 토착화론에 의거한 그의 첫 저서『한국종교와 기독교』에서 제1장을 "한국인의 심성을 결정한 무교巫敎"[36]라고 명명하면서, 무교는 "한국의 종교적 바탕을 이루면서 외래종교를 받아들였으며, 그 외래종교와의 혼합을 통해 변형하면서 역사 속을 흘러왔다"고 말한다.[37] 이렇게 볼 때, 무교신앙은 결국 한국인의 종교적 기저를 이룬다는 말이며, 이러한 종교심성을 바탕으로 타종교를 받아들였다는 말이 된다.

한국 무교신앙에 대하여 더욱 본격적인 그의 연구서는『한국 무교의 역사와 구조』[38]이다. 저자는 "한국 무교의 역사와 구조"를 정리하여 세상에 내놓는 이유를 다음과 같이 밝히고 있다.

> 단군 시대로부터 오늘에 이르기까지 일관되어 온 한국종교사가 있다면 그것은 무교와 그 전개이다. 우리들의 종교의식 구조를 지배해 온 것은 외래종교가 아니라 바로 이 무교였다고 보아야 할 것이다. 무교적 의식구조가 주

---

[35] 금장태 · 류동식, 앞의 책 282.

[36] 한국의 샤머니즘적인 종교 현상을 지칭하는 용어로는 무(巫), 무속(巫俗), 무교(巫敎), 샤머니즘 등이 여전히 혼용되고 있는 실정이다. 류동식의 경우에는 무교와 무속을 구분하여 사용한다. 그는 먼저 무교를 선사시대부터 현재에 이르기까지 나타났던 샤머니즘적인 종교 현상 전체를 지칭하는 데 사용하며, 무속은 현행 민간 신앙 가운데 샤머니즘적인 현상을 가리킨다. 그러니까 류동식에게 있어서는 무교라는 개념 안에 무속이 포함되는 셈이다. 류동식 「한국 무교의 종교적 특성. 외래종교와의 교섭관계를 중심으로」 김인회 외『한국 무속의 종합적 고찰』고려대학교 민족문화연구소 1982, 129-30 참조.

[37] 류동식『한국종교와 기독교』대한기독교서회 1965.

[38] 류동식『한국 무교의 역사와 구조』연세대학교 출판부 1975.

체가 되어서 외래 고등종교들을 받아들이고 거기에서 종교적 영양소를 흡수하여 자기 문화 형성의 활력소로 삼아 왔다.[39]

류동식은 이 책에서 한국 무교의 역사적인 연구에 치중하고 있다. 샤머니즘에 관한 연구가 대부분 소위 "원시" 문화의 종교현상에 대한 민족지民族誌 자료의 수집과 연구로 편중하는 데 비하여, 한국의 무교와 관련해서는 상당량의 역사적 자료들이 축적되었다는 것이다. 그래서 지금까지 집중되어 온 현장 연구에 역사적 연구를 첨가하여 한국 무교의 구조적인 전모를 파악하는 데 연구 목적을 두었다. 그리하여 이 책은 지금까지 한국 무교의 역사적 연구분야에 있어서 거의 유일한 가치를 인정받아 오고 있다.[40] 전체적인 내용을 조감하면 다음과 같다.

우선 단군신화를 비롯한 시조신화의 구조를 살핀 후 영고, 무천 등 고대 제천의례에 관한 기록들을 통하여 한국 무교巫敎의 원형을 살피고 있다. 천신天神으로서의 하느님 신앙은 이미 고대로부터 한국인들에게 절대적인 존재에 대한 개념이 있었다는 증거라는 것이다. 이러한 절대 존재에 대한 신앙을 "연일주야 음주가무"에 의한 황홀경恍惚境(trance)과 탈아경脫我境(ecstasy)의 샤머니즘적인 의례로 표현했다는 것이다.

이러한 무교의 성격이 신라, 고려, 조선으로 이어지면서 옛 모습 그대로 전승되는가 하면 다른 종교의 외양을 취하면서 실제적으로는 무교적인 내용을 담기도 한다. 또, 무교적인 바탕에 어떤 조직화된 사상적 요소나 사회적 요인이 개재되어 뒷받침될 때, 종교문화적인 꽃을 피운다는 사실을 다양한 사료들을 통해 논증한다.

이러한 역사적 고찰을 통하여 보면, 한국 무교의 특성은 종교혼합적인 성격을 가진다. 샤머니즘은 전 세계에 퍼져 있는 종교현상이지만, 한국 무

---

[39] 같은 책 속표지.

[40] 조흥윤 「巫(샤머니즘) 연구에 대해」『東方學志』43, 연세대학교 국학연구원 1984/9, 248-9 참조.

교의 특성은 여러 고등종교들과 깊은 교섭관계를 가져 왔다는 점이다. 그리하여 주위 우세한 민족들의 종교에서 오는 압력을 종교혼합의 형태로 견디면서 자기 정체성을 지켰다는 것이다.

이러한 종교혼합의 첫째 양태가 "단순 전승"이다. 무교 신앙은 제도화되지 않음으로써 타종교에 대해 항상 개방적이었다는 것이다. 그리하여 무제한의 포용성을 가지고 타종교 요소들을 받아들여 혼합했다고 본다. 그 구체적인 예를 유·불·선에서 다양한 내용들을 받아들인 무가巫歌의 발달과 종합 예능으로서의 굿(巫儀)에서 볼 수 있다고 한다.

둘째는 절충형의 "습합 전승"이다. 한국종교사의 흐름을 이중구조로 파악하는 류동식은 엘리트 종교와 민중종교를 나누어 본다. 엘리트의 고등종교문화가 집권층의 부침浮沈에 발맞추어 흥망성쇠를 거듭하는 동안, 민중종교는 겉으로는 그 당장 득세하는 종교의 형태를 취하여 적응해 가면서도 속으로는 "무교" 문화로 일관하면서 본 모습을 간직한다는 것이다. 고려시대의 팔관회와 연등회가 좋은 예다. 겉은 불교 행사의 이름을 빌리지만, 내용은 음주가무로 신인합일神人合—하는 무교의 모습이라는 것이다.

셋째, 가장 바람직한 형태는 "승화적 전개"이다. 자기 부정을 매개로 한 승화가 이루어질 때, 융합과 창조성을 지닌 새로운 종교문화의 전개 가능성이 있다는 것이다. 그러한 역사적인 예를 그는 신라시대 "화랑도"나 조선조 말 "동학"에서 찾고 있다. 화랑은 무교를 주체로 유불선을 포함한 "풍류도"風流道의 정신에 따라 유오산수游娛山水하여 하느님과 사귀면서 민중을 교화하고 나라를 지키는 도의를 터득했다는 것이다.[41] "사람이 곧 하늘임"(人乃天)을 내세워 "제폭구민"하려던 동학 역시 신인융합에 근거를 둔 전통신앙의 승화된 형태이다.

이제 무교는 다른 종교를 매개로 자기를 승화시키고 타종교의 이상理想과 융합된다. 그리하여 새로운 종교사상을 창출해 낸다. 그래서 한국 무교의

---

[41] 三國史記 新羅本紀 第四 眞興王: "崔致遠 鸞郎碑序曰 國有玄妙之道曰風流 說敎之源 備祥仙史 實乃包含三敎 接化群生".

종교적 특성은 첫째, 무한한 포용성으로 말미암은 문화적 풍요성; 둘째, 문화적 적응성을 가진 강한 생명력; 셋째, 자기 승화를 통한 창조성이다.

류동식에 의하면 "풍류"라는 한국 사상의 기초이념은 종교문화사로서의 한의 추구, 생활문화사의 전개인 삶, 멋의 추구로서의 예술문화사의 근거가 되어 "한 멋진 삶"을 이루게 된다고 한다.[42] 이러한 그의 무교 이해는 한 걸음 더 나아가 한국문화신학으로서 "풍류신학"의 가능성을 말하게 된다.

우리 문화에 대한 이러한 해석은 한국 그리스도교 사상의 전개에도 그대로 적용되어 "한"의 초월성만 강조하는 보수주의, "삶"이라는 사회 살림살이에 관심을 치중하는 진보주의, 바람이 흐르듯(風流) 자유롭게 민족문화의 전통과 복음정신의 만남을 "멋"스럽게 추구하는 자유주의로 표현되어 왔다는 것이다. 그러므로 한국의 그리스도교는 풍류도와 그리스도교에 공통되는 삼·일三적인 구조(三太極)를 융합, 수렴할 때 세계 그리스도교계에 공헌할 수 있다고 주장한다.[43]

이렇게 류동식은 그리스도교 토착화 내지는 선교 방법으로 샤머니즘적 풍류도를 대화의 상대로 삼는다. 그리하여 종래의 배타적인 보수주의를 넘어서서 신중심적인 본질론을 펴고 있다. 한국 민족의 기층 종교문화로서의 무교 내지 무교의 핵심으로 여기는 풍류도가 한국문화와 그리스도교 사이의 대화에 공동근거로 설정된다. 그러나 상이한 종교들 사이의 공동근거만을 강조할 때, 종교 간의 본질적인 차이점에 대한 철저한 상호 이해가 결여됨으로써 종교다원주의를 염두에 둔 종교신학적 대화에는 한계가 있는 것으로 비판된다.[44]

---

[42] 류동식 「한국 무교의 종교적 특성. 외래종교와의 교섭관계를 중심으로」 김인회 외 『한국 무속의 종합적 고찰』 고려대학교 민족문화연구소 1982, 144-5.

[43] 류동식 「한국의 문화와 신학사상. 풍류신학의 의미」 『신학사상』 47, 한국신학연구소 1984/겨울, 718-34.

[44] 이정배 「토착화신학과 민중신학의 제문제」 『종교연구』 6, 한국종교학회 1990, 238 참조; 한완상 외 「한국 교회는 무당 종교를 극복할 수 있는가?」 『기독교사상』 216, 대한기독교서회 1976/6, 66-85에서는 타종교에도 좋은 점이 없는 것은 아니지만 내가 신봉하는 종교에 와서 비로소 완성된다는 성취론적 신학의 관점에서 무(당종)교의 극복이 주제로 떠오르고 있다.

다른 한편 류동식을 통해 본 소위 문화적 토착화론을 주창하는 신학자들은 그리스도 사상과 전통문화와의 조화에 진력한 나머지 민족의 구체적인 현실은 수시로 변한다는 이유로 등한시하는 경향을 보인다. 비인간화의 사회-정치적 현실을 논외로 하는 문화적 토착화론은 기왕의 이념을 묵인하는 비역사적 성격을 지님으로써 그에 대한 대안으로 정치적 토착화론으로서 민중신학의 출현을 필연적으로 내포하게 된다. 이하에서는 민중신학에서 무교를 보는 관점을 정리해 보고자 한다.

### 3.2. 정치적 토착화론

세계 신학계에까지 그 이름이 알려진 민중신학은 1970년대 한국사회의 사회 · 문화적 특징을 배경으로 태어난 한국신학이다. 1970년대의 특징을 손꼽아 보면 대체로 다음과 같다. 첫째, 유신체제라는 정치적 억압의 구조 속에서 인권탄압 등 비인간화가 심화되었다. 둘째, 경제의 급속한 "발전"과 함께 빈부격차는 더욱 벌어져 상대적 박탈감 내지 위화감이 팽배해 갔다. 셋째, 종교인구의 급증으로 대표되는 종교들의 비약과 적극적인 사회참여이다. 마지막으로 문화주체의식의 증진이다.

그리스도교 역시 이런 사회적 맥락을 염두에 두고 자신의 과제를 인식하게 되었다. 그리하여 우선, 민족주체성에 입각한 한국 고유 신학의 형성을 추구하게 되면서 한편으로는, 급격한 산업화 및 도시화로 인한 사회 부조리나 불의에 직면하게 되었다. 이러한 사회-정치적 현실은 인간 구원과 해방을 지향하는, "복음의 정치적 토착화론"이라 할 민중신학이 개신교 일각의 진보 신학자들 사이에서 태동하는 계기를 마련한다.

또 한편, 그리스도교뿐만 아니라 무교를 비롯한 타종교들의 동시적인 활성화에 따르는 다종교 공존 상황 속에서 일부 신학자들은 "선교"의 이해를 새로이 했다. 그것은 교세 확장이라는 외형적인 전도에만 머무르지 않고, "하느님의 자애와 인간애"(디도 3,4)를 본받아 실천한다는 "하느님의 선교"missio Dei라는 질적인 선교에 대한 새로운 자각이자 실천이었다. 이러한 경향의 신학자들 중 대표적인 인물은 조직신학자인 서남동, 성서신학자인 안병무 그리고 이하에서 그의 무교 이해를 중점적으로 살펴보려는 그리스도교 윤리학자 현영학 등이다.

민중신학자들 중에서도 특히 전통적인 서민문화인 탈춤이나 무교 등에 각별한 관심을 갖는 현영학(1921~ )[45]은, 가난한 사람들의 삶과 문화의 밑바닥에 흐르고 있는 그들의 종교(巫)를 복음서의 시각에서 새롭게 평가하고, 그들(民衆)에게 배우는 일이 바로 민중신학이라고 한다.[46] 1960년대와 1970년대 소위 "근대화" 과정의 모순되고 부조리한 현장을 일부 신학자들이 경험하게 된다. 여기에서 신학자들은 예수가 말한 "천국은 가난한 자의 것"이라는 말의 의미, 즉 "가난한 자의 종말론적 특권의 선포"가 무엇을 뜻하는지 깨달았다는 것이다.[47]

이러한 경험을 학문적으로 확인해 보는 작업이 한국의 사회경제사를 연구하는 것이었다. 소장 역사학자들의 도움으로 민중의 역사적 삶의 흐름인 "민중전기"를 알아보게 되고, 사회과학자들을 통해 한국의 현실에 눈뜨게 되었으며, 문인·민속학자·종교학자들의 도움으로 한국 민중종교(巫教)에 대한 연구를 하게 되었다는 것이다. 그래서 이제 성서를 보는 눈도 새로워지고 신학도 민중의 시각에서 연구하게 되었다는 말이다.

특히 이러한 일련의 과정이 공동 연구를 통해 이루어졌음을 강조한다. 이러한 민중신학적 관심과 배경에서 현영학은 "무교"에 접근해 들어간다. 이하에서는 그의 논문 「민중신학과 한(恨)의 종교」를 중심으로 그의 무교 이해를 정리해 본다.

---

[45] 현영학 「민중신학과 한의 종교」 『신학사상』 47, 1984/겨울, 762-73. 〔이 외에 현영학의 무교 이해를 살필 수 있는 글로는 「한국 가면극 해석의 한 시도」 『이화여대 논문집』 1980, 57-74; 「神學雜談」 『신학사상』 43, 1983/겨울, 895-903; 「민중. 고난의 종, 희망」 『신학사상』 51, 1985/겨울, 863-74 (1982년 미국 유니온 신학교에서 행한 강연 "Minjung, the Suffering Servant and Hope" 초록); 「병신춤」 『신학사상』 52, 1986/봄, 215-23 등이 있다〕.

[46] 같은 글 762-3 참조.

[47] 같은 글 765.

무교巫教는 가난한 사람(民衆)들의 문화의 핵심이자 정수를 담고 있으며, 한국 사람들의 심성 밑바닥을 이루고 있다. 그러므로 이제까지 신학자들을 위시한 그리스도인들이 해 왔던 것처럼 무교를 원시적 미신으로 매도할 것이 아니라, 새로운 시각에서 (알아)보아야 한다. 구체적인 사례를 들면, 바로 무당의 "신병"神病을 바라보는 새로운 시각과 독특한 해석이다.

현영학은 먼저 하와이 대학 교수였던 사회인류학자 김영숙이 영어로 저술한 『여섯 명의 한국 여성』[48]에서 밝힌 강신 무녀들의 공통점을 소개한다. 김영숙에 따르면 무당들은 지능이 높고 지독한 고생을 했으며 사회-문화제도에 극도로 민감하다(hyper-sensitive). 그래서 신병에 걸렸고 신병의 회복과정에서 무당이 되지 않으면 안 될 정도로 정신적 압박을 받는다.

이렇게 보면, 신병은 흔히 말하듯이 하늘에서 뚝 떨어진 "계시"를 받는 것이 아니며, 귀신들의 장난은 더더구나 아니다. 신병은 바로 일상생활에서 경험한 지독한 고생과 고통, 그리고 거기서 쌓인 한恨 때문이다. 즉, 신병이란 한이 담겨 있는 오장육부에서 빚어진 몸의 경험이며 그것은 바로 원초적인 종교 경험이다.

무당 종교 행위의 극치는 "작두거리"에서 추는 작두춤이다. 현영학의 해석에 따르면, 작두춤은 작두날같이 험하고 무서운 이 세상과의 싸움에서 살아남은, 즉 신병에서 회복되고 치유된 위력을 과시하는 일로서, 무당들의 원초적이고 전인적全人的인 종교 경험의 표현이다. 그래서 무당은 바로 한의 사제司祭이다. 무당의 신병에 대한 이상과 같은 새로운 해석은 한국 그리스도교 신학의 과제를 새로운 시각에서 보는 계기를 마련한다. 성·속을 나누는 이원론적 사고방식을 극복하는 방법의 모색에 이러한 삶 안에서의 종교 체험과 종교 표현이 시사하는 바 있다는 것이다.

더 나아가 성서가 전해 주는 예수의 유혹사화도 이와 같은 신병의 관점에서 재해석이 시도된다. 즉, 예수가 광야에서 받은 40일간의 시험은 일종

---

[48] Youngsook Kim Harvey, *Six Korean Women. The Socialization of Shamans*, St. Paul: West Publishing 1979.

의 신병이 아니었나, 갈릴래아 시골 사람들의 한을 안고 힘겨운 씨름을 한 것이 아니었겠나 하는 것이다. 이와 같은 해석의 새로운 지평이 열릴 때, 세상 안에 살면서도 세상의 것이 아닌 그리스도인의 이상적인 삶의 스타일이, 부활과 초월의 자유스럽고 여유 있는 삶의 스타일이 시퍼런 작두날(고달픈 세상) 위의 춤(자유스러운 삶)으로 상징된다.

무교의 기복신앙적 편향이나 윤리성과 사회성의 결여라는 비판에 대하여도 현영학은 새로운 해석을 하고 있다. 기복적 요소가 없는 종교가 없으며, 무교에서는 다만 솔직하고 단순한 표현이 타종교와 다르다는 점을 지적한다. 구체적인 예를 들어, 지노귀굿에서 드러나는 과거의 폭로-고백-회개-화해-보상의 과정을 볼 때 윤리성 역시 무교 나름으로 분명히 드러나고 있다는 것이다.

특히 사회성이라는 측면에 대하여 그는 묵시문학적 시각에서 독특한 주장을 펴고 있다. 정치-사회-경제적으로 지배자들에 대하여 공공연하게 다른 말을 할 수 없었던 가난한 이들의 종교적 언어는 단순히 현세도피적이고 신비적 언어가 아니라, 종교언어를 통한 저항운동이라는 것이다. 그렇기 때문에 노예 반란, 농민 반란 또는 외적이 침략할 때의 게릴라 활동 등에서 주도적 역할을 한 계층은 바로 이들 무교 신봉자들이었다는 것이다. 그래서 조선조나 일제 강점기에 무교를 뿌리뽑으려 한 정치적 이유도 이처럼 무서운 결집력과 추진력을 겸비한 민중의 힘을 봉쇄하는 데 있었다. 이제 한국 무교의 소위 "기복적" 언어는 역사적 맥락에서 재검토되어야 한다고 한다.

이렇게 민중신학에서 본 무교 신앙은, 초월과 현실을 리드미컬하게 교체하면서 함께 소화해 내는, 민중의 종교요 신앙이다. 목숨을 걸고 저항하고 반란을 주도하다가도 미련 없이 물러나서 춤추는 모습이 바로 그 예이다. 이처럼 민중종교에 대한 새로운 발견은 그리스도의 복음을 가난한 사람들의 시각에서 새롭게 해석하고 가난한 사람들의 전통종교(巫)와의 "몸의 대화"를 가능하게 하여 한(恨)의 신학을 전개하게 한다.

민중신학은 천대받아온 "한恨의 종교" 무교에서 배우며, 무교와 "대화"를 하려고 한다. "신학적" 대화가 아니라, 가난하고 업신여김을 받아 온 사람들의 경험과 시각을 통한 현실적·구체적인 "대화" 말이다.[49]

이상에서 본 대로 현영학은 민속문화적인 접근을 통해 한국 그리스도교의 정치적 토착화론을 정초하는 작업을 시도한다. 그에 의하면 민중은 단순히 사회적 관계 속에서 가난하고 소외된 자일 뿐 아니라, 역사적 관계 안에서는 민족 고난사의 산물이다. 이러한 이중고 속에서 쌓이고 쌓인 불의와 억울함이 한恨을 이룬다. 그래서 민중은 한 맺힌 사람일 뿐만 아니라, 세상의 죄를 도맡아 지고 가는 고난의 종이며, 그리스도의 형상이기도 하다.

무당굿에서 민중신학자가 발견하는 민중은 예수의 친구이며, 그리스도와 함께 세상의 죄를 짊어짐으로써 세상을 구원하는 일에 동참하는 존재이다. 굿에서는 이 세상에 대한 "비판적 초월"을 경험하고 표현하며, 현실에 대한 성찰과 억울한 감정이 터져 나와 폭발하며, 그러한 현실을 극복하는 꿈이 이야기되고, 새로운 질서의 창조가 "해학과 웃음을 곁들인 혁명"을 통해 이루어진다. "비극을 희극으로 극복하고 눈물을 웃음으로 승화시킬 수 있으며, 하느님의 정의와 사랑이 실현되는 메시아 왕국, 하느님 나라를 이 땅에 가져올 수 있는 약속과 희당"[50]을 현영학은 민중종교의 의례인 굿에서 본다. 그것은 바로 한국인이 겪는 삶의 경험 속에서 그리스도의 복음을 반추하는 한국적 신학의 한 진지한 시도이다.

그러나 여기에도 문제점은 있다. 민중신학이 실천 지향적으로 한국의 정치-사회적인 현실 속에서 그리스도의 복음을 뿌리내리려는 신학작업이기는 하다. 그러나 민중신학 일반에 제기되는 문제[51]와 함께, 현영학을 통해서

---

[49] 현영학, 앞의 글 773.

[50] 금장태·류동식, 앞의 책 302.

[51] 예를 들면 민중예수론과 죄론이다. 즉, 예수가 민중이라는 주장은 설득력이 있으나, 민중이 그리스도와 동일시되는 데는 그 정당성에 의문이 제기된다. 또 성서에서 말하는 죄론을 너무 제한된 관점에서 보고 있다. 죄와 관련하여 볼 때 인간은 누구나 죄인이자 동시에

본 대로 특히 무교 신앙을 대하는 민중신학의 한계는, 이들의 작업이나 연구가 한국 전통종교문화에 철저하게 뿌리박고 있지 못하다는 점이다.[52]

굿판 등에서 실제로 드러나는 바대로, 민중의 삶에 대한 이해는 역설적이고 부조리하며 희비쌍곡선적인 데 반하여,[53] 민중신학자들의 해석은 계급투쟁의 전제하에서 지배자와 민중의 대비·대결·대조 일색이다. 이러한 민중신학이 보는 무교 신앙에 대한 문제점과 한계는 한국의 수많은 종교들과 함께 어깨를 나란히 하여 가난과 고난의 맥락 안에서 상호 대화 – 상호 선교 – 상호 변혁을 통하여 새로운 한국의 신학을 정립하려는 "종교적 토착화론"(韓國宗敎神學)이 그 극복방향을 시사示唆해 주리라 본다.

### 3.3. 종교적 토착화론

새로운 세기, 새로운 천년기를 살고 있는 지금 가장 먼저 판독되어야 할 시대의 징표는 다원주의 시대를 사는 사람들이 지니는 다양한 가치의 인정이 아닌가 한다. 그것을 종교 문제에 국한해서 보면, 종교들 사이의 상이성과 저마다의 타당성을 존중해 주는 일에서 시작한다. 관점을 더 좁혀서 볼 때, 그리스도교에서는 그리스도교 전통을 보존하는 동시에 다원주의적인 그리스도론을 어떻게 추구할 것인가에 대한 해답 찾기가 된다.

그 하나의 방안이 종교다원주의적 해방의 종교신학에서 제시된다.[54] 여기

---

죄가 저질러지는 대상임에도 불구하고, 지배자는 죄인이며 그래서 종교성이 약한 자이고, 민중은 희생자요 고난받는 자(죄가 저질러지는 대상)이니까 종교성이 강한 자라는 논리는 너무 단순한 대조라는 것이다. 이정배, 앞의 글 244-5 참조.

[52] 현영학의 고백에 의하면, 자신은 무교를 본격적으로 연구해 보지 못했다는 것이다. 그가 실제로 굿을 본 경험이라고는 1980년대 초반 이화여자대학교 운동장에서 축제 행사의 일환으로 진행된 "굿 공연"을 본 것뿐이라는 이야기를 필자가 직접 들은 적이 있다. 1986년 1월 21일, 서울, 사당동: "굿패 비나리 이야기 모임"에서.

[53] 역설적인 삶의 재현과 해석으로서의 한국 무교 이해에 착안한 이는 아이러니칼하게도 벽안의 미국인 신부이다. D. 키스터 『무속극과 부조리극. 원형극에 대한 비교 연구』 서강대학교 출판부 1986.

[54] A. Pieris, P. Knitter, J. Hick, H. Küng, 그리고 한국에서는 변선환이 종교다원주의를 전제로 한 해방의 종교신학을 시도하는 대표적인 학자들이다.

서는 그리스도의 유일성에 대한 바른 믿음Orthodoxie에 일차적인 관심이 있지 않다. 그 대신 지구촌 안에서 이웃 종교들과 더불어 하느님 나라와 그의 구원사업을 실천하는 데에, 표현을 달리 하면, 하느님의 선교 활동을 지금 여기서 내가 체현體現하기 위한 바른 실천Orthopraxis에 더 많은 힘을 기울이게 된다. 왜냐하면 성서가 말하는 그리스도론은 예수의 인물과 행적에 대한 형이상학적이고 존재론적 진술이기 이전에, 일차적으로 예수가 제시하는 비전vision에서 힘을 얻고 매력을 느껴 그분과 동의하고 동행하도록 사람들을 설득하는 언술言述이라고 해석하기 때문이다.

특히 제2차 바티칸 공의회 이후 가톨릭 교회의 타종교에 대한 자세 전환은, 특히 민간신앙이나 민중종교에 대한 개방적인 자세는 두드러진 내부 변화의 모습이요, 현대 세계를 향한 외적 적응의 몸짓이다.[55] 무교를 비롯한 민중종교에 대한 한국 가톨릭 교계의 동향도 바야흐로 1980년대를 전후하여 신중한 변화의 모습을 토이고 있다. 그 몇 가지 증좌들을 열거하면 다음과 같다.

우선, 무교를 대표적인 한국 전통종교의 하나로 인식 그리고/혹은 인정하기 시작했다. 일례로 한국 가톨릭의 공식 기관지인 『사목』司牧에는 1970년대 후반부터 무교 및 민중종교와 관련된 글들이 실리고 있다.[56] 또, 1989년 서울에서 개최된 제44차 세계성체대회 행사의 일환으로 성체대회 사무처 주관으로 열린 학술 심포지엄 "제찬과 성찬"에서는 대표적인 한국종교

---

[55] 이웃 종교에 대한 개방적 자세를 드러내는 가톨릭 교회의 대표적 공식 문헌들: 「종교 자유에 관한 선언」 「비그리스도교와 교회의 관계에 대한 선언」 「교회의 선교 활동에 관한 교령」 『제2차 바티칸 공의회 문헌』 한국천주교중앙협의회 1965/69; 교황 바오로 6세 (이종흥 역) 『현대의 복음선교』 한국천주교중앙협의회 1975/77; 교황 요한 바오로 2세 (정하권 역) 『교회의 선교 사명』 한국천주교중앙협의회 1990/91.

[56] 이광규 「한국인 종교심성의 기저 구성」 『사목』 37, 1975/, 88 이하; 김열규 「원한 사상」 『사목』 50, 1977/3, 91 이하; 장익 「미사와 굿 사이에」 『사목』 55, 1978/1, 2-3 및 7편의 "샤머니즘과 그리스도교" 특집 논문; 심상태 「격동기를 사는 종교심성」 『사목』 56, 1978/3, 2-3 및 5편의 "한국인의 종교심성" 특집 논문; 류동식 「한국인의 종교심성과 기독교 이해」 『사목』 93, 1984. 5, 41 이하; 김열규 「전통적 종교심성의 한 이해」 『사목』 107, 1986/9, 33 이하; 박일영 「한국 무속의 신관. 토착화 연구 발표」 『사목』 149, 1991/6, 79 이하; 박일영 「무속의 사후 세계와 사령제. 상제례 토착화 특별 연구 발표」 『사목』 166, 1992/11, 67 이하.

의 의례들 안에 나타나는 음식의 의미를 규명했다. 여기에서 한국의 대표적인 종교로 불교·유교·그리스도교 의례에 나타나는 음식의 의미뿐 아니라, 무의巫儀에서 드러나는 음식의 의미도 함께 궁구되었다.[57]

다음으로, 천주교 사제 양성기관인 가톨릭신학대학들의 교과 과정에 "무교"에 관한 정규 강좌의 개설과,[58] 이들 각 대학의 논문집에 무교 관련 논문들의 게재이다.[59]

마지막으로, 1980년대 이후 가톨릭계 종합대학들의 종교학과 설립과 한국 무교 및 민중종교 관련 강좌의 개설을 들 수 있다.[60]

이제 이러한 한국 가톨릭의 주변 정황을 감안하면서 무교를 들여다보는 종교신학적인 관점을 살펴보자. 필자가 과문한 탓이겠으나, 종교학 내지는 종교신학적인 관점에서 한국 무교에 본격적으로 접근한 연구자가 아직까지 과소하다고 할 수 있다. 이러한 사정을 감안하여 여기서는 필자가 이제까지 이루어 온 무교와 그리스도교의 관계에 대한 연구 경과를 간략하게 밝히는 것으로 "종교적 토착화론"의 무교 이해에 대신하려 한다.

필자는 먼저 석사학위 논문「고난받는 현대 한국 교회의 그리스도 이해」(1982)[61]에서 유신(1972)으로부터 광주 민주화운동(1980)에 이르는 시대의 모순

---

[57] 박일영「무속의 대동잔치」『종교신학연구』3, 서강대학교 종교신학연구소 1990, 115-44, 297-304.

[58] 광주가톨릭대학교 1983/84학년도 대학원 교과 과정에 "샤머니즘" 강좌가 있었다. 필자는 1989년도 가을 학기 수원가톨릭대학교 대학원에서 "무속학"을 강의하기 시작했다. 1990년대 들어 가톨릭대학교를 비롯한 여타 신학대학들에서도 무교 관련 강좌의 개설이 이루어지거나 준비중이라는 기사가 교회 언론들에 발표되었다.「가톨릭신문」1990년 10월 7일자, 1면 참조.

[59] 박일영「원시종교의 생명관. 한국무속과의 비교연구」『가톨릭 신학과 사상』7, 가톨릭대학교, 1992/6, 102-21; 박일영「무속의 제천 의례」심포지엄 "한국의 제천 의례" 발표 논문『이성과 신앙』6, 수원가톨릭대학교, 1993, 88-148, 179-204(종합토론); 조흥윤「무의 구원관 — 개인적 차원」『이성과 신앙』9, 1995, 76-97(본문), 98-111(박일영의 논평과 조흥윤의 답변), 161-82(종합토론); 강영옥「무교의 고통 이해」『가톨릭 신학과 사상』19, 가톨릭대학교, 1997/봄, 57-73.

[60] 서강대학교 종교학과(개설 연도: 1981), 대구가톨릭대학교(전 효성여자대학교) 종교학과(1990), 성심여자대학교(현 가톨릭대학교 성심교정) 종교학과(1994) 학부 및 대학원에 무교 및 민간신앙 강좌가 개설·운영되고 있다.

상황 한가운데서 사회에 적극 참여한 그리스도 교회의 예수 그리스도에 대한 이해를 알아보려고 시도했다.[62] 가톨릭 교회는 1970년대부터 적극적으로 사회에 참여하면서 민중의 진짜 삶에 더 깊은 관심을 갖게 되고, 사회-경제적인 구조악의 문제에 눈뜨게 되었다. 그리하여 예수는 이러한 문제에 어떻게 대처했는지 되묻고 예수의 모습을 새로이 발견해서 사회참여의 근거로 내세우는, 고난받는 한국 그리스도인들의 그리스도 정체성 발견의 과정을 밝히려 했다.[63]

이어서 박사학위 논문「민중·무교·토착화. 무교적 종교성과 그리스도교의 바른 실천」(1988)[64]에서는, 한국의 모순된 시대상황이라는 맥락에서 이해된 그리스도의 모습은 그 모순과 부조리 한가운데 억눌려 살아온 이들(民衆)의 종교문화적 바탕에서 최우선적으로 이해되어야 하리라는 가설을 세웠다. 그리고 한국 민중종교운동사에 나타나는 대로,[65] 민중의 끈질긴 저력에 원동력으로 작용하는 종교성을 밝히는 작업에 착수했다. 대처적으로 볼 때 한국종교사에 있어서, 국교로 기능한 제도종교들은 기존 권력층과 야합(ser-vitudo)한 데 비해, 민중종교인 구교는 한 맺힌 이들(民衆)에게 꾸준히 봉사(ser-vitio)한 전철을 밟아 왔다.

민중의 아픔과 슬픔에 조건 없이 동참하고 봉사하는 종교로서 무교는 그리스도교의 성사성聖事性(Sakramentalität)과 상통한다고 본다. 즉, 하느님이 거저 주는 선물(恩寵)로 인간을 인간화(聖化)하는 공동체의 종교 행위인 미사를

---

[61] Park Il-young, *Christusverständnis im Kontext der leidenden Kirche Koreas heute*, Lizentiatarbeit, Universität Freiburg/Schweiz 1982.

[62] 박일영「1970년대 한국 가톨릭 교회의 정의구현 운동」『현상과 인식』 44, 연세대학교 한국인문사회과학원 1988, 9-30 참조.

[63] 정호경『나눔과 섬김의 공동체』분도출판사 1984 (특히 둘째 마당: "예수의 민중사목" 참조). 여기서 저자는 예수의 선교 영역이 상처받은 인간을 치유하고 험한 세상을 구원하여 "해방하고 일치시키는 굿판"이라고 규정한다(93-6, 강조는 필자).

[64] Park Il-young, *Minjung, Schamanismus und Inkulturation: Schamanistische Religiosität und christliche Orthopraxis in Korea*, Dissertation, Universität Freiburg/Schweiz 1988.

[65] 황선명『민중종교운동사』종로서적 ²1981.

비롯한 그리스도교 예배의 성사聖事적 성격이 무교의 공동의례인 굿에서도 드러난다고 보았다. 그래서 오늘을 사는 한국인의 삶의 조건에 맞는 복음의 현지문화순응〔土着化(inculturation)〕을 위해서는, 무교적인 민중 제의를 통해 알아볼 수 있는, 한국인에게 고유한 종교성의 사회윤리적·성사적 형상화形象化(Gestaltung)가 중요한 관건이 된다고 보았다. 그것이야말로 — 비유하자면 — "속알(소갈)머리" 없는 곁뿌리만 잔뜩 심어 애꿎은 토양을 초토화할 것이 아니라, 진정한 "속 알맹이" 뿌리와 토양의 상승작용으로, 옥토에 든든한 뿌리를 내리는 "비옥화"肥沃化(fertilization)[66]로 이어지는 일이기 때문이다.

이제부터는 그리스도교에서 보는 한국 무교에 대한 종교신학적 해석을 시도해 볼 차례다. 이 부분에서는 필자가 이제까지 시도해 온 그리스도교적 관점에서의 무교 이해에 관한 작업들을 간략히 정리해 보기로 한다.[67]

첫째, 무가巫歌·사설辭說·신화神話 등에 나타나는 민중언어는 기록된 문자가 아니라 구전口傳이다. 기록을 남기지 않고 말로 전하는 것은 글자를 몰라서가 아니라, 지배자들이 괜한 트집을 잡고 박해하는 빌미를 피하려는 방책이라는 견해도 있다.[68] 굿에서는 우선 "말문"이 터지도록 분위기를 조

---

[66] 한완상, 앞의 글 85 참조.

[67] 본문에 소개한 필자의 석·박사 학위논문 외: 「종교 간의 갈등과 대화. 무속과 그리스도교를 중심으로」『종교신학연구』 2, 서강대학교 종교신학연구소 1989, 99-124;「무속의 대동잔치」『종교신학연구』 3, 1990, 115-44, 297-304;「한국 무속의 신관」『사목』 149, 1991/6, 79-106;「원시종교의 생명관. 한국 무속과의 비교 연구」『가톨릭 신학과 사상』 7, 가톨릭대학교 1992/6, 102-21;「무속의 사후세계와 사령제」『사목』 166, 1992/11, 67-96;「무속과 그리스도교의 교류. 회고와 전망」『종교연구』 8, 한국종교학회 1992, 74-102;「무속의 제천 의례」『이성과 신앙』 6, 수원가톨릭대학교 1993/9, 88-148;「민간신앙을 통해서 본 한국인의 종교심성」가톨릭문화연구원 편 『한국 전통문화와 천주교』 탐구당 1994;「무교의 공수와 그리스도교의 계시에 관한 비교 연구」『종교연구』 11, 1995, 321- 53;「가톨릭과 무교의 상호선교」『신학전망』 115, 광주가톨릭대학교 1996, 2-18;「두렵고도 인자한 님을 대하며. 무교와 그리스도교에서 본 하느님 체험 이야기」『한국그리스도사상』 5, 한국그리스도사상연구소 1997, 14-43;「무교적 심성에 비추어 본 가톨릭 교회의 한국화 전망」우리사상연구소 편 『한국 가톨릭 어디로 갈 것인가』 서광사 1997, 154-79;『한국 무교의 이해』 종교학총서 9, 분도출판사 1999;「무교적 종교성의 구조와 특징. 가톨릭 신앙심과의 관계를 중심으로」『한국무속학』 2, 한국무속학회 2000, 65-87.

[68] 안병무의 견해. 안병무와 Wolfgang Kröger가 공동 주관한 민중신학에 관한 세미나(한신대학교 대학원, 1985. 12. 3)에서.

성하는 데 주력하게 된다. 굿의 분위기가 무르익으면서 무당과 기주祈主 사이에 이루어지는 공수供受와 덕담德談 같은 대화가 이러한 기능을 주로 담당한다.

이와 같은 구전 언어는 정형화되지 않음으로써 민중이 바라는 바가 무엇인지 그때그때 그대로 반영한다. 이렇게 민중언어와 그에 곁들인 "고풀이"라든가 "씻김" 따위의 상징적 의례행위를 통해 즉흥적이면서도 고단위의 카운슬링이 이루어진다. 그것은 바로 가난과 고난이 극복된다는 한풀이의 전망과 확신을 종교적으로 보여줌으로써, 그리스도교적 표현을 빌리자면, 성사적 기능을 하게 된다.

둘째, 무교의례가 이루어지는 공간에 착안할 필요가 있다. 굿당이나 신당神堂은 평소 보통 사람들이 살아가는 생활공간과 같은 크기이며 같은 모습을 하고 있다. 점점 더 크고, 더 높고, 더 화려하게 짓는 기성 종교의 대형 건물들이 많은 사람들에게 저항감과 괴리감을 조성할 우려가 있다면, 굿당은 주눅들지 않고 편안하게 민중들이 하고 싶은 대로 마음 놓고 기도하는 공간이다. 이러한 배경에서 그리스도인들은 "돌로 된 성전을 허물고 살로 된 성전을 지으라"[69]는 성서의 뜻을 새롭게 깨달을 수도 있을 것이다. 언뜻 보잘것없어 보이는 민중종교를 통해서도 얻게 되는 바로 이러한 깨우침 하나하나가 종교신학이 본래 추구하는 의미이기도 하다.

셋째, 식사食事의 의미이다. 식사는 단순한 "먹는 일"일 뿐 아니라, "먹거리를 섬김"이다. 먹는 일이 모든 생명체의 기본 행위이지만, 인간에게는 단순히 영양섭취로 생명을 연장하는 일 이상의 의미를 차지한다. 식사 여법이 정해져 있으며, 대개는 다른 사람과 더불어 먹게 된다. 더불어 함께 하는 식사는 "인격적인 개방"의 표시로서 이때 인간의 모습은 가장 솔직하게 드러난다. 따라서 사람들은 다른 사람과 중요한 관계를 맺을 때 식사를

---

[69] "나는 그들의 마음을 바꾸어 새 마음이 일도록 해 주리라. 그들의 몸에 박혔던 돌 같은 마음을 제거하고 피가 통하는 마음을 주리라"(에제 11,19) ; "예수께서는 당신 몸이 곧 성전임을 가리켜 말씀하셨다"(요한 2,21).

통해서 한다. 종교의례에서 행하는 신과의 소통도 마찬가지이다.[70]

무교의례인 굿에서도 예외가 아니다. 음복飮福뿐만 아니라, 굿 중간 여러 차례의 보통 식사 때, 복福과일과 복떡 따위의 명음식命飮食을 나누는 과정에서 화기애애한 분위기가 이루어지며, 공동체 의식이 확인되고 연대감이 강화된다. 가톨릭 미사의 성찬 전례 때 극도로 상징화된 음식인 제병과 영성체의 엄격한 자격 제한으로 이루어지는 딱딱하고 배타적인 분위기와는 상당히 대조를 이룬다. 성사적 의미는 사라지고 단순한 기념식으로 화하여 그것도 일 년에 한두 번 행하는 개신교의 성찬식은 더 말할 나위도 없다.

넷째, 무의巫儀에서 드러나는 의례 집전자 무당의 정성이다. 24시간 이상 때로는 며칠씩 계속되며, 그것도 주로 밤에 거행되는 굿들은 그리스도교 제의와 비교도 안 되게 "푸짐한" 느낌을 준다. 미국인 가톨릭 신부가 한국 무교의 굿을 직접 보고 느낀 점을 적은 글을 인용해 보자.

> 신앙의 근본적 차이에도 불구하고 일반적인 성사적聖事的 · 의식적儀式的 · 극적劇的인 경향은 확실히 가톨릭 신부로서 내가 익숙해져 있는 종교적 숭배와 신의 현존을 인지認知하는 전통과 비슷한 데가 있지만, 굿의 생동감生動感과 상상적 풍부성은 우리가 부러워할 만한 측면이다.[71]

이러한 과정을 거쳐 신령과 인간 사이가 서로 원망하고 위협하는 관계에서 벗어나 용서하고 화해하며 축복함으로써 "다시 이어져서"[72] 조화와 평화를

---

[70] 강우일 「제찬과 성찬 심포지엄에 즈음하여」 『종교신학연구』 3, 1990, 112-3 참조. 그 외에도 제44차 세계성체대회 기념 "제찬과 성찬" 심포지엄에서 발표된 5편의 논문과 그에 따른 토론문 일체: 같은 책 111-328 참조.

[71] D. 키스터 「무당 몸짓의 상징적 언어」 『문학사상』 60, 1977, 295; 스위스 프리부르 대학교 종교학 교수 R. 프리틀리도 1985년 11월 종교학 석박사 합동 월례 콜로퀴움에서 진도 씻김굿과 중장(重葬)을 다룬 "Doppelbestattung auf Chindo" (독일 ZDF 방영 프로그램)를 보고 이와 유사한 반응을 보였다.

[72] 4세기 교부 Lactantius (250?~321?)는 304~313년에 쓴 주저 *Divinae institutiones* (「하느님의 제정」) 전 7권 중 제6권 *De vera religione* (「참된 종교」)에서 종교(religio)의 어원이 신과 인간 사이에 끊어졌던 관계를 "다시 잇는다"는 의미의 라틴어 동사 religare에서 왔다고

이룬다. 인간과 인간 사이에도 소통이 원활해지고 친교koinonia가 이루어진
다. 한스런 현실에 대한 과장이나 너스레는 무당의 말이나 몸짓으로 한껏
극대화된 공감대를 만들어 눈물바다를 이루지만, 서로 부둥켜안고 실컷 울
고 난 후에는 감정이 정화catharsis되고 현실을 수용하며, 더 단단해진 연대
감을 바탕으로 앞날에 대한 기대와 함께 그 관계도 새롭게 활성화revitalization
되는 것이다.

다섯째, 공동제의의 성사 기능이다. 종교의례는 희생 제물의 봉헌sacrifice
을 통한 공동체의 종교 행위다. 무교의례의 요체는 갈등과 고통, 가난과
고난으로 가득한 비구원의 세계 내에서 삶 전체의 안전보장을 확보하는 일
이라고 할 수 있다. 인간과 인간, 인간과 신령이 화해함으로써 고난(恨)이
제거되고, 연대감이 보장된 후, 서로 간에 조화를 회복시키고 평화를 재현
한다. 이러한 일련의 과정이 종교적 공동식사인 대동음복의 제상이자 일상
적인 따뜻한 밥을 함께 나누는 밥상인 굿상에서 이루어진다.

그리스도교의 성찬례eucharistia도 3단계로 구성된다는 점에서는 무교의례
와 구조적인 유사성을 지닌다. 성찬에 참여하는 사람들에게는 먼저 회개me-
tanoia가 요구된다. 회개는 모든 비구원의 상황으로부터 완전히 돌아서서 구
원으로 향하는 전향轉向이다. 다음에는 친교koinonia이다. 그것은 회개한 세
사람과 하느님 사이에 회복된 친밀감을 표시한다. 마지막으로 봉사diakonia
이다. 봉사는 아직도 회개하지 못하고 비구원의 상황에서 방황하는 이들을
위한 조건 없는 투신이다. 이러한 과정을 거쳐서 획득한 해방과 자유의 모
습을 구체적으로 실천하는 것이 바로 그리스도교 초창기부터 성찬과 연결
되어 실천된 사랑의 공동식사인 애찬agape이었다.[73]

이와 같은 구조적인 외형적 유사성에도 불구하고 해결해야 할 근본적인
문제가 있다. 바로 오늘날 무교의례에 나타나는 소극적이고 개인적이며 탈

---

보았다. 강영옥「락탄시오」『한국가톨릭대사전』3, 한국교회사연구소 1996, 2073-4 참조.

[73] 정양모「예수의 최후만찬과 교회의 성찬. 그 형태와 의미와 현실성」『종교신학연구』3,
1990, 29-56 참조.

복적인 한풀이가 적극적이고 사회적이며 근본적인 풀이를 향한 결단으로 승화되고 고양되어야 한다는 것이다.[74] 무당이나 신도들이 극기·고행하고 헌신하는 면들이 발견되기도 한다. 그러나 이러한 모습들은 개인이나 가족 차원에 머물 뿐, 사회비판의식이라든지 개혁적인 의지로는 아직 명확히 나타나지 않는 것 같다.

마지막으로, 교조敎祖의 신인합일神人合— 기능이다. 즉, 교조는 신과 인간 사이의 통교通交(communiocation)의 고리이며 연결점이다. 죽은 이를 위한 지노귀굿에서 구송되는 무교 신화에 따르면, 임금의 막내딸 "바리공주"는 부모에게 버림받게 된다. 그러나 죽을병에 걸린 부왕을 살려 낸 인물은 궁중에서 호사하던 자들이 아니라, 바로 이 버림받았던 천덕꾸러기(바리데기)이다. 갖은 환난고초를 다 겪으며 저승에서 구해 온 영약으로 부왕을 살려 냈을 뿐만 아니라, 결국은 모든 인간을 구하는 무당의 시조(巫祖)가 되었다는 것이다. 한국 무교 신앙에서 신령과 인간은 이렇게 굿판에서 무당을 통하여 만난다.

그리스도인의 본보기인 예수 그리스도는 하느님을 찾는 인간과 인간을 찾는 하느님이 만나는 점meeting point이다. 그래서 예수 그리스도는 세상의 성사sacramentum mundi이다.[75] 그러므로 예수 그리스도와 바리데기는 신과 인간 사이의 중재자라는 외형구조상 유사한 기능을 가진다. 앞서 "정치적 토착화론의 무교 이해"에서 살펴본 민중신학자 현영학은 무당의 소명 체험인 신병을 예수의 유혹사화와 비교한다. 즉, 두 인물이 겪는 사건은 모두 가난한 이들의 고난과 대결하는, 달리 말하면, 민중의 한과 씨름하는, 강력한 종교 체험이라는 것이다.[76]

---

[74] 최치원의 풍류도를 계승하여 류동식이 말하는 "풍류신학"이나, 최제우의 동학혁명 정신을 이어받아 김지하가 말하는 "한(恨)에 대비되는 단(斷)의 사상" 또는 "신(정신적 쇄신)과 혁명(사회적 개혁)의 통일"은 이러한 맥락에서 시사하는 바가 있다.

[75] 제2차 바티칸 공의회 문헌 「교회의 선교 활동에 관한 교령」 16항, 34항 참조; 1디모 2,5 참조.

[76] 현영학 「민중신학과 한의 종교」 『신학사상』 47, 1984/겨울, 769-70 참조.

# 4. 종교신학적 교류를 향한 전망

결론적으로 정리하자면, 현행 무교의례에는 자기 부정적인 요소라든가 남을 위한 헌신적인 측면들이 개인적 차원이나 가족의 범위 안에서 꽤 발견되지만, 한 차원 높은 사회비판의식이나 개혁 실천적인 면에서는 부족하다. 이렇게 볼 때 그리스도교는 무교 신앙에서 역동적이고 실제적인 살아 있는 종교성을 보고 배워야 할 것이며, 한국 무교는 "굿정신"의 이상적인 모습인 공동체성을 체현體現하는 쪽으로 힘을 모아 나가야 한다. 이렇게 될 때 현하 한국사회에서 중요한 역할을 하는 두 종교는 상호 간의 지평을 확대·융합Horizontverschmelzung[77]하게 된다.

이렇게 만나는 종교들에게는 상대방을 흡수·병탄하는 파괴적 개종의 강요가 아니라, 문화와 정치의 균형 있는 토착화로 우리 모두를 위하는 비옥화한 종교로서의 "대승 무교"大乘 巫敎(mahayana-shamanism)와 "대승 그리스도교" mahayana-christianity의 출현을 기대해도 좋으리라. 한국사학자 이기백이 "한국의 역사는 민중이 자기 기반을 확대해 가는 과정"[78]이라고 결론짓듯이, 이 땅에 뿌리내리는 종교들이 내세울 비전은 무열적 망아경巫悅的忘我境에 바탕을 둔 역동적 종교성의 "인간화를 향한 사회발전의지"로 향한 승화이어야 하겠다. 이와 같은 사회윤리적인 실천은 최근세사에서 소수이긴 하나 진짜 그리스도인들에 의해서도 "하느님 나라"basileia tou Theou 실현이라는 의미에서 진행되는 중이다. 이것이 바로 그리스도교가 한국이라는 맥락에서 사회의식, 역사의식, 예언자적 사명을 깨치고 올바로 실천Orthopraxis해야 할 근본 과제이다. 무엇보다도 당면과제는 이러한 올바른 실천을 거교회적 관심으로 의식화하고 대중화하는 일이다. 소수 엘리트에 국한하여 인식되고 그들끼리 실천이 시도될 때, 그것은 사랑과 조화에 따른 평화공동체를 이루어

---

[77] H.G. Gadamer, *Wahrheit und Methode: Grundzüge einer philosophischen Hermeneutik.* Tübingen: J.B.C. Mohr 1975, 289.

[78] 이기백 『한국사 신론』 일조각 1977, 456.

야 할 교회에 분열과 갈등의 증폭을 가져올 뿐이다. "한 사람의 만 걸음보다 만 사람의 한 걸음"이 참으로 절실하다.

오늘날 한국사회는 세계에 유례없는 다종교 상황에 놓여 있다. 여기에 오늘 이 땅에 사는 종교인들에게는 특별한 과제가 주어졌다고 본다. 종교인들은 누구를 막론하고 각 종교·종파의 풍부한 유산과 활력을 가지고 누리와 겨레의 해방에 공헌해야 하며, 나아가 하나의 거대한 도시로 변하고 있는 세계, 즉 지구시地球市(Global Megapolis)라는 세상의 구원을 위하여 하나의 새로운 원리를 찾아내야 한다. 그러한 제 종교의 작업을 지구신학global theology 또는 세계신학world theology이라 하겠다.[79] 각각의 종교는 상호 선교의 주체로서 자기 전통과 정체를 보존하는 동시에, 자신을 피선교의 대상으로 내놓음으로써 각자의 성스러움을 더욱 심화하여 세계 평화에 효과적으로 공헌하게 될 것이다.

---

[79] W.C. Smith, *Towards a World Theology: Faith and the Comparative History of Religion*, Philadelphia: Westminster Press 1981 참조.

# 무교와 그리스도교의 만남
## 무교적 관점에서

# 1. 문제 의식과 연구 범위

그리스도교는 예수라는 역사상의 구체적인 인물에 근거를 둔 종교이다. 예수 때문에 삶의 근본적인 전환을 이룬 사람들이 예수가 벌인 "하느님 나라" 운동에 기초를 두어 세운 종교이다.[1] 이렇게 예수에게 사로잡힌 사람들, 말하자면, 예수의 삶을 통하여 구원을 체험한 사람들이 예수는 그리스도요 하느님의 아들이며 사람의 아들이라고 고백한 내용이 바로 그리스도교의 기본 경전인 복음서이다.

복음서의 핵심이자 예수 사건의 핵심은 십자가에 달려 죽었던 예수의 부활에 대한 신앙이다. 복음서의 고백에 따르면, 부활은 하느님이 인간 역사에 개입한 결정적인 사건이다. 그리하여 예수의 신원을 새로이 인식하고 예수가 메시아라는 확신을 가지게 되었다. 이 부활 사건 이후에 그리스도에 대한 신앙고백이 분명하게 되었다. 그래서 그리스도교는 예수라는 역사의 구체적인 인물에 기초를 두고 십자가와 부활이라는 양 축에 근거를 두고 있다.

한자문화권인 동북아시아에서 아득한 옛날부터 중요한 종교전통 중의 하나는 무巫라고 표기되는 종교현상이다. 이 글자의 본래 뜻은 소매가 긴 옷을 입은 사람(巫堂)이 신령들을 즐겁게 해주기 위해 춤을 추는 형상(梵)이라고 한다.[2] 종교학자들에 의하면, 이런 동북아의 신앙체계는 세계적인 분포를 보이는 샤머니즘shamanism에 속한다는 것이 중론이다.[3] 이 용어는 한국어와 같은 어족語族인 알타이어족에 속하는 퉁구스Tungus어에 그 기원을 두고 있다.

---

[1] Gerd Theissen, *Soziologie der Jesubewegung: Ein Beitrag zur Entstehungsgeschichte des Urchristentums*, Theologische Existenz heute, Nr.194, München ³1981 (조성호 역 『예수운동의 사회학』 종로서적 1982) 참조.

[2] 許愼 『說文解字』 北京 1977, 100.

[3] Mircea Eliade, *Shamanism: Archaic Techniques of Ecstasy*, Bolligen Series 76, Princeton 1964, 461-2.

무당을 뜻하는 샤먼shaman이라는 단어의 어근은 알타이어의 동사인 "샤"sa 에서 유래하는데, 그 뜻은 (보통 사람들은 모르는 신들에 대한 사정을) "알 다"라고 한다.[4] 퉁구스인들에게 있어서 샤먼은 일정한 부족의 종교 기능자 를 의미한다. 이들은 특정한 신령들과 친밀한 관계를 유지하는 자들로 알 려져 있다. 이러한 샤먼은 자기와 친밀한 신령들을 불러서 제 몸에 모시고 incorporate 그 신령들이 제 몸을 통하여 인간들과 의사소통communication을 하 도록 할 수 있다고 믿는다.[5]

이런 과제를 수행하기 위하여 샤먼은 몰아경沒我境(ecstasy)에 돌입한다.[6] 신 들림의 체험인 몰아경과 빙의憑依(possession; enthousiasmos)라는 샤먼의 종교현상 은 각 민족과 샤먼 각자의 개인적인 기질에 따라 정도의 차이가 있다. 그 리하여 지리적 혹은 문화적 조건에 따라 변형되기도 하는데, 일례로 한국 남부 지방의 세습무는 무당 개인의 신령 체험보다는 무가巫家의 세습 전래 를 더 중시한다.

가장 원형적인 샤머니즘이라고 알려진 시베리아의 샤머니즘과 비교해서 한국의 무교巫教는 강하게 의례화되었다. 이러한 변형은 한반도의 지리-역 사적 환경 때문인 것 같다. 즉, 시베리아와 한반도의 기후 차이에 따라 이 동형의 유목문화에서 정착형의 농경문화로 전이되고, 그것이 또 이 땅에 들어온 외래종교들과 혼합·습합·융합의 과정을 거침으로써 이루어진 편 차로 여겨진다. 그것은 바로 이 세상의 시작을 이야기하는 신화가 유목문 화권에서는 "없음으로부터 나오는 있음"creatio ex nihilo을 말하는 "창조형"으로 나타나는 반면에, 농경문화권에서는 이미 있어 온 하늘이 열리는 "개벽형"

---


[4] Å. Hultkrantz, "A Definition of Shamanism", *Temenos* 9, 1973, 27.

[5] M. Eliade, "Schamanismus", *Die Religion in Geschichte und Gegenwart*, Bd.5 (Studien-ausgabe) 1986, 1386-8.

[6] "영혼의 일탈"(extasis)을 뜻하는 Ecstasy는 본래 라틴어 동사 exstare에서 유래한다. 반 대 개념은 "신령의 접신"을 뜻하는 enthousiasmos다. Dominik Schröder, "Zur Struktur des Schamanismus: Mit besonderer Berücksichtigung des Lamaischen Gurtums", *Anthropos* 50, Fribourg/Suisse 1955, 848-81 참조.

으로 나타나는 데서도 엿볼 수 있다.

그런데 시베리아의 샤머니즘이 사양길을 걷는 반면에 한국의 무교는 아직도 활발하게 살아 있는 종교현상이다. 무당들의 전국 조직인 "대한승공경신연합회"의 최근 통계에 의하면, 현재 전국적으로 이 단체에 가입한 무당의 숫자가 10만여 명에 이르며, 무당들은 점차 학력은 높아지고 연령은 낮아지는 현대화 양상을 보인다는 것이다.[7] 더 나아가 제도종교로 발돋움하기 위하여 1988년에는 이 단체 간부들의 주도로 천우교天宇教라는 신종교를 창교하고 교리서까지 발간했다.[8] 역사적으로 보아도 무교는 한국에서 가장 오랜 종교현상임을 부인하기 어렵다. 무당의 유래를 단군에게까지 소급할 정도로 무교는 한국종교의 최고형最古型임은 학계에서 통설로 받아들여지고 있다.[9]

한국종교사의 입장에서 종고와 사회의 관계를 거시적으로 살피면 다음과 같이 정리된다.[10] 먼저, 나라가 안정되고 국민들이 건강하고 그 의식이 건전한 모습일 때는 당시 한국 사회에 뿌리를 내린 종교들은 조화의 모습을 보여주었다. 최치원의 난랑비 서문 등에서 그 흔적을 유추하거나 중국의 역사서에서 엿보이는 고대 한국종교의 모습은 유·불·선 삼교를 포함하는 현묘한 도(風流道·古神教)였다고 한다. 신라와 고려의 불교는 토착종교로서 먼저 자리를 잡은 무교와 공존하는 형태였으며, 조선은 억불숭유와 함께 두 당을 탄압한 왕조로 알려져 있으나, 왕권이 안정된 이후로는 사실상 무·불·유의 조화를 추구하는 모습을 여러 기록들에서 발견하게 된다. 그 반면에 나라가 병들고 사회가 불안하고 타락했을 때는 종교들 사이에 분쟁이

---

[7] 1994년 8월 14일 대구 금호강변 동촌 유원지 일대에서 벌어진 대한승공경신연합회 대구·경북 지부 주최 "금호강 용왕 수륙제"에서, 회장 최남억, 대구 지부장 장태문 등은 본회에 등록된 전국의 무당을 8만여 명으로 추산했다. 2002년 3월 현재, 본 회가 인터넷 홈페이지 (http://www.kyung-sin.or.kr)에 제시한 회원수는 이를 훨씬 상회하는 104,000명이었다.

[8] 대한승공경신연합회 부천 지부장 황명연과의 대담: 1988년 5월 5일 이후 수시.

[9] 이기백 『한국사 신론』 일조각 ²1978, 17-8; 제임스 H. 그레이슨 (강돈구 역) 『한국종교사』 민족사 1995, 33-46 참조.

[10] 윤이흠 「한국종교 개관」 윤이흠 외 『한국인의 종교』 문덕사 1994, 15-50.

벌어지고 대립과 갈등을 이루었음을 쉽사리 알 수 있다.

이차돈의 순교 이야기는 무교와 불교의 대립이라는 표면적인 양상을 통하여 주위 강대국들의 위협을 받던 신라사회의 불안을 반영하며, 여말선초의 왕조교체기에는 성리학이라는 이념으로 무장한 신진 유교세력과 기왕의 불교세력 간의 헤게모니 쟁탈전이라는 종교분쟁 양상을 띠고 있다. 조선조 말에는 서학의 도입과 그에 대한 민족적 반발로서 동학의 발생, 조정의 천주교 박해로 이어지면서 유교와 그리스도교의 힘겨루기 양상을 보였으며, 그것은 최근의 사회 격변기에 와서는 그리스도교 세력의 전통종교들에 대한 공세라는 역전된 형태로 나타나고 있다. 즉, 수세에 몰렸던 그리스도교가 그 중에서도 특히 보수적인 개신교 교단을 중심으로 여타 종교들을 공격적으로 대하는 모습으로 바뀌어 가고 있는 것이다. 이렇게 볼 때 이 땅에 건강한 사회를 회복하기 위하여는 한국종교사의 큰 흐름을 형성해 오고 있는 무·불·유·기 등 제 종교의 조화와 관용을 실현하는 방향으로 나아가야 할 것이다. 그것이 바로 한국 땅에서 종교와 인연을 맺고 사는 사람들이 최우선으로 삼아야 할 민족적인 과제일 것이다.

문제를 좀 더 좁혀 "무교에서 본 그리스도교"에 접근해 보자. 유감스럽게도 이 방면의 종교학적 연구는 지금까지 거의 전무한 실정이다. 필자의 조사에 의하면, 종교학의 입장에서는 한국종교사를 논하면서 문제제기 차원에서 다룬 몇몇 개관적인 글들밖에 없었고, 어느 정도 본격적인 관련 내용은 민속학 내지 인류학의 입장에서 정리한 최길성[11]과 조흥윤[12]의 글이 전부였다. 반면에 그리스도인이 본 무교 연구는 상당량에 달했다.[13] 그렇지만

---

[11] 최길성 「무속과 기독교의 만남」『한국민간신앙의 연구』 계명대학교 출판부 1989, 319-41.

[12] 조흥윤 「서양종교와 한국종교의 만남」『두산 김택규 박사 화갑 기념 문화인류학 논총』 1989, 109-24; 같은 필자 「巫 전통에서 보는 그리스도교」『종교신학연구』 6, 서강대학교 종교신학연구소 1993, 153-70.

[13] 박일영 「그리스도교에서 본 무속신앙」『종교신학연구』 7, 1994, 111-41 및 서양 선교사들과 한국 그리스도인들의 무교 이해에 관련된 그 밖의 문건들.

이러한 후자의 연구들 역시 대부분 조급하고 편협한 포교적인 관심에서 다루다 보니 많은 문제점이 있었다.

이 글을 위한 연구자료를 모으면서, 무교에서 본 그리스도교든 그리스도교에서 본 무교든 어느 방향의 연구든 간에 안목 전환의 필요성이 절실함을 발견하는 부수적인 성과도 거둘 수 있었다. 궁극적으로는 제 종교의 관계를 일방적으로 고정된 한 방향에서가 아니라 상호 관계성 안에서 보아야 할 터이다. 스위스의 종교학자 프리들리의 말대로 이제 우리는 제 종교 간 "상호 선교"를 바탕으로 하는 "종교(들의) 신학"Theologie der Religionen을 추진할 시점에 서 있다.[14]

또 다른 문제점으로, 무교는 조직화된 교리나 교단 또는 문헌으로 확정된 경전이 없는 종교다. 그래서 그리스도교에 대한 무교 측의 대표적 공식 입장 정리나 무교 계통 학자의 공신력 있는 비교연구 등은 기대할 수 없는 일이기도 하다. 그런 이유로 해서 무교 관련 연구를 하자면 통상적으로 무교 신앙 현장을 조사, 연구하는 방법을 취하게 된다. 그렇기는 하지만 본 논고의 경우에는 제반 여건의 미비로 기존의 민족지ethnographic 자료들을 바탕으로 작성됨으로써 시론적인 성격에 머물고 마는 한계를 지닌다. 그러므로 매우 중요하고도 시급한 이런 주제에 대한 좀 더 본격적인 연구는 유감스럽게도 다음 기회를 기약하는 수밖에 없다.

## 2. 그리스도교를 만난 유교와 무교

루터M. Luther와 칼뱅J. Calvin 그리고 츠빙글리U. Zwingli 등의 이른바 "종교개혁 운동"에 의하여 16세기 초부터 유럽에서는 그리스도교가 갈라지게 되었다. 그 결과 기존 가톨릭의 교세는 크게 위축되었고, 신생 개신교 역시 취약한 기반이 문제였다. 때마침 이루어진 신대륙의 발견과 식민지 팽창주의가 맞

---

[14] R. 프리들리 (박일영 역) 『현대의 선교. 선교인가 반선교인가』 신학선서 10, 성바오르 출판사 1989, 153-60.

물리면서 서구 그리스도교는 가톨릭을 필두로 해외선교에 열을 올리기 시작한다. 그리하여 세계 각국은 서구에서 발전한 그리스도교의 도입과 함께 서양문화의 진출에 따른 충격을 받게 되었다. 그에 따라 비서구 지역에서는 전통문화의 변용acculturation이 급격하게 이루어졌다. 서양문화로 채색된 그리스도교가 비서구권에 유입되면서 서양문화와 그리스도의 복음을 분별하지 못해 야기된 문제점들은 이루 그 수를 헤아리기 어렵다.[15]

오늘날 한국의 종교상황은 여러 종교들의 공존으로 특징지어진다. 무·불·유교 등으로 이어지는 오랜 종교전통에다가 근세에 도입된 그리스도교와 조선조 말 창교된 동학을 비롯, 400여 개에 이르는 신흥종교들까지 각양각색의 종교들이 한반도를 "종교 백화점"으로 만들어 놓았다. 그 중에서 특히 외래종교들이 도입되었을 경우에 전통사회와 문화에 커다란 충격을 불러일으켰음은 불문가지다. 그렇지만 한국종교사의 흐름을 자세히 들여다보면 종교들 사이에 그다지 큰 갈등이나 대립이 보이지 않는다.

앞서 살펴보았던 이차돈의 순교는 차라리 하나의 예외에 속하는 일이다. 이차돈은 타인의 강요에 의해 목숨을 잃었다기보다는, 본인 스스로 불교의 진흥을 통한 왕권의 강화를 꾀하기 위해 자진하여 생명을 바쳤다는 연구 결과도 있을 정도이다.[16] 그럴 정도로 한국의 종교문화는 여러 종교들이 평화스럽게 공존하는 전통적 특성을 지니고 있다. 그 배경은 외래종교들이 전래되기 이전부터 조화와 관용을 바탕으로 하는 이 땅의 고유한 종교전통에서 찾을 수 있다. 서론에서 언급한 대로 종교 간의 마찰이나 갈등은 한국사회가 안정되어 본연의 모습을 보일 때는 거의 나타나지 않다가, 왕조의 교체기나 사회 전체의 변혁 등으로 안정되지 못했을 때 나타나는 사회병리적 현상일 뿐이었다.

---

[15] 같은 책 15-8 참조; 박일영 「현대 교황청 문헌의 선교 이해」 『현대사상연구』 6, 대구가톨릭대학교 1995, 1-29.

[16] 최광식 「한국 고대의 제의 연구. 정치사상사적 고찰을 중심으로」 고려대학교 박사학위 논문, 1989, 178-98; 서영대 「한국 고대 신관념의 사회적 의미」 서울대학교 박사학위 논문, 1991, 239-43 참조.

그러다가 성리학을 국가 통치이념으로 삼은 조선조에 들어서서는 내내 이러한 공존의 전통은 심대한 손상을 입게 된다. 특정의 경직된 종교사상이 한 사회의 통합이념으로 강제되면서 여타 종교들은 무대 뒤편으로 물러나 힘없는 민중의 현세적 욕구를 충족시키는 역할에 국한되고 만다. 이러한 공존의 상실은 한국종교의 생리에 병폐로 작용하여 사회 곳곳에 부작용을 일으키게 되었다. 이렇게 모순된 시대상황이 극에 달했을 때 뜻있는 유학자들 사이에서는 실학實學이 시도되고 마침 중국에 들어와 있던 서학西學이라는 새로운 종교사상이 관심의 대상으로 떠오르게 된다. 이제 이 땅에 본격적으로 유입된 그리스도교는 기왕에 자리잡고 있던 전통종교들에게 상당한 충격을 안겨 주게 된다. 그 중 대표적인 유교와 무교의 경우를 보기로 하자.

## 2.1. 유교의 경우

한국은 17세기 초 중국에서 전래된 한문 서학서漢文西學書를 통해 천주교를 접하게 된다. 마테오 리치Matteo Ricci〔利瑪竇(1552~1610)〕에 의해 중국에 도입된 천주교를 포함한 서양 학문 일반으로서의 서학은 중국을 왕래하던 사신들을 통해 한국 땅에 유입되었다. 한국에서 발견된 그리스도교 관련 최초의 기록은 이수광李睟光(1563~1628)의 『지봉유설』芝峯類說(1603)[17]이다. 그는 북경에 연행 사신으로 갔다가, 그곳에서 접하게 된 서양학문에 대한 지식을 국내에 처음 소개함으로써 실학운동의 선구자가 되었다. 이 책은 특히 서양 각국의 종교를 소개함으로써, 성리학에 사로잡혔던 당시 한국인들에게 새로운 세계관에 눈뜰 계기를 마련해 주었다.

그 중에는 마테오 리치의 『천주실의』天主實義와 『교우론』交友論 등 천주교 서적들의 내용을 비판적으로 간략하게 소개하는 내용도 들어 있었다. 중국 명나라 말기의 문신인 이지조李之藻(1565~1630)는 서학의 총서 격인 『천학초

---

[17] 이원순 『조선서학사 연구』 일지사 1986, 87.

함』天學初函 (1629)에서 종교와 윤리 관계를 다루는 이편理篇과 서양과학과 기술을 다루는 기편器篇으로 분류했다. 이 총서도 일찍이 한국에 도입되어 서학의 전반적인 소개에 중요한 역할을 했다.[18] 그 후로도 허균許筠(1569~1618)이나 이익李瀷(1681~1763)을 위시한 수많은 실학자들의 논란을 거쳐서 1784년 한국천주교회가 창립되기에 이른다.

서학 수용에 관심을 보인 이들은 주로 실학파의 인물들이었다. 이들은 성리학의 폐쇄적이고 관념적인 풍토에 한계를 느끼고 사회의 제반 모순을 극복하기 위하여 현실을 비판하고 새로운 학문의 제시에 주력하게 된다. 이들은 대체로 양반 신분이면서 권력체계에서 이탈되어 소외된 남인파 계열의 사람들이었다. 그렇기 때문에 이들은 성리학의 묵은 이론을 대체할 수 있는 새로운 세계관인 서학에 대하여 긍정적인 자세로 임할 수 있었다.

이렇게 하여 이루어진 서양 그리스도교의 한국 도입에는 몇 가지 특징이 있다. 첫째, 신지식 도입의 신속성이다. 일례로 1595년 『천학실의』天學實義라는 명칭으로 초판이 북경에서 간행되었다가 1603년 『천주실의』로 개칭된 대표적인 천주교 서적이 같은 해에 이미 한국에 소개되고 있다. 둘째, 서학을 비판적으로 이해하여 종교적 측면과 자연과학적 측면을 구별한다. 『천학초함』에서 이편과 기편을 나누었던 것과 같은 이치이다. 셋째, 오랜 기간을 두고 그리스도교를 다각적으로 연구하는 진지성이다. 17세기 초부터 18세기 말에 이르기까지 여러 학자들의 다양한 논란이 있었음을 알 수 있다. 넷째, 마침내 1784년 북경 사신 일행이 자진하여 북경천주교회를 찾아가 영세를 받음으로써 세계에 유례가 없는 자생적인 신앙공동체로서 한국천주교회의 탄생이 이루어진다.[19]

---

[18] 금장태 「천학초함(이편) 해제」 『천학초함』(영인본) 아세아문화사 1976, v-xiii.

[19] 조흥윤 「서양종교와 한국종교의 만남」 『두산 김택규 박사 화갑 기념 문화인류학 논총』 1989, 115-6.

## 2.2. 무교의 경우

한국의 무교가 그리스도교를 만나 어떤 충격을 받았는지에 대한 연구는 앞서도 언급한 바와 같이 그리스도교가 이 땅에 공식적으로 도입된 이후 200여 년간 거의 전무한 실정이다. 그 반대로 그리스도교가 한국에 전래된 이후 무교에서 어떤 영향을 받았는가에 대한 연구만이 일방적으로 있어 왔다. 이제까지 대부분의 연구가 그러했듯이, 유학자 출신들이 세례를 받고 입교했다는 표면적 현상에만 국한하여 그리스도교가 유교의 바탕 위에서 한국에 수용된다고만 보는 관점은 한국종교사의 특징인 다종교 현상을 간과하는, 너무 단순하고 표피적인 안목에 머무르고 만다.

한국에서 그리스도교의 도입 배경으로는 고래로 한국인이 기본적으로 지닌 무적巫的인 종교심성과 관련하여 무교의 영향도 함께 살펴보아야 할 것이다. 다른 한편으로는 무교를 연구하는 학자들이 그리스도교 전래에 따른 무교의 변화에 대해 지금에 이르기까지 미처 주목하지 못하고 있다. 그와 아울러 주의 깊게 살필 또 하나의 과제는 다음과 같다. 즉, 조선 왕조의 성리학 이념이 무교를 탄압했다고는 하나 정치 이념의 종교신앙에 대한 간섭은 표면적인 데 머물고 말 수밖에 없다. 그리하여 무교는 조선사회에서 전면에 나서서 활동하지는 못했으나, 한정된 범위 내에서는 왕실의 비호까지 받으며 한국인의 기층 종교로 제 몫을 했다는 점을 조선조 말 그리스도교의 전래 배경으로서 십분 감안하여야 할 것이다.[20]

조선조 후반에 이르러 무교의 양상은 변모를 겪는다. 궁중에서는 여성들을 중심으로 점복·예언·주술의 측면에서 무교를 꾸준히 신봉했으며, 민간에서는 무당이 점복을 하고 치병을 위하여 굿을 벌이는가 하면 마을 단위로 집단 제의가 이루어졌다. 이러한 사실들은 무교의 원리인 조화가 사회 전체에 걸쳐 적용되지 못하고 겨우 마을 단위에 국한되고 마는 양상을 보여준다. 본디 마을굿의 의미는 온 나라가 모여 하느님께 올리는 천제天祭

---

였다. 그러던 것이 유교의 질서에 따라서 중국의 천자만이 천제를 올릴 수 있다고 여기게 되어, 하늘에 제사 지내던 고래의 전통적인 마을굿이 문제가 되었다. 이런 표면적인 명분상의 이유 외에도 그 속에는 절대권을 확보하지 못한 조선조의 왕족과 자기들의 세력을 신장시키려는 귀족 세력 간의 주도권 쟁탈전의 양상도 들어 있었다.

모든 인간을 대표하여 왕이 하늘에 제사를 지낸다는 사실은 정치적 절대권력을 종교의 이름으로 인정하는 셈이 된다. 그리하여 왕권의 강화를 달가워하지 않은 양반 귀족들은 중국의 천자만이 천제를 올릴 수 있다는 명분을 내세워 조선 임금이 주도하는 천제를 극구 반대했던 것이다. 마을굿을 두고 음사니 음풍대행이니 하는 비난의 말들은 그렇다면 어떤 의미에서는 자국의 자주독립권을 희생시키면서까지도 왕을 견제하려던 양반 세력으로 대표되는 귀족 주도의 정치외교적 술수였던 셈이다. 그 결과 마을굿은 적어도 표면적으로는 하느님에 대한 신앙을 공공연하게 드러내지 못하고 다만 하위의 여러 기능신들을 모시는 현세구복적 제의로 변모했다.[21]

이렇게 마을굿이 가진 천제의 성격이 위축되어 있던 판에 그리스도교가 들어와 천주님께 대한 전례를 거행하게 되니 무교로서는 반가운 일이었다. 긍정적인 의미에서의 놀라움, 반가운 충격이었다고나 할까. 반면에 그리스도교의 조상제사 금지는 조상숭배를 중시하는 무교로서는 엄청난 부정적 충격이 아닐 수 없었다. 18세기 말과 19세기 전반에 무교의례는 재정비되고 무교는 활기를 되찾게 된다. 이런 현상은 조선조 말 그리스도교가 들어와 성리학 일색의 고질적인 종교상황이 더는 지탱되지 못하게 되면서 본래의 조화를 찾기 위한 움직임으로 보인다. 그러나 유교에 오랜 세월 짓눌린 무교는 그리스도교가 들어오면서 촉발된 시대상황의 급변에도 불구하고 적극적인 대처나 교단의 정립에까지 이르지는 못하고 만다.[22]

---

[21] 박일영 「巫의 구원관 — 개인적 차원에 대한 논평」『이성과 신앙』 9, 수원가톨릭대학교 출판부 1995, 98-106(특히 100-1).

[22] 조흥윤, 앞의 글 120.

이렇게 그리스도교가 한국에 정착해 가는 과정에서 전통종교들은 갈피를 잡지 못하고 있었다. 이 와중에 1860년 동학東學이 창교된다. 한국종교사의 맥락에서 동학은 "고대형 무교" 내지 "풍류도"風流道 이래 이 땅에 있어 온 다양한 종교들의 근대적인 통합이라는 양상을 띤다. 동학 창시자인 수운 최제우의 신 내리는 체험은 바로 무교적 전통이다. 동학의 "한울님"(天主) 개념은 천주교의 자극을 받아 되살려낸 한국 고유의 하느님 개념이다. 그가 "한울님 모시기"인 시천주侍天主를 가르치고, 동학이 단기간에 호응을 얻어 민중 속에 급속히 전파된 점은 다음과 같은 사실을 보여주지 않을까? 그리스도교의 전래로 말미암아 한국 전통종교가 강렬한 충격을 받았으며, 이러한 충격이 오랫동안 묻혀 있던 제 종교 간의 전통적인 조화정신을 동학에 의하여 되찾게 했다고 말이다.[23] 이제부터는 무교에서 수용한 그리스도교의 내용과 거부 내지 비판한 내용들을 조목별로 나누어서 짚어 보자.

## 3. 무교와 그리스도교의 긍정적 만남

먼저 무교에서 수용한 내용들은 무엇인가? 앞에서도 간략히 언급했듯이 고신교古神教라고도 불리는 "고대형 무교" 이래 간직해 오던 하느님에 대한 신앙과 그 신앙의 표현으로서의 제천祭天이 성리학으로 경직된 조선시대 유교에 의하여 탄압을 받고 잃어버리게 되었던 것을 천주교의 도입을 계기로 되찾게 되었는바, 바로 천주교의 천주 개념과 하늘에 대한 제사로서의 미사와 같은 전례는 무교가 반갑게 받아들인 그리스도교의 내용이었다.

### 3.1. 제천과 미사의 공통성

그리스도교와 무교는 표면적으로는 이질적인 것 같지만 하느님에 대한 신앙과 숭배라는 점에서 공통점을 가진다. 물론 신을 지칭하는 이름이 같

---

[23] 같은 글 120-1; 윤이흠, 앞의 책 37-41.

다고 같은 성격의 신이라는 성급한 결론을 내릴 수는 없다. 이 점은 절을 바꾸어서 다시 다루기로 한다. 그러므로 근세 이후 한국종교사에서 벌어진 그리스도교와 무교 간의 갈등은 피상적인 표면에 불과하기에, 이 두 종교 사이에 이질성보다는 구조적인 동질성이 많다고 본다. 그것은 기본적으로 무교와 그리스도교가 서로 조화할 수 있는 바탕이 있기 때문이다.

본래 무교의 제천의례인 굿과 하느님에 대한 그리스도교의 제의인 미사나 예배는 서로 구조적인 공통점을 가지고 대비된다.[24] 우선 둘 다 모두 의례의 정형화定型化된 형식을 갖추고 있다는 점에서 공통된다. 두 종교의례의 형식들은 오랜 역사 속에서 그 꼴을 갖추고 이루어진 것이기에 그 형식 자체가 중요한 의미와 메시지를 담고 있다. 굿은 열두거리라는 제차祭次로 이루어진다. 열둘이라는 숫자는 자연수라기보다는 상징수라고 보아야 한다. 실제로 굿 현장을 조사해 보면 정확하게 열두 개의 거리로 굿이 구성되는 경우는 거의 없고 38거리나 45거리까지 이어지는데도 통상 "열두거리 굿"이라고 부르는 데서도 열둘이 숫자상징임을 알 수 있다.[25] 아마도 "일년 열두 달"의 예와 마찬가지로 우주 전체의 완벽한 조화를 이루고자 하는 염원을 담은 완전수의 상징일 것이다.

굿은 또 여러 다양한 신령들을 받들어 모시는 종교의례이다. 그래서 이렇게 많은 신들을 모시는 무당을 다른 말로는 만신萬神이라고 한다.[26] 각각의 거리는 해당되는 신령(들)을 초청하고 가무를 하거나 신탁을 전함으로써 즐겁게 만들어 주고 그러고 나서 다시 보내는 과정으로 되어 있어 거리마다 독립성을 지닌다. 그러한 굿거리는 거리당 대략 한 시간에서 두 시간 정도가 걸린다. 그러므로 무교의 굿을 그리스도교의 미사라든지 예배와 비

---

[24] 박일영 「무속의 제천의례」 『이성과 신앙』 6, 수원가톨릭대학교 1993, 88-148, 179-204(종합토론) 참조.

[25] 박일영 「巫의 구원관 — 개인적 차원에 대한 논평」 『이성과 신앙』 9, 수원가톨릭대학교 출판부 1995, 101.

[26] 무당의 여러 명칭: 박일영 「민간신앙을 통해서 본 한국인의 종교성」 『연구논문집』 49, 효성여자대학교 1994, 12-3(특히 주 11); 『한국 무교의 이해』 분도출판사 1999, 31-2 참조.

교하면 미사는 굿의 한 거리에 해당된다고 볼 수 있다.

결국 무교의 입장에서 미사나 예배를 바라볼 때는 부분적으로 무교의례에 수용할 수 있는 여지가 있는 셈이다.[27] 마치 굿거리 중에 불교의 내용을 수용하여 "불사佛事거리"나 "제석帝釋거리"를 포함하며, 도교의 영향을 받아 "칠성七星거리"를 굿에 두고 있듯이 말이다. 여러 거리(祭次)가 반복되는 굿과 단 한 번의 절차로 끝나는 미사나 예배가 보여주는 이런 차이는 의례를 거행하는 데 있어서 무교의 다신교적 구조polytheistic ritual structure와 그리스도교의 유일신교적 구조monotheistic ritual structure 사이의 상이점으로 나타나는 당연한 현상이다.

이상 살펴본 다신교적인 의식구조와 의례로 인해 무교 입장에서는 그리스도교를 또 하나의 외래종교로 별 저항 없이 받아들일 수 있었다. 이것 아니면 저것의 택일이 강요되지 않는 종교의식宗敎意識 속에서 그리스도교의 하느님을 받아들이고 그에 따르는 의례를 자연스럽게 받아들이는 것이다. 거기다가 무교가 한국종교사의 맥락에서 이미 가지고 있던 역사적인 경험도 그리스도교를 스스럼없이 받아들이게 하는 한 요인으로 작용했다.

한국종교사상에서 무교는 이미 불교와 유교를 맞아들이면서 겪었던 문화변용acculturation의 경험이 있었던 것이다. 그 중에서도 1,500여 년에 걸친 불교와 무교의 만남은 흔히 무·불 습합이라고 할 만큼 한국종교사의 흐름 속에 서로 용융熔融되었다. 무교에서 대표적으로 신앙하는 산신과 칠성을 사찰에 모시며, 무의巫儀는 대부분 불교의례를 모방하여 그 외적인 형식을 갖추고 있다. 제석거리나 불사거리가 대표적인 사례에 해당된다.

유교로부터는 음사니 음풍이니 하는 폄하를 당하면서도 유교적 제사와 상호 보완 관계를 이루고 있다. 떡을 굿의 제물로 받아들이는 것은 유교 제사의 영향이라고 한다.[28] 제사는 남성 위주의 부계 중심 사회를 유지하는

---

[27] 최길성, 앞의 글(1989), 327.

[28] 박일영 「무속과 그리스도교의 교류. 회고와 전망」『종교연구』8, 한국종교학회 1992, 92-3.

윤리관을 강조했으나 무교는 부계와 모계 모두를 중시함으로써 유교의 윤리관과는 대립적이면서도 상호 보완적인 관계를 유지했다.

이렇게 불교 및 유교와 맺었던 관계처럼 무교는 그리스도교와도 어우러지고 있다. 그리하여 다양한 종교전통들이 표면적으로는 서로 이질적인 차이를 보임에도 불구하고, 내면적으로는 사람이면 누구나 보편적으로 가질 수밖에 없는 종교성에 대한 해답을 주는 상징체계로서 다양한 종교신앙들이 서로 유기적인 한국종교문화를 발전시켜 온 셈이다.

## 3.2. 신과 구원에 대한 이해

그리스도교는 단순하게 의례의 외적인 형태에서만 무교와 상통하는 것이 아니라, 구원자에 대한 이해와 신관에서도 대비해 볼 수가 있다. 그리스도교는 예수라는 역사상의 구체적인 인물을 하느님의 아들이며 구세주로 신앙하며 선교하는 종교이다. 그런데 이 역사상의 인물 예수는 무교에서 받들어 모시는 신령의 조건을 완벽하게 갖추고 있다. 예수는 성년의 남자로서 미혼상태에서 죽은 인물이다. 무교에서는 우선 이렇게 불행한 죽음을 맞은 인물의 혼이 살아 있는 사람에게 붙어서 탈을 내는 무서운 존재로 상정된다. 그렇기 때문에 사후에라도 저승혼사굿을 통하여 결혼을 시키고 지노귀굿을 하여 한을 풀어 주어야 신격화神格化된 존재로 여겨진다.

무교의 눈으로 볼 때, 예수는 결혼을 하지 않았으니 자손을 남기지 못했을 뿐만 아니라, 위대한 일을 하다가 억울하게 죽은 사람이기도 하다. 그럴 경우, 즉 사회적인 공감대가 한 가족의 범위를 넘어서 사회에 널리 미치는 경우에 무교에서는 특별히 사당을 지어 종교적인 숭배의 대상으로 삼아 조상신이나 가족신의 범위를 넘는 상위上位의 신으로 모시게 된다.[29] 무교에서는 기본적으로 죽은 사람의 혼을 강신시켜 산 사람과 소통communication을 시도하며, 어떤 사람이 생전에 이승에다가 원한을 남겨 놓았다면 죽

---

[29] 박일영, 앞의 책(1999) 52-69 참조.

은 다음에도 계속하여 산 사람들에게 나쁜 영향을 끼친다고 본다.

그러므로 죽은 사람을 신앙적인 차원에서 다룬다는 점에서 무교는 또 그리스도교와 상통된다. 그리스도교에서도 성인들의 통공comm.nio sanctorum은 바로 산 자와 죽은 자 사이의 통교와 친교로 이해될 수 있다. 그리스도 교회는 전통적으로 "모든 성인의 통공을 믿으며"Credo in ... sanctorum communionem를 사도신경의 제3부인 성령聖靈에 대한 신앙으로 고백해 왔다. 신약성서에서 친교koinonia는 신앙으로 맺어지고 성찬聖餐으로 일치되며 그리스도에 근거하여 결합된다는 의미를 가진다. "성인들의 통공"이라는 말은 본래 거룩한 것들sancta을 공유한다는 뜻과 거룩한 사람들sancti 간에 친교를 이룬다는 뜻의 두 가지 의미를 지녔다.

동방교회에서 서방교회로 전해진 이 개념은 처음에 지상에 있는 성도聖徒들의 일치라는 뜻에서 쓰였고, 사도신경에 삽입될 당시에도 지상에서 거룩한 자들과 일치하고 교회의 거룩한 것들을 나누어 받는다는 의미에서 쓰여졌다. 그러나 교회를 우주론적으로 확장시켜 생각할 때 성인들의 통공은 죽음의 경계까지도 넘어설 수 있었다. 초기 그리스도인들은 성사sacrament를 통해 그리스도와 일치했음을 느꼈고, 그리스도를 머리로 하는 성스러운 교회의 구성원임을 체득했으며, 죽은 이들도 성령 안에서 산 이들과 서로 결합되어 있다고 믿었다. 이처럼 생생한 신앙 경험을 바탕으로 다가오는 하느님 나라에서 성부, 성자와 함께 그리고 모든 성도들과 함께 성령 안에서 충만한 친교를 이루리라는 믿음을 가질 수 있었다. 종교개혁 시기 이후에는 교회의 세 가지 형태 — 지상, 천상, 연옥 — 안에 있는 성도들 사이의 상호 작용이 강조되었다. 그리하여 세 형태의 교회 안에 있는 초자연적 선이 상호 작용하고 서로 영향을 미친다고 보았다.

그 강조점은 현대 교회의 교리 안에서도 그대로 이어진다. "사랑으로 행한 가장 작은 행위일지라도 성인들의 통공에 근거하고 있는 모든 산 이와 죽은 이들의 연대 안에서 모든 이의 유익이 되도록 퍼져 나간다"(가톨릭 교회 교리서 953항). 제2차 바티칸 공의회 문헌인 「교회에 관한 교의 헌장」Lumen Gen-

*tium*(1964)에서도 세 형태의 교회를 전제하고 구성원들 사이의 연대성을 강조하면서, 그리스도와 결합하여 성령을 나눔으로써 그리스도인들이 한 교회를 이루고 있음을 밝힌다. 신앙과 성사, 특히 성체성사를 통해서 그리스도와 일치되고 성사를 통해 신자들은 그리스도와 결합되며 모든 성도들의 친교를 통해 성스러운 교회가 이루어진다(49-51항).

그리스도인은 성사를 통해 그리스도와 결합한다. 특히 성찬을 나누면서 그리스도 공동체의 구성원임을 자각하게 되고 교회 공동체 전체와 유대관계를 맺게 된다. 그리스도를 기반으로 그리스도인들 사이의 친교가 이루어지는 곳이 교회라면, 교회 공동체는 그리스도를 머리로 하는 그리스도의 신비스러운 몸Corpus Christi Mystici이라고 할 수 있다. 교회를 우주론적이고 종말론적인 전망 안에서 바라볼 때, 도래하는 하느님 나라에서 성부, 성자와 함께 그리고 모든 성인들과 함께 성령 안에서 충만한 친교를 이루리라는 믿음을 "모든 성인의 통공"이라는 개념으로 표현할 수 있다.[30]

동학의 창시자인 수운 최제우는 서학이 번성하고 서양문물이 물밀듯이 밀려 들어올 때 민족을 구원할 도를 깨우치고자 했다. 지배층은 부패하고 조선조 내내 국가의 통치이념이면서 사회를 통합하는 사상이었던 성리학, 즉 신유교新儒敎(Neo-Confucianism)는 더 이상 사회를 이끌어 갈 힘을 가지지 못했다. 그러던 때 수운 최제우는 1860년 4월 5일(음력) 득도체험을 하고 종지를 세우게 된다. 온몸이 떨리고 한울님의 음성을 듣는 그의 체험은 바로 무교의 전형적인 신병과 동일한 현상이다. 그가 가르친 시천주侍天主 사상에 나타나는 한울님(天主)은 천주교의 자극을 받아 되살려낸 한국 고래의 하느님이라고 해석하는 것이 타당하리라고 본다.

또한 집안의 비속卑屬 두 명을 하나는 며느리로 삼고 하나는 양녀로 삼은 사실에서 드러나는 그의 만민 평등사상과 인권존중은 엄격한 유교의 신분제를 벗어나는 인간회복을 보여준다.[31] 그러한 과감한 처신은 인간이란 하

---

[30] 강영옥 「성인통공」『한국가톨릭대사전』 7, 한국교회사연구소 1999, 4754.

[31] 조흥윤, 앞의 글(1989) 121 참조.

느님으로부터 위탁을 받은 만물의 영장靈長이며 이 세상의 관리자라는 그리
스도교의 인간관에도 영향을 받은 것으로 볼 수 있겠다. 서학이라는 이름
으로 전래된 천주교로 말미암아 무교가 받은 미증유의 충격은 이렇게 동학
(천도교)이라는 이름으로 새롭게 단장하여 전통적인 조화와 관용의 정신을
되살리는 데로 나아갈 길을 찾게 된다.

## 4. 무교와 그리스도교의 부정적 만남

그러나 동학은 동학혁명(1895)의 실패라는 상징적인 사건에서 드러나듯이
당대의 주도적인 종교로 발돋움하지 못한다. 그리스도교가 이 땅에 들어와
한국 전통종교들에 대하여 막대한 충격을 가하면서 뿌리를 내리는 동안에
조선왕조의 이념이었던 유교는 더 이상 사회통합의 기능을 하지 못하게 되
었다. 그런 상황에서 동학은 하나의 대안적인 새로운 가치를 제시하려다가
실질적인 성공을 거두지는 못했던 것이다.[32]

그러는 사이에 천주교뿐만 아니라 개신교도 이 땅에 들어오게 된다. 그
리하여 그리스도교가 한국사회에 가져오는 충격은 더욱 커지게 된다. 이제
그리스도교의 선교 활동은 교육·출판·의료·청년 운동 등으로 번짐으로
써 전통사회에 일대 변혁을 일으키게 된다. 이렇게 그리스도교와 함께 서
구문명이 밀려 들어올 때 무교문화로서는 이에 적절히 대처하여 스스로를
추슬러 나갈 힘마저 없이 무력한 모습으로 상대적인 박탈감을 가지지 않을
수 없었다.

그런 맥락에서 볼 때 이 시기를 전후해 창교된 동학을 위시한 수많은 신
흥민족종교들이란 그리스도교의 유입에 자극을 받아 이 땅에 진작부터 있
어 온 무교적인 문화와 전통을 혁신하려는 시도들이었다고 볼 수도 있다.
이들 민족 신종교들은 국가즌망의 위기와 사회불안 속에서 고래의 종교건

---

[32] 김홍철 「한국 신종교의 이해」 김종서 외 『현대 신종교의 이해』 한국정신문화연구원
1994, 241-88.

통을 되살림으로써 방황하는 민중들에게 정신적인 지주와 안식처를 제공하려 했다.[33]

## 4.1. 심정적 거부

사정이 이렇다 보니 당시 그리스도교를 대하는 전통종교나 신흥민족종교들의 시선이 고울 리 만무했다. 이들 종교들이 그리스도교를 대하는 자세에는 세속화하고 물질 위주로 퇴화하고 몰락함으로써 제구실을 못하고 있는 무교의 현실인식에 바탕을 둔 심리적인 열등감의 발로로서의 심정적인 거부감이 밑바탕에 깔려 있는 것이다. 그것은 가치관의 정립에 따른 다종교 공존의 틀을 이루지 못하고 가치혼란에 따르는 다종교 난립 양상의 한 이유가 되기도 한다. 그런 맥락과 관련한 실제 예를 찾아보기로 하자.

우선, 김동리의 대표적인 소설 『무녀도』는 이러한 양자 관계를 소설이라는 문학 양식을 통하여 잘 드러내 준다.[34] 이 작품에서 무당 모화는 한국 무교를 대표적으로 상징하는 존재이지만 딸 낭이와 함께 사는 다 쓰러져 가는 낡은 기와집은 또한 한국 전통종교로서의 무교의 현실을 표상한다. 한편 그리스도교를 믿는 모화의 아들 욱이의 노력으로 들어선 교회당은 당당한 위세를 보이며 한국에 새로 들어오는 그리스도교를 나타냄을 쉬이 알 수 있다. 무업으로 삶을 꾸려 가는 모화의 집에 그 아들을 통하여 그리스도교가 들어오게 되고 그러한 종교 간의 갈등은 비극으로 끝맺는다. 그리스도교를 믿는 아들 욱이는 모화의 손에 죽지만 그 사건을 계기로 마을에는 교회가 들어선다.

무교는 이제 무대 뒤편으로 퇴장할 운명으로 암시된다. 모화의 단골 신도들은 점차 그리스도교로 개종하고 결국 물에 빠져 죽은 사람을 위하여 "수망굿"을 하던 모화는 스스로 물에 빠져 영영 헤어 나오지 못하고 만다.

---

[33] 강돈구 『한국 근대종교와 민족주의』 집문당 1992, 119-29.
[34] 최길성, 앞의 글(1989) 321-4; 조흥윤, 앞의 글(1993) 156, 161 참조.

그의 집에 남은 것이라고는 이제 벙어리 딸 낭이가 그린 무신도 한 점뿐이다. 그리스도교에 의하여 말 한마디 제대로 못하고 몰락해 가는 전통종교 문화인 무교의 운명을 김동리는 이렇게 그리고 있다. 달랑 남아 있는 무신도 한 점은 종교의 기능을 거의 상실한 채 민속문화 내지는 관광상품tourist attraction 정도로 취급되는 무교의 처지를 떠오르게 만든다.

다음으로, 굿판이나 점 치는 곳에 그리스도교 신자가 끼어 있으면 신이 내리지 않으며, 무당이 그런 칩입자를 잘 찾아낸다는 통념이 있다.[35] 어떤 문헌에도 보이지 않는 이런 이야기가 항간에 떠도는 이면에는, 상당수의 그리스도인들이 점을 치거나 굿을 한다는 사실을 무언중에 암시해 준다. 또한 무당들이 이런 사실을 잘 알아내며, 점을 보는 자리나 굿판에 끼어드는 그리스도인들을 무당들이 싫어한다는 것이다. 한국에서 많은 그리스도인들이 무당을 찾고 있다는 사실은 공공연한 비밀이다. 심지어 어떤 목회자는 자기가 개최하는 부흥회의 성공 여부를 알아보기 위하여 무당을 찾는다는 이야기도 있을 정도이다.[36] 그렇다고는 하나 이러한 통념은 어쨌든, 무당들이 굿판에 찾아드는 대다수의 그리스도인들을, 요컨대 방해하고 트집 잡으려는 저의를 가지고 숨어드는 사람들로 인식하고 있음을 시사해 주는 것이다.

그런데 그리스도인들 때문에 굿을 제대로 할 수 없으며 점괘가 나오지 않는다는 내용은 어느 문헌에도 없으며, 전통적인 수련을 쌓은 큰무당들에게서는 결코 받아들여지지 않는 주장이다. 오히려 현재 활동하고 있는 많은 무당들의 전력을 조사해 보면 의외로 그리스도교 신자 출신들이 상당수 있으며, 이들은 자기가 전에 다니던 그리스도 교회에 대하여 그다지 저항감을 느끼지 않을 뿐 아니라, 더 이상 교회를 다니지 않는 데 대한 죄책감

---

<sup>35</sup> 조흥윤, 같은 글 156, 164-6 참조.

<sup>36</sup> 필자의 발표 논문 「한국 무교와 그리스도 신앙」에 대한 연세대 김영호 교수의 논평과 종합 토론에서 제기된 내용(한국문화신학회 제2차 정기학술발표대회, 1995. 9. 23. 감리교 정동교회).

도 별로 없다. 또한 이렇게 그리스도교와 접했던 전력이 있는 무당들은 그리스도교에 대한 선이해先理解를 가지고 있기에 그리스도교 신자들에게 점을 쳐 주거나 굿을 해 주는 일이 다른 무당들에 비하여 상대적으로 더 빈번한 것으로도 보인다.

그렇다면 그리스도인들이 점이나 굿에 방해가 된다는 통념은 어디에서 유래한 것일까? 전혀 근거 없는 낭설이 아니라면, 그것은 제대로 숙련되지 못한 선무당들의 입에서 나온 말일 가능성이 다분히 있다. 강력한 종교 체험으로서의 신병을 앓고 내림굿을 거쳐 장기간 무당으로서의 수련을 제대로 거치지 않고 점복을 주업으로 하는 무업자巫業者들이 이런 말을 퍼뜨렸을 터이다. 일반적인 세태가 그러하듯이, 차근차근히 수련의 단계를 밟아 성숙되지 못함으로써 무교의 정통성을 확보하지도 못하고 타종교에 대한 관용의 여유도 없는 덜 익은 미숙련 무당들, 즉 선무당들이 가지는 신경질적인 반응의 표현이라는 것이다. 사람 됨됨이에 전적으로 달린 이런 미숙한 자세는 굳이 무교인에게만 해당되는 사항은 아닐 터이다.

## 4.2. 배타성 비판

무교인들의 또 다른 걱정과 분노 속에는 그리스도교가 무교를 마귀숭배나 미신으로 몰아 박멸하려 든다는 주장이 있다. 그리스도교 전래 초창기에 위패를 불사름으로써 당대에 엄청난 사회적 파문을 던진 "진산 사건"(1791)으로 대표되는 조상에 대한 제사의 폐지는 충효를 국가이념의 근간으로 하던 유교뿐 아니라, 조상숭배를 중요한 종교적인 내용으로 하는 무교에게도 커다란 충격이었다.[37] 오늘날 특히 한국 개신교의 무교에 대한 공격적인 자세는 이러한 걱정이 기우가 아님을 보여준다. 특히 정통적인 수련이 제대로 되어 있지 않은 소위 "선무당"들은 그리스도교에 대하여 심각하

---

[37] 최기복 「조선조에 있어서 천주교의 廢祭毀主와 유교 제사의 근본 의미」 『최석우 신부 화갑 기념 한국교회사 논총』 1982; 최기복 「유교와 서학의 사상적 갈등과 상화(相和)적 이해에 관한 연구」, 성균관대학교 박사학위 논문, 1989 참조.

게 부정적이고 반항적인 태도를 보인다. 때와 장소를 가리지 않고 개종을 강요하며, 굿당 등 무교의 성소를 서슴없이 파괴하는 등, 무당에 대한 전투적 자세는 가히 저항을 불러일으키고도 남는다.

개신교가 무교에 대하여 특히 공격적이고 전투적 자세를 견지하는 것은 제대로 이해되지 못한 편협한 선교정책과 토착화inculturation 노력의 부족 때문이라 할 수 있다. 가톨릭 교회의 경우, 특히 제2차 바티칸 공의회 이래 세계적으로 범교단적인 차원에서 토착화를 위한 노력[38]에 힘쓰고 있으며, 한국에서도 개신교에 비하여 훨씬 오랜 선교경험과 관용적인 선교신학을 바탕으로 해서 어느 정도까지는 토착화의 성과를 거두고 있기도 하다. 개신교의 경우, 몇몇 선구적 신학자들이 토착화 노력을 산발적으로 시도하고 있지만 전체적으로 보아 가톨릭보다 미흡한 인상을 준다. 이러한 저간의 사정 또한 무교가 개신교보다는 그래도 가톨릭 교회에 호감을 갖게 만드는 요인으로 작용하는 듯하다.

무교와 그리스도교의 만남은 무교의 변질에 문제가 있기보다는 그리스도교의 문화적응acculturation이라는 영역에서 문제의 소지가 있다. 무교는 이미 오래 전에 이 땅에 뿌리를 내린 민중종교이기에 자신의 정체성을 지키는 데 한국의 그리스도교보다 상대적으로 우위에 있다고도 할 수 있다. 무당들이 신들려서 신도들에게 전해 주는 공수 중에 "옛 법 버리지 말고 새 법 내지 말라"는 거의 정형화된 경구가 있다. 그리고 무교를 신봉하던 가정이 다른 종교를 믿으면 집안이 당한다는 경고를 하기도 한다.

오늘 한국 무당들의 대다수는 옛 법과 격식을 제대로 숙지하고 수련할 기회를 갖지 못함으로써 정통성을 갖추고 있지 못하며, 조선조 이래 정부와 성리학자들의 핍박과 편견에 주눅 들어 상당 부분 심각하게 세속화되었

---

[38] 제2차 바티칸 공의회(1962~1965) 문헌들 중에서 특히 「교회 헌장」과 「선교 교령」이 향토 문화와의 전면적인 동일화를 모색하는 교회의 노력을 보여주는 공식 문헌들이며, 그 외에도 후속으로 나오고 있는 「현대의 복음선교」(*Evangelii Nuntiandi*, 1975), 「교회의 선교 사명」(*Redemptoris Missio*, 1990) 등 교황 회칙들이 토착화 내지 문화적응의 문제들을 본격적으로 다루고 있다.

다. 그래서 오랫동안 무적巫的 굿정신을 바탕으로 한국종교사의 특징을 이루었던 조화와 관용의 여유가 이들에게는 남아 있지 못한 것이다. 그렇기 때문에 이들로서는 타종교들에 대하여 심한 열등감을 드러내기도 한다. 특히 그리스도교에 대한 이들의 피해의식과 부정적인 견해는 심각하다.

그리스도교는 한국의 제 종교 중에서 이 땅에 가장 늦게 유입된 종교로서 이 땅에 뿌리를 내리기 위하여 한국문화에 적응할 길을 모색하는 한편으로 — 아직까지도 한국종교문화 속에 제대로 자리를 잡지 못한 외래종교로서 — 자신의 정체성을 보존하기 위하여 타종교들에 흡수·용해되지 않도록 배타적인 선교정책을 펴지 않으면 안 되는 딜레마에 빠져 있는 셈이다. 이러한 양상은 그리스도교 이전에 전래된 불교나 유교에도 기본적으로 해당되는 공통의 문제였다. 그때마다 무교는 이러한 외래종교들이 한국종교화하는 데 결정적인 요건이 되어 왔던 것이다.

마찬가지로 이제 한국의 그리스도교는 한국의 종교가 되어야 할 운명에 직면해 있다. 그렇다면 그리스도교는 지금까지 견지해 온 공격적인 배타성을 과감히 탈피하고, 타종교들이 한국화 과정에서 무교와 맺어 온 관계를 주의 깊게 예의 분석하고 타산지석으로 삼아 한국종교사의 흐름에서 근저를 이루고 있는 무교와 과감하게 대면하고 적극적인 자세로 대화해야 할 시점에 서 있다.[39]

## 5. 무교의 영향을 받은 그리스도교

전래 이후로 줄곧, 적어도 겉으로는, 사뭇 전투적인 자세로 무교를 대했다고는 하나, 과연 한국의 그리스도교는 속속들이 무교를 경계하고 배척하기만 했을까. 이제까지 살펴본 대로 무교와 그리스도교의 관계는 표면적으로는 상호 거부의 모습을 보였지만 종교적 내용의 차원에서는 내면적으로 상

---

[39] 박일영 「무속과 그리스도교의 교류. 회고와 전망」『종교연구』8, 한국종교학회 1992, 74-102; 박일영 『한국 무교의 이해』 분도출판사 1999, 213-24 참조.

호 소통의 모습이었으니 말이다.

어떠한 종교문화든지 타문화권에 유입되면 문화변용을 하게 된다. 한국의 그리스도교도 예외가 아니다. 그리스도교가 한국에 들어와서는 한국문화에 적응하는 것이 순리이다. 오래 전부터 이 땅에 있어 온 무교의 영향을 그리스도교가 받는다는 것은 그런 의미에서는 자연스러운 귀결이다. 그러한 상호 영향 관계를 단순히 부정 일변도의 시각으로만 보는 것은 문제가 있다. 아래에서는 한국 그리스도교가 무교에게 받은 중요한 영향 요소들을 밝혀 보기로 한다.

## 5.1. 신바람

한국 그리스도교의 특징 가운데 하나가 열광적 성향이다. 가톨릭이나 개신교를 막론하고 교회의 중요한 행사에 수십만 내지 백만여 경이 한꺼번에 광장에 모이는 열성은 현장을 목격한 외국인들에게 불가사의한 경이로움이다. 새벽기도에 꼬박꼬박 참여하는 사람들, 부흥회의 몰아경적 분위기는 무교의 기본 성향인 신바람 내지 신명이 아니고서는 설명되기 힘들다.

이즈음 가톨릭 교회 내부에서 문제되고 있는 일련의 "사적 계시" 논란도 이러한 범주에 든다는 것이 필자의 소견이다.[40] 한국인의 강렬한 종교성이 맹목적인 열광과 격정의 폭발로 소모되고 올바르고 적극적인 종교생활의 원동력이 되도록 제대로 기능할 길을 제시해 주어야 한다.

기왕의 그리스도 교회사에서 개인적인 종교 체험이 올바른 종교생활의 길을 밝혔던 선례를 찾아보자. 서구 그리스도교에서 수도원은 경직된 제도에 대한 반발로 생겨났다고 한다. 초기 교회부터 사도들의 삶을 본받으려는 노력이 수도원 생활이라는 개인의 결단과 종교 체험을 중시하는 대안적 삶의 방식으로 나타나기 시작했다. 수도생활을 통해 사도들의 삶을 단순히 흉내 내려고만 한 것이 아니라, 고향을 떠나 방랑 설교를 하거나 가난을

---

[40] 박일영 「무교의 공수와 그리스도교의 계시에 관한 비교 연구」『종교연구』 11, 한국종교학회 1995, 321-53 참조.

실천하는 사도적 생활vita apostolica로 발전한 것이 수도원의 효시였던 것이다. 사도적 삶을 실천하려는 이 운동은 제도 교회가 권위의 근거로 내세웠던 사도적 전승successio apostolica과 마찰을 빚기도 했다.

그렇다면 교회의 정통성은 다만 사도전승을 제도적으로 승계하는 데 국한되어서는 안 된다. 교회는 하느님에 의해 이 세상에 파견된 사람들의 공동체다. 그런 의미에서 그리스도인은 누구나 다 사도이다. 그리스도인의 소명은 본래 사도직으로의 부르심이다. 교회의 사명을 수행하는 사람들은 그러한 직분을 교회 안에서뿐만 아니라 사회에서도 실천한다. 사회 안으로 들어가는 교회의 선교 사명도 이러한 시각에서 보아야 한다.

그러므로 관리와 조직을 중시하는 기구/제도로서의 교회관은 쇄신될 필요가 있다. 하느님에게서 파견된 자라는 의미에서 첫 사도인 예수 그리스도가 보여준 정신은 화해의 도구인 "십자가의 정신"이었다. 그런데 많은 그리스도인들이 자기의 십자가를 남의 어깨에 지우는 공격용 무기로 이용하는 "십자군 정신"에 사로잡혀 있다. 그것은 그리스도를 본받고 따르려는 사도의 바른 자세가 아니다. 질적으로 포용력 있는 그리스도인이 될 때 그리스도의 신비에 대한 새로운 통찰이 이루어지며 더욱 철저히 그리스도답게 될 것이다.[41]

이런 맥락에서 열광성과 신명이라는 모습의 무당과 무교 문화라는 기조 위에서 나타나는 낯선 사람의 얼굴 위에, 그리고 낯선 문화 한가운데서도 나타나고 살아 계시는 하느님을 발견해 갈 때, 즉 아직 완전히 알 수 없는 하느님의 신비를 하나씩 더 깨치기 위하여 서로 신뢰하면서 자기만이 절대 진리를 배타적으로 지니고 있다는 편협한 종교관과 구원관의 경계를 넘어설 때, 그리스도인은 다양한 인간과 저마다 다른 문화 한가운데서 이루신 하느님의 역사役事를 좀 더 잘 알아보게 된다.[42]

---

[41] 박일영 「사도들의 복음선교적 삶과 사도직」『성서와 함께』 190, 1992, 10-14 참조.

[42] Charles H. Kraft, *Christianity in Culture: A Study in Dynamic Biblical Theologizing in Cross-cultural Perspective*, New York 1979 참조.

## 5.2. 현세 지향

한국 그리스도교가 가진 또 하나의 문제점으로는 현세 지향적인 기복이
문제라고 야단들이다. 이 세상에서 복 받고 잘살자는 자세는 질 낮은 물질
만능의 사고와 생활자세를 가지게 해 비윤리적이고 반종교적인 성향을 키
우게 한다고 저마다 목청을 높인다. 그러나 과연 그렇기만 할까? 필자의
생각은 좀 다르다.

"예수 믿고 복 받아서 천당 가자"는 식의 내세 지향적 종교 성향은 그리
스도교 역사에서 볼 때 교회가 오랜 시련과 박해 시기를 지나 드디어 로마
제국의 국교가 되고 종내는 중세의 유럽을 정치적으로 장악하게 되었을
때, 즉 세속 권력과 결탁하여 특권을 누리게 되었을 때 민중들을 길들이고
순응하도록 만드느라 개발되고 강조된 논리이기도 하다. 억울하고 힘든 현
실을 근원적으로 해결해 주어 인간답게 살도록 해 주는 것이 종교의 본래
사명임은 예수의 "하느님 나라 운동"(마르 1,15 이하 참조)[43]에서도 명백한데, 권
력의 맛을 잘못 들인 그리스도교는 오랫동안 그렇지 못했다.

현실적인 삶의 문제들을 올바로 해결해 주고 모순된 삶의 고통스러움에
대해 근본적인 치료제(구원)를 주는 대신 잠시 지나가는 찬류 세상 잠깐만
참고 견디면 영원한 복락을 누리는 저세상 천당을 가게 된다는 주장을 펼
침으로써 현실도피적인 진정제(아편) 노릇을 한 것이 어느 면으로는 실제로
교회의 모습이기도 했다. 이러한 교회의 모습에 반기를 든 것이 18세기 유
럽 계몽주의이고 그 계몽주의의 일부 반종교적인 후예가 마르크스주의로
나타나기도 했던 것이다.

그렇다면 "개똥밭에 굴러도 이승이 좋다"라고 말하면서 현세 지향성을
드러내는 무교의 영향을 다분히 받은 한국 그리스도교의 성향은 비난 일변
도의 대상이 아니라, 오히려 전화위복의 길을 세계 전체의 그리스도교에
제공해 줄 수도 있지 않겠는가? 로마제국의 국교가 된 이래 오랜 세월 "지

---

[43] Gerd Theissen, 앞의 책 참조.

금 여기에서" 시작해야 할 하느님 나라 운동을 왜곡하고 저세상 일로만 유예시키고 망각해 온 그리스도교에게 자극을 주어, 예수의 복음 정신 그대로, 초기 그리스도교처럼 바람직한 방향으로 나아갈 길을 제시할 수도 있겠다. 그것은 그야말로 기복적이고 현실도피적인 중세 유럽풍 신비주의의 잘못된 관행을 바로잡고 나서, 지금 여기서부터 하느님 나라를 실현시키기 시작한다는 현세 지향성의 한국적인 "해방의 종교신학"이라는 모델을 개발하여 발전시킬 수 있는 가능성이다.

## 5.3. 탄력성

이즈음 한국 그리스도 교회는 가톨릭이나 개신교를 막론하고 신도 증가율의 둔화에 대한 우려와 함께 기왕에 교회에 들어온 사람들 중에서도 관심이 식는 사람들의 수가 늘어난다고 그 대책 마련에 부심하고 있는 줄로 안다. 가톨릭 교회의 경우, 입교자의 30% 정도가 교회가 요구하는 정기적인 신앙생활을 실천하지 않거나 행방불명된 상태이며 그렇게 될 가능성이 농후한 "냉담 예비자"도 상당수에 달한다는 것이다. 어찌된 사정일까? 영세 이후 후속 교육의 부재 등 신자교육이 잘못되었거나 한국 그리스도인들이 다른 나라 사람들에 비하여 종교성이 뒤떨어지기 때문일까?

먼저, 종교성이라는 측면에서 보면 한국인들의 종교적 열광성은 세계가 알아주는 수준이니 열성 부재가 원인이 될 수는 없을 것이다. 신자 교육의 문제점이라는 측면에서는 어느 정도 그럴 수도 있겠다. 하지만 종교가 단순히 일방적 교육과 합리성의 영역이 아니라면, 근본적인 문제는 다른 데 있으며 그러므로 소위 "냉담자 문제"는 재해석의 소지도 있다고 본다.

이러한 문제가 발생하게 된 첫째 원인은 동양종교들로 인해 오랜 세월 체질화된 한국종교의 전통적인 탄력성에 기인한다.[44] 가톨릭 교회가 요구하

---

[44] 윤이흠 「종교인구조사의 방법론 개발과 한국인의 종교성향」『한국종교연구』 2, 집문당 1991, 73-102. 윤 교수는 현존 한국종교들을 가톨릭과 같은 엄격한 자체 규정을 가지는 경성 종교집단(hard religious group)과 무교나 불교 같은 느슨한 규범을 갖는 연성종교집단(soft religious group)으로 분류했다.

는 주일 미사참례의 의무조항 등 엄격한 신행信行 조건들에 비해 볼 때, 동
양종교에서는 해당 종교의 성원成員(member)들에게 요구하는 조건이 별로 까
다롭지 않다. 평신도들의 경우 교단의 존재 유무 자체가 불투명하거나, 종
교의례에 참여하는 의무조항도 없는 셈이다.

이러한 종교에 오랫동안 익숙해 있던 관계로 한국 그리스도인들도 여전
히 제도교회가 요구하는 상대적으로 까다로운 신행의 수준에 미처 부응하
지 못하는 듯하다. 한국 그리스도교 관계자들은 냉담자의 증가 현상이나
열성이 부족한 신자들을 덮어놓고 걱정하고 억지로 열심을 불러일으키려
할 것이 아니라, 한국인의 종교성향부터 주의 깊게 관찰하고 실정에 맞게
사려 깊은 태도로 적절히 대응해야 할 것이다.

둘째 원인은 개인적으로는 높은 종교성을 여전히 유지하면서도 다른 한
편으로는 제도종교의 규범성을 거부하는 현대인들의 종교성향에 기인한
다.[45] "종교 없는 종교성"을 지닌 사람들이 현대인들이라고 종교학자들은
말한다. 이 종교에서 저 종교로 떠돌아다녀 가히 "종교철새"라 할 종교 인
구의 유동성, 한 가지 종교만으로는 못 미더워 여러 종교에 적을 두는 "종
합비타민 선호파" 그리고 마침내 생활 관습의 탈종교적 성향은 한국인이
제도종교에 가진 거부감의 탄증이다. 탈중심주의를 표방하는 포스트모던
post-modern 시대에 이러한 경향은 앞으로도 더욱 거세어질 것이다.[46] 그렇다
면 일률적 규범과 일방적 경직성을 대치하는 탄력적인 종교생활의 모델이
개발되고 실현될 때 한국 그리스도교의 장래도 희망이 있을 것이다.

이미 한국종교사에는 무교 이래 동양종교 전통들이 이러한 탄력적 종교
집단을 구현한 본보기들이 있다. 그것은 한마디로 신바람의 영성(spirituality)
을 계발하는 일이다. 한국인 특유의 신바람에 맞아떨어지는 종교생활의 길
을 가꾸어 나간다면 그것은 세계에 내놓을 만한 미래 그리스도교의 모델이
될 수도 있다.

---

[45] Peter L. Berger, *La Religion dans la conscience moderne*, Paris 1971, 219-20.

[46] 길희성 『포스트모던 사회와 열린 종교』 민음사 1994, 13-27 참조.

# 6. 이웃 종교들의 공존과 협력을 되살리기

대다수의 그리스도인들은 지금까지도 하느님 나라를 오해하고 있다. 예수의 메시지는 지금 여기서부터 구체적으로 스스로를 이웃과 하느님에게 개방하여 인간답게 사는 길을 마련하자는 메시지였건만 사람들은 이러한 메시지를 형이상학화·반사회화·비역사화시켰다. 이렇게 경직된 중세 서양 문화 일색으로 채색된 배타적인 그리스도교 문화가 이 땅에 들어오면서 한국종교가 견지하던 조화와 관용의 모습은 일그러졌다. 그리하여 종교 간 갈등과 쟁투의 모습이 지난 200년 이래 이 땅에 이어져 오고 있다. 그리스도교가 지닌 그러한 자세 때문에 처음에는 그리스도교가 국가이념이었던 유교에게 일방적으로 박해당하는 상황이었던 것이 이제는 그리스도교가 타 종교들을 모두 몰아붙이는 공세로 전환한 국면을 보여준다.

그 중에서도 특히 민중종교인 무교에 대해 노골적으로 미신시하고 타파되어야 할 원시적이고 야만적인 종교로 몰아세우고 있는 실정이다. 이러한 종교 간 대립을 이제는 벗어나서, 오랜 전통 속에 들어 있음에도 불구하고 잃어버리고 있던, 공존과 관용과 조화의 길을 찾는 방향으로 나아가야 하겠다. 구체적으로 그러한 길을 실현하는 방도로는, 지금도 산발적으로 몇몇 뜻있는 개인들의 차원에서 이루어지고 있는, 종교 간 협력 사업의 활성화라는 방향으로 오늘 이 땅에 사는 사람들에게 실제적으로 도움이 되도록 이러한 협력의 자세를 보여주어야겠다.[47]

이제까지의 논의에 근거하면, 무교적 관점에서 본 그리스도교의 과제는 바로 한국 고유의 종교전통 속에서 하느님을 새삼 발견하는 일이다. 달리 말해 새로운 그리스도론의 개발이라고도 할 수 있겠다. 사람이 되어 인간 역사에 구체적으로 개입하신 하느님이 예수 그리스도라면 "그러면 그대들은 나를 누구라고 하겠습니까?"(마르 8, 29) 라는 성서의 질문을 오늘 여기에서

---

[47] 최준식 「한국의 종교상황과 종교다원주의」『천주교 부산교구 부산교회사연구소 창립기념 학술 심포지엄 자료집』동아대학교 1993, 35-43 참조.

다시 묻고 대답하는 일이 된다. 불교적 관점에서 "예수 보살론"을 전개할 수 있다면,[48] 선사시대 이래 이 땅의 기층종교로 기능해 오고 있는 무교문화권에서 그것은 "예수 바리데기론"을 말하거나 "성주 그리스도론" 내지는 "산신령 그리스도론"을 개발하는 일로 표상될 수도 있겠다.[49] 그러한 작업들은 그리스도교와 무교에 대한 각각의 심층적인 이해를 바탕으로 하여 여럿이서 꾸준히 전개해 나갈 과제인 것이다.

---

[48] 길희성, 앞의 책(1994), 291-357(「예수, 보살, 자비의 하느님. 불교적 관점에서 본 그리스도론 1」).

[49] 필자의 발표 논문 「한국 무교와 그리스도 신앙」에 대한 논평에서 앞으로 무교와 그리스도교의 비교 연구에서 다루어야 할 내용으로 연세대 김영호 교수가 제안한 과제(한국 문화신학회 제2차 정기학술발표대회, 1995. 9. 23. 감리교 정동교회).

# 신령님과 하느님

# 1. 두려운 분인가, 인자한 임인가?

어느 교육학자의 말로, 얼마 전까지만 해도 초등학교 1학년 국어 교과서가 "놀자판이고 개판"이었다고 한다. 첫머리부터 "철수야, 놀자! 영이야, 놀자!"로 시작하여 "바둑아, 너도 놀자!"로 이어지니 말이다. 기억을 더듬어 보면, 필자가 초등학교에 입학했던 수십 년 전에도 철수, 영이 그리고 바둑이가 어울려 놀자는 바로 그 내용이었다. 그래서 온 국민이 초등학교에 들어가자마자 놀자판, 개판부터 시작하니 나라가 온통 놀자판이고 개판이라나. 그런 교육학자들의 비판 때문인지는 몰라도 어느새 교과서가 예전과는 판이하게 바뀌어 "나, 너, 우리"로 시작되고 있었다.

이렇게 바뀐 것을 보니, 교육학자들이 한국의 교육현실을 개탄하고, 아마도 구미의 최신 교육학 이론을 도입하여 교과서를 개정한 듯했다. 우선 자아의식부터 뚜렷이 확립하고, 상대방을 인식하며, 그다음에 함께 공동체를 이루어 가야 한다는 단계적 발상인 듯하다.

그렇지만 한국의 종교문화를 공부하는 필자의 입장에서는 이렇게 바뀐 교과서의 내용이 과연 제대로 개정된 것인지는 얼른 수긍이 가지 않는다. 필자가 복고주의자는 아니지만, 어쩐지 옛날 교과서의 내용이 더 살갑고 다정하게 느껴진다. "놀자!"에 더 깊은 의미가 담겨 있을 법하다. 굳이 교과서의 영향이 아니더라도, 한국인들은 고래로 놀기 좋아하고, 어떤 의미에서는, 개판 만들기를 좋아한다면 민족성에 대한 모독일까? 그렇지 않다. 한국 사람치고, 밤새 먹고 마시고 노래 부르고 춤추는 것을 좋아하지 않는 사람이 얼마나 있는가. 그것도 인사불성으로 망아지경이 될 때까지.

그런 현상이 초등학교 교과서 탓만은 아니라는 증거가 역사 기록에도 분명하게 남아 있다. 우리 나라 사람들의 풍습을 적은 가장 오래된 기록[1]에도

---

[1] 중국 역사서 陳壽 『三國志』; 『魏書 東夷傳』의 「夫餘條」 「高句麗條」 「濊條」 「韓條」 등 참조. 우리 나라의 제례 풍습을 기록한 가장 오래된 이 책의 번역본: 김원중 역 『삼국지』 전 3권, 신원문화사 1994.

바로 그때 놀던 모습이 오늘날 우리가 노는 모습과 흡사하게 적혀 있다. 그런데 그 놀이라는 것이 그냥 무턱대고 논 것이 아니라, 하늘에 제사를 지내는데 그렇게 밤낮없이 몇 날 며칠을 두고 먹고 마시며 노래 부르고 춤 추면서 놀았다는 것이다. 이건 또 웬 소동인가. 가장 신성해야 할 하늘에 지내는 제사가 놀자판이고, 하늘굿(祭天儀禮)이 개판이었다니. 바로 그것이다. 한국인들은 너나없이 그것이 오늘날 노래방이 되었건, 옛날 굿판이 되었건 "연일주야 음식가무"連日晝夜 飮食歌舞하면서 신명을 내고 신바람이 났던 것이다. 그것은 다름 아닌 원초적인 신 체험이고, 저 마음 깊은 곳에서 울려 퍼지는 종교 체험으로서 인간이면 누구나 갖고 있는 보편적인 품성의 발로요, 신들림의 표현이라면 너무 단순하고 성급한 이야기인가.

조금 복잡하게 말하자면 이렇다. 인간은 누구나 세상일을 겪어 나가면서 그때 체험된 내용을 자기의 것으로 만든다고 한다. 자기 것으로 삼는 방식은 다음과 같다. 이미 알고 있는 모형들과 개념들, 양식들 또는 범주들을 가지고 스스로가 체험한 것을 분류함으로써 해당되는 체험을 자기의 것으로 만든다. 신 체험, 하느님 체험도 마찬가지다. 신앙은 이 세계 안에 들어 있는 인간적인 삶의 일부로서, 인간이 지닌 보편적인 품성[2]으로서 모든 사람에게 해당된다. 그래서 이 세상 모든 사람은 종교적 인간homo religiosus인데, 이렇게 종교적 인간인 모든 사람들이 자기 삶 안에서 신의 현현을 체험하고 해석하는 독특한 방식이 바로 개인마다 문화마다 저마다 다른 모양새로 나타나는 신 체험이요, 하느님 체험이다.

그러한 해석은 이론적 의미에서의 해석이 아니다. 그것은 오히려 종교적 인간이 그들 삶의 사건들을 체험하는 독특한 방식이다. 여기서 체험은 다시 해석에 영향을 주고 해석을 불러일으킨다. 해석은 또 체험에 영향을 준다. 체험과 해석이 순환적인 과정을 이루는 셈이다. 우리가 객관적이라고 생각하면서 체험하는 내용들은 이미 가지고 있는 개념들과 술어들, 그리고

---

[2] W.C. Smith, *Towards a World Theology: Faith and the Comparative History of Religion*, Philadelphia: Westminster Press 1981, 113: "faith as a universal quality of human life ...".

우리의 계획들과 그 투사의 결과로 나타나는 관심사에 기인한다.[3]

실재에 대한 인간의 체험이 해석을 낳고, 그 해석은 다시 인간의 체험에 영향을 주면서 끝없는 순환관계를 만들어 나간다. 여기서 인간의 체험과 실재, 혹은 신적 존재를 주-객 도식으로 이분해서 볼 수 없다. 이미 인간의 체험 안에는 실재와의 만남이 전제되어 있다. 인간의 한계를 넘어서는 실재, 신적 실재와의 만남(체험)을 통해 인간의 언어인 해석이 이루어진다. 자신을 넘어서는 실재, 초월적 존재와의 만남을 통하여 인간은 성숙되어 간다고 바꾸어 말할 수도 있다. 그리고 그 성숙은 어느 정도의 깊이에서 신적 존재를 경험하는가에 따라 그 정도가 다르다고 할 수 있다.

그렇게 인간 마음에 체험되는 신은, 인간 편에서 보자면, 한때 유행하던 말투처럼 "신은 인간 하기 나름"인 셈이다. 사람 나름으로 신을 어떻게 생각하는가, 사람들이 어떤 마음을 가지는가에 따라 신은 다채로운 모습으로 인간에게 나타나는 것이다. 얼마나 마음속 깊이 체험하느냐에 따라서 신의 모습은 인간에게 꼭 그만한 모습으로 나타나는 것이다. 신 체험의 깊이가 경박할 때, 그때 그 사람에게 체험된 신은 욕심 많고, 사납고, 까탈스러운 공포의 대상으로 다가온다.

그런가 하면, 마음속 깊은 곳에서 신을 체험하면 할수록 그 사람에게 신은 점점 더 높은 데로 향한다. 인간이 하는 신 체험의 깊이와 체험된 신의 위치는 반비례한다고나 할까. 그럴 때 신은 사랑과 자비를 베푸는 존재로서, 한을 풀어 주고 복을 나누어 주는 푸근한 대상이 되어 인간에게 다가온다. 그렇다면 신은 인간 심성의 성숙도에 따라서, 꼭 그만큼의 모습으로 현현한다고도 볼 수 있다. 달리 말해, 어느 정도의 깊이에서 신적 실재를 체험하는가에 따라 그 사람의 삶의 모습이 달라진다고 하겠다.

인간보다 센 힘을 가진 존재로만 사람 마음에 새겨지는 "원시적 심성의 신"은 공포와 전율의 대상일 뿐이다. 그러다가 언제부터인가 신은 이제 인

---

[3] E. Schillebeeckx, *Christ: The Experience Jesus as Lord*, New York: Seabury Press 1979. 30-64.

간에게 어떤 때는 공포의 존재로, 또 어떤 때는 자비를 베푸는 존재로 두 얼굴을 갖고 나타난다. 신 자신이 헷갈리는지 인간의 마음이 헷갈리는 것인지 아니면 둘 다인지 몰라도 하여간 헷갈리는 모습인 것만은 틀림없다.

창세기 22장에 나오는 아브라함의 제사 이야기를 대표적인 사례로 들 수 있다. 철저하게 체험된 신의 단계, 성숙한 종교심의 단계에 이르면, 신은 이제 인간에게 모든 것을 조건 없이 베푸는 존재로 나타난다. 그럼에도 신과 인간 사이의 거리는 여전히 극복되지 않은 채 남아 있다. 그 거리감 내지 초연성超然性 때문에 하느님은 여전히 두렵고 신비스런 존재로 인간에게 체험된다.

## 2. 무교인에게 나타나는 신령님의 두 얼굴

무교에 나타나는 신 체험의 모습을 같은 해(1995)에 각각 자서전을 출간하여 세간의 주목을 끈 두 무당의 이야기에서 발췌해 본다. 아래에 소개하는 두 무당은 모두 강력한 신 체험을 한 강신무로서 "신끼"(神氣)를 느끼고 신병을 앓아 "어쩔 수 없이" 무당이 되었다는 공통점이 있다. 그들이 겪은 신의 모습이 어떠한지 보기로 하자.

### 2.1. 까탈스런 신령

심OO은 김일성 사망일을 예언했다고 해서 한때 매스컴의 집중 조명을 받았던 무당이다. 그 후에도 1995년 음력 10월 대형 사고설, 1996년 초 내각제 개헌설 등 미묘한 정치적인 사안에 대한 점사占事로 한동안 세인의 입에 오르내린 장본인이다. 이하에서는 그녀의 자전적 에세이[4]에 나타나는 신령의 모습을 조명해 본다.

1950년 평안북도 신의주에서 태어난 그녀는 다섯 살에 처음 임사臨死 체

---

[4] 심OO 『신이 선택한 여자』 도서출판 백송 1995. 본문 괄호 안의 숫자는 이 책의 쪽수.

험을 한 후 두 번이나 저승을 다녀오는 체험을 했다고 한다(21. 184-7). 신내림을 거부하여 네 번이나 자살을 시도했으며(54-7), 결국 1988년에 내림굿을 하여 무당이 된 후, 지금까지 주로 점복을 해 오고 있다(58-60).

전통 무당들의 경우 "영험은 신령이 주나, 재주는 배워야 한다"라고 말하면서 장기간에 걸쳐 무업을 수련하는 데 반해, 심OO은 내림굿을 받은 이후의 수련 기간에 대해서는 전혀 언급이 없으며, 심지어 "신이 올 대로 다 와 있는 상태에서 아무 무당 집이나 찾아가서 한 내림굿은 그저 내가 신을 인정한다는 의미였다"(58)고 주장한다. 전통적인 분류 방식대로라면, 심OO은 엄격한 의미에서 무당이라기보다 신점神占을 치는 점쟁이에 속한다고 할 수 있다. 이렇게 어쩔 수 없이 강압적으로 신을 받아들였다고 말하는 심OO은 이제 무당의 길을 운명적으로 받아들인다.

> 한 번 강신한 신은 본인이 아무리 거부를 한다고 해도 더 심한 고통만을 안겨다 줄 뿐 결코 떠나지는 않는다. 그때부터 우리 같은 사람들은 운명을 선택할 권리를 강신한 신에게 저당 잡힌 인생이 되는 것이다(37).

> 신끼가 발동하기 시작하면서 나는 밤마다 꿈속에서 머리가 하얀 할아버지를 만났다. 그분은 자꾸만 나에게 신 받기를 종용하셨다. 어떤 때는 눈을 뜨고 있어도 나타나, "너 그렇게 안 받고 있으면 죽는다"며 신을 받으라고 했다(51).

> 앉으나 서나 눈을 감으나 뜨나 나타나는 하얀 머리의 할아버지가, '너 신 받아라. 그러면 먹고살게 해 주지. 몸도 편하게 해 줄 텐데 웬 고집이냐…'며 나를 괴롭혔다(56).

그렇게 맞이하게 된 신은 이제 심OO에게 늘 두렵고 까다로우며, 자신을 괴롭히는 존재로 다가온다.

무신은 인간에게 어떤 이성적인 계시를 통하여 그 능력을 행사한다기보다는
무서운 벌로써 신의 의사를 전달하고 있기 때문에 비록 인간을 수호해 주는
선신일지라도 늘 두려움의 대상이 된다(62).

그러면서 굿집 주인이 부정한 짓을 하여 앙화殃禍를 입는다든지, 제사를 잘
못 지내서 신이 덧났다든지 하는 현상이 바로 무서운 벌을 통한 신의 의사
전달 방식이라고 부연 설명한 후, 이어서 "신에 대한 두려움이나 공포감은
신성의 극치에서 일어날 수 있는 종교적 공포의 극한 현상"(62)이라고 주장
한다. 그럼으로써 그녀 나름대로 두려운 신에 대한 자신의 체험에 종교적
인 의미를 부여하는 것이다. 다음 장면은 무당 심○○이 자신의 수호신인
몸주에게 노예적으로 종속되어 있는 모습을 가장 잘 드러내 보여주는 대목
이다.

> 갑자기 할아버지가 나타나서 나를 깨우셨다. "애, 아가. 언제 내가 있는 밀
> 양 표충사에 한번 다녀가려므나 …". 깨어 보니 꿈이었다 …. 어느 날 또
> 꿈에 할아버지는 표충사를 다녀가라고 하셨다 …. "도대체 왜 표충사를 다
> 녀가라는데 그러고 있는 것이냐?" 다음 날, 나는 또 같은 꿈을 꾸었는데,
> 할아버지는 이번에는 화가 나신 목소리로 나를 꾸짖으셨다 ….
> 　전라남도 해남 대흥사의 일주문을 들어서면서부터 나는 오들오들 한기를
> 느꼈다 …. 신들은 대개 내게 뭔가를 말하려고 할 때, 내 몸에 이상한 증상
> 을 느끼게 하면서 당신의 그 뜻을 읽게 만들어 주신다. 그날 난 온몸이 덜
> 덜 떨리는 게 몸살이 날 것만 같았다 ….
> 　"너는 지금 뭐 하는 애냐? 밀양 표충사를 다녀가라고 그렇게 느이 할아버
> 지가 말씀하셨건만, 여기는 왜 와 있는 게야? 다 생각이 있으셔서 다녀가라
> 는데 그렇게 말을 듣지 않는 연유가 뭐냐? 그래 가지고 어디 용한 무당소리
> 듣겠느냐? 큰무당이 되려거든 신의 말씀을 들어야지 …". 그분은 자신이 서
> 산대사라고 말씀하시고는, 그렇게 나를 혹독하게 꾸짖으셨다(64-6).

심지어 어린아이가 죽어서 신이 되었다는 동자신도 그녀에게 접신이 되면 그 어린 신마저도 자기 마음대로 제어할 수 없을 만큼 위력適임을 고백하고 있다.

> 가끔 나는 이런 동자신의 장난기로 인해 남편과 불화를 일으키곤 하는데, 그것 또한 내 힘으로는 제어가 불가능한 일이기도 하다. 아무리 신이지만 동자는 동자인지 동자 영은 장난이 말도 못하게 심하다(70).

다른 곳에서는 신령 모시기를 게을리한 신도가 분노한 신의 벌을 받았다는 주장을 한다. 자신을 찾아다니던 어느 부인이 사업에 성공하자 무당 집에 다니던 발길을 끊었는데, 그 남편이 자살을 했다는 이야기를 하면서, 그런 불상사가 발생한 것은 신의 노여움 때문이라고 해석하고 있다. "나는 갑자기 가슴이 서늘해졌다. 할아버지(神)의 노한 모습이 눈에 선했기 때문이었다"(136). 이 책의 말미에서 무당 심○○은 자기가 몸주로 모시고 있는 사명대사가 나라의 앞날을 보여주었다는 장면을 이렇게 묘사한다.

> 그때 사명대사 할아버지의 벼락 같은 음성이 들린 것이다 …. 그때처럼 할아버지가 무섭고 야속했던 적이 없었을 정도였다 …(211).

그리고 마침내는 신들에게 붙들려 자기의 의지대로는 아무것도 못하는 무력감을 피력하면서, 꼼짝달싹할 수 없는 자신의 운명을 한탄하고 있다.

> 또 하나의 대형사고가 있을 것이라고 말하는 나 자신도 등골이 오싹함을 느낀다 …. 별다른 예방책을 내놓지 못하는 나 자신도 답답하고 안타깝기 그지없다 …. 어쩌면 이러한 예언 자체가 나에게 엄청난 피해를 줄 수도 있겠지만, 그래도 역시 예언을 해야 한다는 점에서 신의 중개자이며 심부름꾼이 된 나의 운명을 다시 한 번 개탄하지 않을 수 없다(224-5).

이상의 내용들을 일별해 보면, 무당 심○○이 겪고 있는 신령의 성격이 얼마나 까탈스러운 존재인가 하는 것을 실감하게 된다. 함부로 남의 내면적인 체험을 속단할 수야 없겠지만 적어도 그녀가 세상에 내놓은 책의 내용에만 의거하여 판별해 본다면, 심○○이 체험하는 신은 바로 두려운 신의 전형적인 표상이 된다.

## 2.2. 수더분한 신령

다음으로는 김○○가 보여주는 신 체험의 실상을 따라가 보기로 한다. 무형문화재 82호로 지정된 김○○는 자칭 "나라만신"(國巫)으로서, 무당 경력으로나 집안 내력으로 보아 제대로 된 오랜 수련 과정을 거쳐 무당이 되었으며, 그리하여 앞서 살펴 본 심○○과 여러 모로 대비된다. 같은 무당이라고 해도 김○○는 심○○과는 상당한 편차를 보인다. 1990년대 중반 당시 40대(심○○)와 60대(김○○)라는 인생을 살아온 연륜의 차이도 무시할 수 없겠지만, 두 사람의 진술을 글자 그대로 따르더라도, 무당이 된 과정에서부터 차이가 많이 난다.

서해안 풍어제의 기능 보유자로서 무형문화재로 지정된 김○○는 1931년 황해도 연백에서 출생하여 12세부터 신병을 앓다가 17세에 이르러 당대 이름난 무당이었던 그녀의 외할머니에게 내림굿을 받고 장기간에 걸친 무당 수련을 받은 전통 무당의 한 사람이다. 아래에서는 그녀의 책[5]을 바탕으로 무당 김○○의 신 체험과 신에 대한 해석을 살펴보겠다. 우선 김○○는 무당의 정체성 내지 기본 역할을 이렇게 규정한다.

나는 족집게처럼 잘 맞추는 무당이라는 소리를 듣는 것에 미련이 없다. 사람들이 잘살도록 돕는 무당이고 싶다. 허황된 믿음을 갖는 것보다 현실에 단단히 뿌리를 내리며 살도록 이끌어 주고 싶다. 무당이란 세상의 갈라진

---

[5] 김○○ 『복은 나누고 한은 푸시게』 푸른숲 1995; 같은 저자 『김○○ 무가집. 거므나따에 만신 회나백성의 노래』 문음사 1995도 참조.

것을 모으고, 찢어진 것을 아물리고, 뜯어진 것 꿰매는 사람이라 믿으며 살
고 있다(49).

그에 앞서서 처음 내림굿을 받고 무당이 되는 과정에서 겪은 신 체험을,
다시 말해 전인격적인 전환의 순간을 김○○는 담담하게 묘사하고 있다. 여
기서 신어머니 역할을 맡은 외할머니로 표상되는 신은 크고 무서운 분에서
너무도 작고 가벼운, 그러니까 사랑스러운 임으로 다가온다.

> 외할머니는 … 나에게 한마디를 툭 던졌다. "만신이 된다는 것은 뭇 사람들
> 이 참지 못하는 고통을 숱하게 참아 내는 것이다 …." 외할머니는 공수를
> 채 끝내지 못하고 내 몸뚱이에 쓰러지듯 기대어 하염없이 눈물을 흘렸다.
> 나는 그 크고 무섭던 외할머니가 순간 너무도 작게 느껴져서 … 눈물이 쏟
> 아졌다. "아, 신령님. 이렇게 무당이 되게 해 주셔서, 이렇게 할머니의 신
> 딸이 되게 해 주셔서 너무나 감사합니다." 나도 모르게 내 속의 신령님을
> 찾아 깊이깊이 감사를 드렸다. 아, 이런 거구나 … 사람이 사람을 사랑하
> 고, 맺혔던 마음을 풀어 서로를 감싸안는다는 것이 이렇게 좋은 거구나 …
> 손을 잡고 위로하고 진정으로 서로의 마음을 헤아린다는 것이 이렇게, 이렇
> 게 따뜻한 거구나 … 나는 열일곱 해를 살아오며 가슴속에 묻어 두어야 했
> 던 설움과 한을 다 풀어헤쳤다(98. 100).

묵은 세계로부터 새로운 세계로, 인간의 속세에서 신의 성스러운 세계로
입문하는 과정의 상징성을 잘 드러내는 대목이 하나 더 있다. 내림굿을 준
비하는 과정 중에 집집마다 돌아다니면서 무구巫具에 사용할 유기들을 거두
어들이는 "쇠걸립"에 관한 이야기이다.

> 무당은 이렇게 낡고 오래된 쇠를 가져다 신령님의 새 세계에서 빛이 나고
> 기름이 돌게 잘 굴리는 것이다. 쇠걸립은 바로 "죽은 쇠"를 모아다가 "산

쇠"를 만드는 신성한 의식이다(220).

이제 강력한 신 체험을 하고 정해진 단계를 거쳐 오랜 기간 수련해 큰무당이 된 김○○는 같은 신령의 말이라도 인간에게 도움이 되는 방향에서, 조심스럽게 걸러서 인간에게 전달하려 한다.

많은 사람들의 고민거리를 들어 주면서 나는 나름대로 원칙을 정해 두었다. 내가 아무리 사람의 운명을 꿰뚫어보는 무당이라도 섣불리 그 사람의 문제를 해결하려 들지 말아야 한다는 것이다 …. 무당은 도와줄 뿐이다. 답답한 심정을 들어 주고 그 사람의 운명을 염두에 두면서 좋은 쪽으로 마음을 쓰도록 용기를 북돋을 뿐이다(46-7).

그리하여 굿할 때 무당이 신의 말을 받아 인간에게 전해 주는 "공수"를 지어 줄 때도 공수 주는 무당이 어떠한 마음가짐을 지녀야 하는지를 이렇게 말하고 있다.

또 무당은 신령님의 말씀을 함부로 휘두르지 않도록 한다. 사람에게 귀하게 쓰일 수 있도록 조심해서 전달해야 한다. 간혹 신의 힘을 빌려 무섭게 호령을 하고 야단만 치는 무당도 있는데 그러면 안 된다. 신령님은 위엄이 있지만 다정하고 사랑이 많은 분이다. 겁내고 어렵게만 대하면 사람을 제대로 도울 수가 없다. 신령님과 대화를 나눌 때는 문을 활짝 열고 진실한 마음으로 다가가야 한다(58).

그러기 위해서는 "아무도 함께 가지 못하는 외로운 길"(260)인 무당의 어려운 길을 제대로 가도록 끊임없는 수련을 해야 한다고 한다.

특히 남의 조상신이 실렸을 때 무당은 애를 많이 먹는다 …. 몸에 실린 조상이 시키는 대로 아무 소리나 마구 뱉어 놓으면 식구들이 마음에 상처를 입을 것이고, 그렇다고 조상이 전하고 싶은 말을 중간에서 가로막으면 신이 노여워해 탈이 날 것이니 괴롭기만 하다 …. 그러나 굿을 하면 할수록 요령이 늘고 세상을 겪으면서 얻은 연륜으로 점점 편안한 마음이 되어 조상굿거리를 치러낸다. 까다로운 조상이 실리면 그 마음을 자세하고 솔직하게 전하되 될 수 있는 한 말을 다듬고 고른다(261-2).

더 나아가서는 "무당이 되어 좋은 신, 큰 신을 받으면 원래 나쁘던 성격이 아주 좋게 바뀌기도 한다"(107)고 주장한다. "신령님은 진정으로 제자인 우리들을 아끼고 사랑한다. 우리가 세상에서 행복하고 즐겁게 살 수 있기를 누구보다 바라고 그렇게 되도록 도와준다"(131)는 것이다. "신들도 다 맘이 약해. 정도 많고. 우리 민족과 닮았거든"(188). 그렇기는 해도 김OO가 볼 때, 신령님이 무턱대고 착하고 자비롭기만 한 분은 아니다.

잘난 척하는 어리석은 인간들 때문에 진노하고 서운해하는 신들도 많아. 우리 마음 풀기 전에 신의 마음을 우리가 먼저 풀어줘야 해(189).

특히나 세상 사람들이 무당을 냉정하고 비정하게 대접할 때 신은 사람들을 괘씸하게 여기고 위협한다고 한다.

무리에서 버림을 받는 것이 사람에게는 몹시 견디기 힘든 일이다. 그런 차갑고 비딱한 대접이 계속될수록 마음 약한 무당들은 세상살이에 적응하지 못한다 …. 그러면 점점 더 사람들과의 거리가 멀어져 신과 사람들을 올바로 의사소통을 시키지 못하고 숱한 오해를 만든다. 사람들은 신을 무서워하고 신은 사람들을 괘씸히 여기게 된다. 세상에 적응 못하는 무당일수록 신의 위력을 이용해서 사람들을 겁준다(132).

한편, 요즈음 무당의 숫자가 늘어나고 내림굿도 빈번한 이유를 김○○는 남다르게 해석하고 있다.

> 옛날에는 신이 쉽게 발동을 안 해 신병 같은 것이 많지 않았다. 꼭 필요한 사람에게만 신이 무섭게 내려 제대로 무당이 되게 했다 …. 그러나 요새는 집에서 신을 모시는 사람이 거의 없다 …. 그 많던 신들이 다 어디로 가겠는가? 편히 쉴 만한 곳이 없어 한 사람의 몸 안으로 발동을 하는 것이 아닌가 싶다. 신이 찾아 들어오면 인간의 몸이 그 신끼를 이기지 못해 병이 나는 것이 바로 신병이다. 점점 신병을 앓는 사람이 많아져 치료를 하소연해 오고 무당의 수도 옛날보다 훨씬 많이 늘고 있다(103).

김○○가 생각하는 무교의 신앙 대상은 어떤 존재들인가?

> 우리 민족은 주변의 풀 한 포기, 돌멩이 하나, 물과 흙, 짐승들에게조차 영혼이 깃들어 있다고 믿었다. 자신을 겸손히 낮추고 그 모든 것에 감사하며 지극하게 섬겨 온 우리의 마음이 바로 무속신앙 자체인 것이다 …. 무속은 좀 더 질긴 생명력을 품은 사람에게, 작은 물건 하나에도 정령이 깃들어 있다고 믿는 겸허한 사람에게 더욱 가까운 종교로 자리할 것이다(178).

그러한 신령들과 인간의 관계는 어떻게 맺어져 있는가? 한마디로 인간하기 나름이라는 것이다.

> "인간은 신에 의해 점지되고 태어난다. 그러나 태어난 목숨을 행복하고 복되게 살아가도록 하는 일은 사람의 몫이다. 사람이 얼마나 정성을 다하느냐에 따라 신의 도움이 따르는 것이다. 신이 사람 사는 세상을 주관하지만 그러한 신의 마음을 움직이는 것 또한 사람이다"(171). 그리하여 "인간과 신령님이 힘을 합해 운명을 극복"(25)해야 한다. "신령님은 늘 곁에 있으면서 이

렇게 사람들을 위하는 길을 일러 주시는 것 같다(55).

1995년 삼풍백화점 붕괴 참사 직후 현장을 찾아가 희생자들을 위한 치성을 혼자 드리고 나서 신령님께 올리는 기도는 사뭇 감동적이기까지 하다. 특히 배타적이고 공격적인 타종교인들의 속 좁은 자세를 안타깝게 여기면서, 감당할 수 없는 슬픔을 당한 사람들을 위하여 함께 마음을 모으도록 도와 달라고 청원하는 김○○의 기도는 정말로 감동적이다. 그 기도문은 그 어떤 세계적인 학자가 그럴듯하게 정리한 종교 간의 대화 이론보다도 설득력이 돋보인다. 김○○의 신령 체험에 대한 이야기를 마무리하면서 바로 그 기도문을 여기 소개하고자 한다.

아, 신령님!
몇 날 며칠이 걸려도 좋습니다. 제대로 지노귀굿을 올려야겠습니다. 죽은 영혼들을 칭칭 동여매고 있는 이 깊은 한을 하루 바삐 푸는 길은 더욱 많은 사람들이 정성을 들이는 일뿐입니다. 그래서 모두 극락왕생할 수 있도록 많은 신령님들의 도움을 구하는 길뿐입니다. 부디 도와주십시오 ….
종교의 벽을 넘어서 많은 유가족들이 영혼을 위로하고 축원하는 일에 함께할 수 있도록 도와주시고 다른 종교인들도 이 신성한 위로의 잔치에 마음을 합할 수 있도록 이끌어 주십시오. 우리 곁을 떠나간 가엾은 영혼들에게 진정 필요한 것은 마음속 깊이 우러나오는 많은 이들의 따뜻한 정성이지, 종교를 둘러싸고 갈등하는 좁은 마음은 아니라는 것을 부디 깨닫게 도와주십시오.
그러나 신령님, 이제는 더 이상 이 땅에 억울하게 죽는 사람이 없게, 이 무당이 다시는 지노귀굿을 안 해도 되게, 제발 제발 도와주십시오 …(277-8).

세간에 가장 잘 알려진 동시대의 두 무당 심○○과 김○○의 신 체험은 이상에서 살펴본 대로 현저한 대조를 보이고 있다. 심○○이 체험하는 신령이 두렵고 까다로운, 공포의 대상으로서 인간을 못살게 구는 모습을 대표한다면, 김○○가 겪어 오고 있는 신령은 수더분한 이웃 할머니처럼 우리 민족의 마음씨를 쏙 빼닮은 모습으로 나타난다.

그렇기는 해도 김○○의 신령 역시 무조건적으로 자신을 내주기만 하는 신은 아니다. 그 신은 너무나 인간적인 면모를 보여준다. 인간의 정성이 부족할 때 섭섭해하고, 신령에게 무관심하거나 무당을 냉대하는 사람들에게 위협의 메시지를 사용하며, 한 번 무당 후보자로 점찍은 사람은 종내 무당으로 만들고야 마는 집념 어린(?) 신령이기도 하다. 그렇게 본다면, 인간적인 성숙도에도 불구하고 무신의 모습은 "원시 심성"의 전형적인 두려운 신 표상을 아직 완전하게 극복하지는 못한 것 같다.

다른 한편, 두려운 신에 대한 표상은 인간과 신 사이에 놓인 극복될 수 없는 거리감을 드러내 주는 종교적 표상이기도 하다. 무교에 대한 비판 가운데 하나는 신이 내린 무당은 자신의 의지와는 상관없이 몸주에 의하여 조정을 당한다는 측면에서 제기되어 왔다. 그러나 이 문제는 다시 짚어 보아야 한다. 인간과 신 사이의 거리감 때문에 발생하는 종교적 체험이라는 관점에서 다시 조명되어야 할 필요성이 있다.

그런 모든 사실에도 불구하고, 김○○가 겪은 신 체험 이야기의 마지막 인용구에서도 주장되었듯이, 신 체험의 신빙성authenticity 문제는 결국 인간 하기 나름으로, 어느 종교에서든 인간의 정성스런 마음가짐이 속 깊은 데서 만나게 되는 신에 대한 체험의 깊이가 관건이 되는 것으로 보인다.

## 3. 유다-그리스도인이 본 하느님의 모습

두려운 하느님에 대한 표상은 한국의 종교문화 속에서만 나타나는 것이 아니라, 모든 인간의 보편적 종교심성faith as universal / global human quality[6]이라 할

---

[6] W.C. Smith, 앞의 책 113 참조.

수 있다. 구약성서의 본문에는 두려운 하느님에 대한 체험을 드러내는 표현들이 들어 있다. 예를 들면, 이사악의 제사 요구(창세 22장 참조), 야곱과의 싸움(창세 32,25-33 참조), 파라오의 고집(출애 10,20 참조), 엘리의 아들들을 죽게 하는 일(1사무 2,25 참조) 등이다. 구약성서에 드러나는 이러한 예들은 두려운 하느님에 대한 원시적인 형태의 종교 체험을 보여준다.

그러나 구약성서는 이스라엘 백성이 역사적으로 체험한 충실하고 자비롭고 사랑을 베푸는 하느님의 표상을 크게 부각시키면서 두려운 하느님의 표상을 넘어선다. 창세기 22장에 나오는 아브라함의 이사악 희생 제사에 대한 본문을 살펴보면, 하느님은 처음에 "아브라함아, 아브라함아, 그를 번제물로 나에게 바쳐라!"고 하지만, 후에는 "아브라함아, 아브라함아, 그 아이에게 손을 대지 말라!"는 앞뒤가 맞지 않는 모순된 말을 한다.

외아들을 희생 제물로 바치라는 두려운 하느님에 대한 표상과 "나는 사랑 때문에 네 아들이 사는 것을 원한다"는 사랑스러운 하느님에 대한 표상은 하느님에 대한 이스라엘 백성의 체험이 역설적인 면을 지니고 있음을 언표한다. 인신人身 희생 제물을 원한다고 여겨지던 두려운 하느님에 대한 표상이 인간의 생명을 살리는 사랑의 하느님이라는 표상으로 대체되어 가면서 사랑과 자비의 하느님이 고백되고 있다. 그리고 여기서 두려운 하느님이라는 표상은 인간의 우상과는 다른 신적 실재임을 드러난다.[7]

### 3.1. 아브라함의 야훼[8]

아브라함의 제사 이야기인 창세기 22장의 가장 중요한 첫 주어로 "하느님"이라는 말이 나온다. 바로 이야기의 서두에 "하느님이 아브라함의 생애에 개입했다"는 말이 등장한다. 그 말의 뜻은, 한편으로는 먹고 마시고 다니고 쉬고 두려워하고 기뻐하는 세상, 알아볼 수 있는 원인과 법칙에 따라

---

[7] 서인석 편 「하느님이 시간의 두 때 걸쳐 말씀하실 때」『믿음과 삶』 2, 대구가톨릭대학교 신학대학 성 유스띠노 성서모임 1995, 15-21 참조.

[8] 이하 G. 폰 라트 (장익 역) 『아브라함의 제사』 분도소책 31, 분도출판사 1989 참조.

일들이 일어나는 세상이 전개되는데, 그것은 동시에 하느님이 움직이게 하고 돌아가게 하는 세상, 하느님이 아무 때고 무섭게 강요하는 현존의 형태로 거기 있을 수 있는 세상이기도 하다.

그리하여 여기서 말할 수 있는 것은 성서 저자의 표현 양식이 매우 특수한 신 체험 및 세계 체험으로 철저하게 지배되고 있다는 사실이다. 하느님을 향하여 이처럼 열려 있으면서도 하느님의 위력이 그처럼 무섭게 미칠 수 있는 세계는 그 나름의 독특한 측면 때문에 이를 표현하려면 거기에 맞갖은 표현법이 요구된다(29-31).

아브라함의 제사 이야기의 저자는 역사적 사실성에는 별 관심이 없어 보인다. 그는 오히려 과거의 어떤 사건을 가져다가 자기 시대의 종교심성에 서슴없이 결부시켜 놓았다. 그리고 이 이야기의 내용이라든가 형태가 어느 특정 저자 한 사람만의 "정신적인 전유물"이라고 할 수는 없다. 그 저자는 자기 겨레가 지녀 온 신앙 역사에 축적된 신 체험에 대하여, 극한적인 갈등에 대하여 숙지하고 있었던 사람임에 틀림없다.

여기에서 무당의 신 체험과 이스라엘의 하느님 체험을 비교해 보도록 하자. 무당의 체험은 한 개인의 직접적인 신 체험인 반면에 이스라엘 민족이 겪은 체험은 신앙의 전승 안에서 축적된 하느님 체험이라는 점에서 차이가 난다. 그러기에 무당의 신 체험은 생동적인 면이 강하고, 이스라엘의 신앙 전승은 역사와 더불어 반성과 숙고를 거친 흔적이 역력하다.

아브라함을 엄습하는 어둠(暗夜)[9]은 전부 하느님에 집중되어 있다. 고대 이스라엘 민족은 하느님과 인간에게 객관적으로 대립하면서 세상에 그 힘을 독자적으로 펴는 악한 세력을 인정하지 않았다. 따라서 이스라엘 사람들은 인간에게 공포를 주는 어둠의 근원을 달리 보았다. 그것은 악의 세력이 따로 있는 것이 아니라, 오히려 자신 안에 잠겨 있는 하느님의 상이 흐려졌기 때문이라고 보았다. 그렇기 때문에 여기서 다루는 이야기에도 이스

---

[9] 십자가의 요한 (최민순 역) 『어둔 밤』 성바오로출판사 1973 참조.

라엘이 오랜 세월 야훼와 만나면서 쌓고 묵상해 온 체험이 작용한다.

신 체험의 깊이에서 감지된 얽히고설킨 이야기를 이스라엘이 그처럼 단순하고 아름답게 풀어내기까지는 상당한 시간이 걸렸다. 베풀면서도 동시에 자신을 감추는 하느님과의 수없는 만남이 이스라엘에게 창세기의 이와 같은 이야기를 자아내게 한 것이다. 이러한 이야기에서 독자에게 들려오는 소리 뒤에는 실제로 겪은 역사적으로 체험되고 신앙에 의해 진실이라고 인지된 바가 깔려 있는 것이다(46-48). 즉, 역사적 체험과 하느님에 대한 신앙 안에서 이루어진 반성이 오랜 기간에 걸쳐 숙성되었다.

그 진실이란 이런 것이다. 아브라함을 엄습한 하느님의 암묵暗默은 시련이었다. 그러나 아브라함의 순종은 그 암묵을 회피하지 않았다. 이야기의 첫머리에서 아브라함에게 나타나는 하느님은 삶의 수수께끼를 풀 위안을 주기는커녕 반대로 더 못 알아듣게 해 놓는다. 이야기 저자는 "하느님이 한 인간을 시험하려 하셨다"고 써 놓았다.

이스라엘 사람들은 일상사를 우연하거나 무의미한 것으로 여기지 않았다. 모든 사물이나 각각의 사건 안에는 힘들이지 않고서는 그 뜻을 깨칠 수 없는 나름대로의 언어가 있음을 그들은 알고 있었다. 그들은 신앙을 통해 이해 못할 일과도 늘 대결해야만 했다. 더욱이 누군가가 피할 수 없는 운명의 무참한 타격을 받을 때면, 인간의 믿음과 굳셈을 시험해 보기 위해, 즉 하느님께 사람이 얼마나 굳게 의지하는가를 시험하기 위해 하느님께서 그런 일을 그에게 내리신 것이려니 했다(32-33).

물론 하느님에 의한 시련이 교육과 똑같은 것은 아니다. 교육은 윤리적 차원의 가르침에 해당하지만, 시련은 윤리적 차원을 넘어선다. 윤리적으로 완전한 사람에게도 삶의 도정에서 때때로 설명되지 않는 시련이나 고통이 엄습한다. 그러기에 이스라엘 민족은 하느님에 대한 신앙을 고백하면서 동시에 이해할 수 없는 시련과 고통을 조화시켜야만 했다. 시련과 교육의 공통점은 둘 다 고통을 어느 정도 이해시키고 인간이 언제나 대비하고 있어야 할 하느님에 의한 처사로 보여준다는 것이다.

여기서 중요한 점은 이스라엘이 불우하고 끔찍한 일들마저도 구원하시는 하느님의 뜻으로 돌리고 거기서 하느님의 자애로운 손길을 보았다는 점이다. 그렇다고 해서 모든 괴로움이 일거에 풀린 것은 아니다. 더불어서 고통을 당하는 이로 하여금 자신과 하느님과의 관계에 대하여 절실하게 묻도록 만들기를 중단시키지도 않는다(34).

아브라함에게 이사악은 사랑받는 자식이라는 상투적인 의미를 훨씬 능가하는 존재였다. 아브라함에게는 이사악으로 말미암아 하느님의 구원이, 아득한 후대까지도 하느님 구원 안으로 이끌어들일 "축복"이 맡겨져 있었다. 아브라함이 하느님의 부르심을 받고 우르에서 길을 나섰을 때 과거와 결별했듯이, 이제 아브라함은 이사악과 함께 모리야 산으로 번제燔祭의 길을 나서면서 그의 미래도 모두 하느님께 바쳐야 했던 것이다. 이 나중의 요구는 먼저의 요구를 훨씬 넘어선다. 그것은 하느님이 감당할 수 없는 모순을 범했기 때문이었다. "그의 자식들을 하늘의 별보다 많게 해 주겠다"는 장엄한 약속을 도로 거둠으로써 하느님 편에서 한 약속의 신빙성을 송두리째 잃는 것이 아니었던가.

그러나 아브라함은 그 모든 모순에도 불구하고 그 끔찍한 어둠으로 가는 길을 나섰다. 희망은 무너져 내려도 하느님께 대한 순종은 그에게 여전히 남아 있었던 것이다. 바로 그 때문에 결국 하늘에서의 목소리가 "하느님을 두려워한다"고 그를 축복한 것이다. 아브라함은 그러니까 하느님의 자가당착을 견디어 낸 사람이다(42-43). 아브라함 설화는 그래서 자비로운 하느님에 대하여 말하면서도 끝까지 하느님과 인간 사이에 넘어설 수 없는 거리감을 팽팽하게 유지하고 있다.

이런 이야기를 옳게 읽기란 쉽지 않다. 독자들은 평소 자신의 하느님의 상을 재점검하게 된다. 하느님은 인간이 의미를 부여할 때 비로소 생명을 얻는 분이 아니다. 하느님은 결코 인간의 우상이 될 수 없는 분이다.

여기서 사람들이 받는 충격은 성서의 다른 진술에서도 확인되어야 한다. 시편이 말하는 하느님께 버림받는 상황, 욥의 절망, 그리고 예언자들의 우상 타파에서도 확인되어야 한다. 그 충격은 결국 인간이 스스로 만들어 놓은, 결국 쓸데없는 신상神像에서 탈피해야만 인간이 자기 삶의 본래 모습을 찾을 수 있다고 말하는 성서의 모든 이야기에서 확인되어야 한다(54-56).

이스라엘이 가지고 있던 인간상은 무엇이었던가? 구약의 예언서와 시편을 살펴보면 인간의 근본적인 모습을 간단히 알 수 있다. 인간이란 무엇인가? 인간이란 하느님과의 대결에서 그가 어떠한 존재가 되는가, 하느님과의 대화가 그를 무엇으로 만드는가에 달려 있다. 즉, 구약성서는 한마디로 하느님과의 관계 안에서 성숙된 존재로 변하는 인간을 보여준다.

이스라엘은 인간에게 미리 주어진 척도를 전혀 의식하지 않았다. 아브라함의 제사 이야기가 보여주는 것도, 전혀 이해 못할 하느님의 요구로 인해 자기의 척도를 훨씬 넘고, 인간들이 도달할 수 있는 가능성을 훨씬 넘는 한 인간의 모습이다. 인간의 한계를 뛰어넘을 수 있는 가능성이 바로 하느님과의 만남을 통해 이루어지고 있다. 바로 그렇기에 아브라함을 통해 하느님 앞에 인간 실존의 전혀 새로운 양상이 암시되는 것이다. 그런 의미에서 이 이야기는 인류가 자신을 절대화하려고 시도할 때마다 인류에게 과연 그런가 하는 매우 비판적인 물음을 던지곤 한다.

## 3.2. 예수의 압바[10]

구약성서의 내용을 잘 알고 있던 초기 그리스도인들이 예수의 십자가 상 죽음을 우리를 위한 희생 제물이라고 표현할 때, 아브라함이 이사악을 희생 제물로 바친다는 인신人身 희생제의와 연계시키는 것은 아니다. 그보다는 오히려 출애굽기 24, 4-8에 나타나는 계약의 피와 연결될 수 있었다. 새로운 계약이나 대제관이라는 표상도 같은 맥락에서 이해될 수 있다. 계약 사상이 고난받는 종의 대속代贖 사상과 결합되면서 희생 제물이라는 표상이 생겨날 수 있었다.

---

[10] 강영옥 「고통에 대한 그리스도교의 이해」 서강대학교 박사학위 논문, 1996, 72-128 참조. 단행본 출간: 『고통. 신앙의 단초』 우리신학연구소 신학총서 1, 1999.

구약성서-유다교라는 전승을 종교-문화 전통으로 삼지 않는 한국 그리스
도인들에게 예수의 십자가 상 죽음을 대속적 희생 제물이라고 설명하면,
한국인들은 인신 희생 제물 이야기를 쉽게 연상할 것이다. 한국의 민속 설
화에는 수많은 인신 희생에 관한 전설이 전해진다. 그러한 전설들의 공통
된 줄거리는 대강 다음과 같다.

괴신격이 만용을 부림으로써 인간에게 재난이 발생한다. 그 재난에 대
처하기 위해 공동체 중에서 약자인 여자나 어린이가 희생 제물로 바쳐진
다. 이때 재난의 원인은 괴신격의 만용 때문이지 인간의 잘못이 아니다.
그러므로 희생 제물은 인간 편에서의 속죄라는 의미를 띠지 않는다. 누군
가를 마지못해 내준다는 인상이 짙다. 이런 맥락에서 인신 희생은 약자가
겪는 억울함으로 인식된다.[11]

예수의 십자가 상 죽음이 인간의 죄를 보상하기 위한 희생 제물이라는
가르침은 한국인들에게 한국의 문화전통 속에 스며 있는 인신 희생 전설과
쉽게 맞닿게 된다. 그럴 때 그리스도교의 하느님은 인간의 죽음을 원하고
즐기는 민속 전설상의 괴신격과도 같은 두려운 신의 표상과 연계될 수 있
다. 그리하여 희생 제물이라는 개념을 공통 분모로 하여 한국의 민속 전설
이 표현하는 괴신격과 그리스도교의 하느님이 동일시된다면, 그리스도교가
전하고자 하는 하느님상은 일그러진다. 그렇게 되지 않으려면 예수의 대속
적 희생 제물과 한국의 민속 전설에 나타나는 인신 희생 제물이 의미상 어
떤 차이가 있는지 밝혀야 할 것이다.

예수의 십자가 상 죽음을 전해 주는 신약성서의 이야기는 구약의 종교-
문화적 전통을 바탕으로 삼아 그리스도교 구원의 의미를 해석한다. 즉, 구
약의 종교-문화적인 전통이 신약성서의 바탕을 이룬다. 그러나 한국의 그
리스도인들은 구약의 전승보다는 수천 년간 형성되어 온 한국의 종교-문화
적인 전통에 더 친숙하다. 이제 우리의 과제는 한국의 종교-문화 전통이라

---

[11] 박정세 「희생 전설과 희생관. 인신 희생을 중심으로」『매지논총』1, 연세대학교 매지학
술연구소 1985, 203-24 참조.

는 맥락에서 그리스도교의 진리를 어떻게 해석할 수 있으며, 육화시킬 것
인지에 달려 있다고 하겠다. 우리는 여기서 예수의 신 체험에 주목한다.
서구의 형이상학적 신학은 예수와 하느님을 동일시했기에 예수의 신 체험
을 간과했지만, 스힐레벡스 같은 서구 현대 신학자는 예수의 "압바-체험"
을 새롭게 부각시킨다. 그의 생각은 이러하다.

예수가 하느님과 맺었던 유일하고 특수한 관계를 고려하지 않으면 예수
가 지닌 의미를 충분히 알아들을 수 없다. 복음서에 기록된 예수의 언행을
통하여 예수의 자기 이해를 가늠해 볼 수 있다. 예수에게서 독특하게 나타
나는 하느님 체험은 압바-체험이라고 할 수 있다. 예수는 자기 스스로를
하느님의 아들이라고 자칭한 것이 아니라, 하느님을 "압바"라고 불렀다.
압바라는 호칭은 예수가 하느님과 맺었던 더없이 긴밀한 관계를 내비친다.
이와 같은 압바 체험이 예수가 한 말과 행동의 원천이 되었다. 그것은 바
로 십자가의 죽음에 이르기까지도 거부할 수 없도록 엄청나게 체험한 하느
님의 사랑을 드러낸 말과 행동이다. 그런 의미에서 예수는 하느님을 계시
한 인물이다.[12]

그러나 다른 한편으로 예수는 피조물인 인간성 안에 나타났다는 사실 때
문에 하느님을 은폐한 존재이기도 하다. 인간으로서의 예수는 역사적이고
우연적인 존재였고, 그런 의미에서 하느님 안에 숨겨져 있는 풍요로움을
전부 나타낼 수 없는 존재였다. 복음서 저자들은 예수가 십자가 상에서 예
언자의 탄식, "당신은 숨어 계시는 하느님"(이사 45, 15)을 표현했다고 전한다.
그렇다면 예수에게도 하느님은 감추어져 계시는 분이다. 이렇게 숨어 계신
하느님과의 관계를 고려하지 않은 예수 이해는 우연성을 지닌 피조물로서
의 예수의 역사적인 모습을 간과한다.[13]

---

[12] 참조: E. Schillebeeckx, *Jesus: An Experiment in Christology*, New York: Seabury Press 1979, 256-69: "Jesus' original Abba-experience, source and secret of his being, message and manner of life".

[13] Schillebeeckx, *Church: The Human Story of God*, New York: Seabury Press 1991, 9.

　이렇게 볼 때, 한편으로는 하느님과의 특수한 관계에 기인하는 역설적이기까지 한 예수에 대한 관념이 있고, 다른 한편으로는 예수는 우연적 순간들의 연속으로 된 역사적 현상이므로 하느님에게로 가는 다른 길을 배제하거나 부정하지 않으며, 유일한 윤리적 표본도 아니라는 사실을 보게 된다. 유다-그리스도교 전통이 초지일관하게 전달하는 체험은 이것이다: 인간에 대한 하느님의 사랑과 심려, 그리고 인간 상호 간의 사랑을 위한 하느님의 배려.

　인간이 몸담고 사는 세상은 어떤 모순을 지니고 있다. 이 세상의 특징인 이러한 모순은 악을 선으로 부정하고 선을 악으로 부정하는 듯하다. 이 세상은 선과 악이 또 의미와 무의미가 모순되게 혼합된 곳이다. 역사는 선·악 중에서 어느 것이 궁극적으로 승리하는지, 현재 일어난 일을 바탕으로 마지막 판정이 어떻게 나는지를 가르쳐 주지 않는다. 역사란 그 자체로는 의미를 발생시키지 않는다.

　고통과 악, 억압과 불행을 체험하면서 인간은 세상에 대한 거부감을 가진다. 무엇인가 근본적으로 잘못되어 있다고 생각한다. 과소비·쾌락·무관심·권력 남용이 지배하는 이 세상에서 잘못된 세상에 대한 거부감과 분개는 인간의 근본 체험, 신 체험을 암시하고 있다. 잘못된 세상을 보고 분개하는 것은 사람들이 이 못난 세상을 그래도 포기할 수 없음을 뜻한다.

　여기서 하나의 전망이 열린다. 바로 새로운 상황, 신세계가 있음을 보여 주는 것이다. 이 세상 아무 데도 주어져 있지 않은 세계, 그러나 분명히 말할 수 없는 하나의 다른 세계에 대한 동의가 거기에는 들어 있다. 사람들은 인생의 참된 의미와 행복에 대하여 단편적이지만 실제적인 체험을 때때로 한다. 이러한 체험은 모든 사람이 연대의식을 갖고 더욱 인간적이고 좀 더 나은 세상을 위하여 함께 투신하도록 용기를 북돋운다.

　종교적인 인간은 그 자체로는 이처럼 희미하게 드러나는 실제적인 체험에다가 종교적 의미를 부여한다. 그렇게 의미를 부여하고 나면 모순된 세상을 바꾸려고 모아진 사람들의 힘은 더 큰 의미를 지니게 되고 더 선명하게 부각된다. 그리스도인은 이러한 힘을 인간 예수의 모습에서 발견한다.

그리스도교 신앙은 예수를 그리스도 혹은 하느님의 아들이라고 일컫는다. 이제 메아리 없는 한탄과 근본적인 것에 대한 막연한 갈망은 어떤 근거를 가진 희망으로 변모된다. 손에 잡히는 자비와 귓가에 스치는 긍정의 숨결이 실재의 깊이 안에서 들린다. 그리스도인들은 그럴 때 하느님을 체험한다고 믿는다. 근본적이고 대조적인 체험과 불의에 대한 거부는 더 나은 곳을 향하는 하나의 전망을 열어 준다. 그리스도인들은 그곳을 하느님이 베푸시는 역사役事가 성취되는 장으로 생각한다.[14]

## 4. 두려운 분에서 인자한 임으로!

종교들이란 하느님이 이 세상 안에서 이루어 가는 완성에 대한 해석적 체험을 하는 다양한 운동들이다. 그런데 이 세상의 완성을 특정 종교 혹은 특정 종파에 배타적으로 결부시켜서, 하느님의 경륜을 지적·관념적·성사적·위계질서적으로 해석하게 되면 세계의 완성은 그 종교나 종파 안에서만 가능하다고 일방적으로 주장하게 된다. 이러한 종교 해석은 종파 간의 합심, 종교 간의 협력, 더 나아가서는 인류의 일치를 저해한다. 종교들과 종파들은 세상의 완성 자체가 아니라, 완성을 위한 도구들이다.

그리스도교적으로 말하자면, 종교들은 세상 구원의 성사sacramentum mundi이다. 즉, 참다운 완성의 징표이며, 완전한 해방과 자유의 깃발들이다. 종교나 종파들은 그러니까 인류의 역사歷史 안에서 침묵을 지키면서도 역사役事하는 하느님의 보편적 구원 의지와 구원을 위한 그분의 절대적 현존에 대한 살아 있는 기억을 인간들을 위해 보존하는 역할을 한다. 하느님에 대한 이러저러한 말들이 종교들마다 가능한 것은 세계의 역사가 진행되어 가는 도정에서, 어떤 의미에서는, 하느님이 실제로 스스로를 나타냈기 때문이

---

[14] 같은 책 4-6 참조.

다. 그러나 이 세상 안에 들어 있는 하느님의 현존은 은폐된 것이기에, 다시 말하자면 속속들이 다 드러나는 것은 아니기에, 특정 종교라든가 일개 종파가 발설하는 하느님에 관한 말(神論: God-talk)은 파편적破片的이다.[15]

무교, 불교, 유교, 도교, 유다교, 그리스도교, 이슬람교 등은 그런 의미에서 하느님을 체험하는 인류 역사의 단편들이며, 인류의 역사를 벗어나서는 그 의미를 상실한다. 본고에서 선별적으로 골라 찾아본 예수의 압바 체험, 아브라함의 야훼 체험도 예외가 아니다. 물론 심○○과 김○○의 신령 체험도 두말할 나위가 없다. 종교들이 저마다 지닌 종교적 상징들은 하느님의 숨겨진 현존에 대하여 종교적 각성을 유발하는 매개체들이다. 하느님은 숨어 계시는 분이다. 종교적인 사람들에게도 하느님은 숨어 계시고, 2000년 전 나자렛 사람 예수에게도 하느님은 숨어 계시다.

"예수쟁이" 그리스도인들은 예수의 하느님 체험, 압바 체험에서 지독한 사랑, 완전한 자유, 오롯한 회심回心, 온전한 새사람의 본보기(imago Dei)를, 세상 완성(完世: eschaton)의 가능성을 보는 사람들이다. 그래서 그렇게 인정하는 사람들에게 "예수는 그리스도"(Jesus der Christus)이다. 그런 예수의 유일무이한 "신원이 그리스도"(Christustum)이다. 그렇게 따라 살기로(imitatio Christi: 遵主聖範) 작심하고 발심發心한 사람들이 바로 그리스도인들(Christen)이다. 그래서 본받아야 할 본보기로서 그리스도님(Christustum)은 한 분이지만, 그런 그리스도를 본받아서 실현하는 그리스도교(Christentum)는 문화-풍토-기질-환경-시대에 따라 다르고, 또 달라야만 한다.[16] $H_2O$라는 성분은 늘 같지만 우리 눈에 보이기는 물·얼음·서리·구름·안개·이슬로 다양하듯이.

이제 "그리스도교가 유일하게 참된 종교인가?" 또는 "그리스도교가 나머지 모든 종교들보다 우월한 종교인가?"라고 묻기보다는 "그리스도교가 자체 안에 세계의 다른 종교들에 대하여 새롭고 개방적이며 관대한 태도를

---

[15] 같은 책 13-5 참조.

[16] Richard Friedli, "Interkulturelle Theologie", *Handwörterbuch missionswissenschaftlicher Grundbegriffe*, Düsseldorf 1989.

갖게 하는 근거가 들어 있는가?"라고 물어야 할 차례가 되었다. 종교들 사이의 공통점이 아니라, 차이점이 각 종교의 존재 근거와 존재 이유를 구축한다. 그렇다면 "그리스도교는 그 자체의 정체성과 독특성을 유지하면서 또한 다른 종교들이 갖는 차이에 긍정적인 가치를 부여할 수 있는가?"라고 진지하게 물을 수 있어야 한다.

그리스도교는 본질적으로 피할 수 없는 역사적 특수성과 밀접하게 연관되기 때문에, 그 성격상 지역적이고 한정적이다. 그리스도교가 타종교와 구별되는 유일한 요소는 하느님의 삶과 하느님 되심이 나자렛 예수가 지니는 역사적이고 한정적인 특수성 안에서 발견된다는 점이다. 나자렛 예수는 하느님의 개별적이고 인간적인 현현이라고 고백된다. 모든 인간을 위하여 구원을 베푸는 하느님을 "진실로 유일하게 그럼에도 불구하고 우연히 역사적이며 한정적으로" 예수가 드러낸다는 고백이 그리스도인들의 신앙 속에 들어 있다.

그러나 시대의 흐름 속에서 많은 그리스도인들은 역사적이고 한정적인 그리스도교의 특성을 절대화시켜 왔다. 이러한 절대화로 말미암아 그리스도교는 왜곡된 모습을 지니게 되었다. 예수 안에 하느님이 계시되었다고 해서 하느님이 어떤 개별적인 역사적 특수성을 절대화한 것은 아니다. 하느님은 예수도 절대화하지 않았다. 예수의 특수성은 그리스도교의 기원과 특성과 유일성을 정의한다. 이러한 특수성은 종교들 간에 존재하는 차이점을 있는 그대로 인정하게 하고, 그 차이점들을 함부로 제거하려 해서는 안 된다는 것을 드러내는 근거가 된다.

하느님은 풍요롭고 정의되기 힘들기 때문에 구체적이고 한정적인 특정 종교의 체험과 전통 안에서 온통 다 드러내기는 불가능하다. 그리스도교의 관점에서 볼 때, "하느님의 완전하심은 예수 안에 살아 계시다"(골로 1,19; 2,9 참조). 그러나 하느님과 예수가 맺은 이러한 인연은 엄밀하게 말해서 역사 안에 존재하는 예수 모습의 우연적이고 한정적인 형태를 지칭한다. 만약 그렇지 않다면 그것은 그리스도 가현설docetism을 주장하는 셈이 된다.[17]

그리스도교와는 다르지만 진실한 종교 체험들이 있다. 사람들이 하느님을 체험하는 방식은 차이가 난다. 인류가 축적하고 있는 하느님과의 다양한 관계 방식에는 진실하고 선하고 아름다운 면들이 아롱져 있다. 이런 모든 사실들 안에서 종교의 다양성은 제거되어야 할 악이 아니라, 환영하고 받아들여야 할 풍요로움임을 알 수 있다. 종교의 역사적인 다양성은 원칙적으로 사라지지 않는다. 이 다양성은 초월적인 신적 실재에 의하여 인류 정신사의 내면에서 성숙되어야 할 요소이다. 그럴 때만 다양한 모습으로 진리에 다가가는 인류를 실존적인 깊이에서 서로 만나게 하고 서로를 풍요롭게 만들어 줄 수 있다.[18]

한국 그리스도인을 놓고 볼 때, 무교적 종교성을 바탕으로 하는 한국인이면서 동시에 예수의 하느님 체험을 따르려는 사람을 한국 그리스도인이라고 할 수 있겠다. 본고에서 살펴본 테두리 안에서 정리한다면, 한국 그리스도인은 심○○과 김○○을 통해서 살펴본 무당의 신령님 체험이라는 환경(con-text) 속에서 예수의 하느님 체험을 내 것(text)으로 하려는 크리스천 Christian, 즉 그리스도를 닮으려는 사람이다.

---

[17] E. Schillebeeckx, *Church*, 165-6.

[18] R. 프리들리 (박일영 역) 『현대의 선교. 선교인가 반선교인가』 성바오로출판사 1989, 153-60 참조.

# 1. 문제 의식과 연구 범위

최근 한국의 그리스도교계 일각에서 문제되고 있는 "사적 계시"에 대한 논란을 비교종교학적 관점에서 규명할 필요성이 대두되고 있다. 그러나 지금까지 논란되어 온 내용을 자세히 들여다보면, 학문적인 비교 분석의 방법을 동원하여 체계적인 접근이 이루어지기보다는 각자의 입장에서 자기 변명에 불과한 인상을 지울 수 없다. 그 중 일부의 주장은 이러한 "사적 계시" 혹은 반대측의 주장대로라면 "사적 환시" 현상이 무교적巫教的인가 아닌가, 그리고 그러한 현상 자체가 바람직한가 아닌가 하는 논란이다.[1] 본 연구에서는 현재 한국에서 일어나고 있는 사적 계시에 대한 주장과 반론에서 중요한 쟁점의 하나로 떠오른 무당의 공수 현상과 이른바 "사적 계시" 내지는 "사적 환시" 현상의 구조적인 유사성을 어떻게 이해해야 하는가에 중점을 두고, 무당의 공수와 그리스도교의 계시에 대한 비교 연구를 시도하고자 한다.

우선 종교 일반에서 계시란 무엇인가를 종교학의 이론에 따라 천착한다. 그리고 나서, 그리스도교의 계시 개념을 가톨릭 교회의 공적인 가르침을 통해 정리한다. 그다음에는, 한국 민중종교의 대표적 형태인 무교에서 신령과 인간 사이의 의사소통 과정인 "공수" 현상을 굿 현장에서 채록된 현지 조사 자료를 바탕으로 살펴본다.

먼저 무당의 "신병" 현상을 무당 개인이 체험하는 강력한 신비 체험 내지는 종교 체험으로 보아 몇 가지 사례를 예시한다. 황해도 출신 및 그 신자식(후계자)들로 서울과 수도권을 중심으로 활동하는 강신무들의 신병 체험담을 수집하여 제시한다. 그 후에 이들이 진행한 다양한 종류의 굿에 등장하는 공수와 덕담의 내용들을 제시한다. 마지막으로 사적 계시의 대표적

---

[1] 사적 환시 대책 신학위원회 편 『사적 환시에 관한 올바른 판단을 위하여. 사적 환시 관계 자료』 천주교정의구현전국사제단 1994; 김석종 「가톨릭도 이단 논쟁 뜨겁다」 『뉴스메이커』, 1994/3, 31 74-5 등 참조.

사례를 그 배경과 내용으로 나누어서 제시하겠다.

전술한 범위의 연구를 바탕으로 결론에서는 공수와 계시, 그리고 사적 계시의 공통점과 차이점을 추출해 보도록 시도하겠다. 이러한 시도가 결국 현대 한국이라는 문화적인 맥락에서 그리스도교가 올바르게 토착화하기 위해서는 무교로 대표되는 한국인의 토착적인 종교심성에 대한 정확한 이해와 배려가 있어야 한다는 점을 부각시키고자 한다.

## 2. 종교 일반의 계시 이해

계시는 모든 종교들의 자기 이해에 속하는바, 인간의 작업이 아닌 초인간적 존재의 개입, 즉 신적인 일이라고 여겨진다. 종교현상학자 판 바아렌[2]에 의하면 계시 일반에는 다음과 같은 다섯 요소가 포함된다.

첫째, 계시 제공자. 이들은 모두 "전적 타자" 또는 "성스러움"을 대표한다. 구체적으로는 하느님, 신령Geister, 힘(威力), 마나Mana 등으로 나타난다. 둘째, 계시 도구. 여기에는 초목, 암석, 성역聖域, 성시간聖時間, 의례儀禮, 천둥 번개, 기상 이변, 기암 괴석 따위의 자연 현상, 동물, 꿈, 환상, 말씀 등이 동원된다. 셋째, 계시 내용. 여기서 신적 존재의 실존, 행위, 의지 혹은 본질 등이 나타난다. 때에 따라서는 신적 존재의 특별한 의사가 전달되기도 한다. 넷째, 계시 수신자. 계시 수신자는 주술의呪術醫(medicine-man), 영매靈媒, 예언자, 무당, 점쟁이 등이다. 마지막으로, 수신자에 대한 효과. 계시의 효력은 계시 제공자가 계시 수신자 또는 그 수신자가 속하는 사회와 어떤 관계를 가지는가에 따라 나타난다.

계시의 형식에는 신적 존재가 인간의 모습을 취하는 육화incarnation, 신적 존재가 계시를 받는 사람에게 특별한 생각을 불어넣어 주는 영감inspiration 그리고 직접 신의 의사를 전달해 주는 신탁oracle 등이 있다.

---

[2] Th. van Baaren, *Vorstellingen van Openbaring, phaenomenologisch beschouwd*, Dissertation, Utrecht 1951 참조.

판 바아렌은 계시의 유형을 구분하기 위하여 비인격적인 계시 제공자와 인격적인 계시 제공자를 구분한다. 이 중에서 인격적인 계시 제공자는 단 한 명의 유일한 존재일 수도 있고 여러 다양한 신적 존재들 중의 하나일 수도 있다고 한다. 그렇게 주어지는 계시는 우연한 계시와 의도적 계시로 구분되는데, 이러한 기준에 따라서 분류하면, 계시들은 물활론적物活論的(dynamistisch) 유형, 다신론적polytheistisch 유형, 다령론적多靈論的(polydæmonistisch) 유형, 일신론적monotheistisch 유형으로 나뉘어진다.

계시와 주술은 분명히 구별되어야 한다.[3] 주술의 시행이 신적 존재에 대한 영향력의 행사를 목표로 삼는 반면, 계시는 원칙적으로 신적 존재가 자유스럽게 자기 의사를 전달하는 것이다. 이러한 신적 존재의 의사 전달로서의 계시는 단순한 성현聖顯(Hierophanie)이나 신적 존재가 공적으로 알려지는 공현公顯(Epiphanie)의 차원을 훨씬 넘어선다. 그리하여 계시하는 주체와 계시 받은 대상 사이에 구분이 이루어지는 한 ― 그러니까 자기를 계시하는 신적 존재와 그렇게 해서 알려진 신비 사이에 경계가 뚜렷한 이상, 성스러운 측면의 과시 혹은 신적이고 심오한 내용의 제시까지를 포함한다.

이상의 논의에 근거할 때, 궁극성에 대한 인식과 초월적인 예지가 인간 스스로의 수련에 의해 획득되지 않고 신적 존재에 의해 주어진다고 주장하는 경우, 종교 일반적인 의미에서 계시에 포함할 수 있겠다. 다음 장에서 자세히 살펴볼 그리스도교를 제외하고, 비교적 계시관이 분명한 종교들의 계시에 대한 태도를 일별해 보면 다음과 같다.[4]

유다교와 그리스도교를 모체로 하는 이슬람에서는 계시를 와히wahy라고 한다. 와히는 성인들이나 예술가들이 받는 영감인 일람ilham이라든가 계시

---

[3] 계시와 주술의 관계에 관하여: Gerardus van der Leeuw, *Religion in Essence and Manifestation*, Gloucester 1938/1967, 565-88; Fernand van Steenberghen, *Dieu caché*, Louvain 1961 (*Hidden God: How Do We Know That God Exists?*, Saint Louis 1966); Johannes Hirschberger, *Gottesbeweise: Vergängliches, Unvergängliches im denkenden Glauben*, Frankfurt a.M. 1966.

[4] C.M. Edsman, "Offenbarung I: Religionsgeschichtlich", *Die Religion in Geschichte und Gegenwart* 4 (Studienausgabe) 1986, 1597-9.

의 내용인 탄질tanzil, 그리고 하늘로부터 내려오는 계시의 하강을 뜻하는 인 잘inzal과도 구분된다. 쿠란에 따르면, 와히는 그러니까 예언자들에게 전해진 계시만을 일컫는다. 이러한 와히는 알라Allah로부터 직접 오기도 하고, 알라의 천사들을 통하여 간접적으로 전해지기도 한다.

이러한 와히는 악마의 속삭임과는 구분된다. 와히는 예언자 무하마드Muhammad에게만 주어지는 것은 아니지만 그가 와히를 가장 많이 받은 것은 사실이다. 무하마드는 계시의 가르침만을 따른다. 알라의 계시는 변경될 수 없다. 계시는 예언자들에게 주어지지만, 결정적으로는 무하마드에게 주어진다. 그는 계시를 꿈속에서 혹은 환상이나 환청으로 받는다. 이렇게 전해진 계시는 쿠란에 기록되는데, 쿠란의 계시가 목적으로 삼는 것은 무슬림들에 대한 경고이며, 계시의 내용은 지식, 지혜, 능력 그리고 질병의 치유 방안이다.

기원전 7세기에서 6세기에 걸쳐 활동한 차라투스트라Zarathustra는 이슬람의 무하마드와 같이 유다교-그리스도교 성서 전통 밖에서 이름난 고대 페르시아 종교의 예언자이다. 종교사학자인 죄더블롬Nathan Söderblom은 차라투스트라의 소명 체험을 구약의 예언자들과 유사한 종류라고 여겼는가 하면, 뉘베르크H.S. Nyberg는 샤머니즘의 한 현상으로 판정했다. 차라투스트라 역시 계시를 독특하고 인격적인 신의 자발적 행위라고 보았다. 페르시아 문화권의 이원론 역시 이러한 신의 계시에 근거한다. 페르시아 종교의 주신인 아후라 마츠다를 신봉하는 신도들은 선과 악의 싸움터인 이 세상에서 선을 선택하여야 한다. 종국적으로는 신에 의하여 선이 승리할 것이 확실하기 때문이다.

힌두교에서도 초자연적인 기원을 가지며 성스러운 선견자先見者(Seher)들을 통하여 밝혀진 신의 계시를 보관해 놓은 성스러운 경전들이 영원으로부터 존재해 왔다고 여긴다. 진정한 계시는 신들이 성현들에게 직접 계시한 내용인 슈루티Shruti이며, 이것은 기억된 내용으로서 인간의 작품인 스므리티Smriti와는 분명하게 구별된다.

# 3. 그리스도교의 계시

유다교와 그리스도교의 역사 안에 아무런 외적인 근거도 없이 나타나는 일련의 하느님 사건을 통칭하여 계시라고 부른다.[5] 이런 성질의 사건을 긍정하고 믿는다고 고백하는 것이 바로 그리스도교의 신앙 내용이다. 인간이 하느님으로 하여금 말씀하도록 만드는 것이 아니라, 하느님이 스스로 말씀을 하면서, 하느님의 이름을 고백하는 공동체인 교회가 생겨나도록 만든다. 하느님은 인간의 지평에서 추리할 수 없는 방법으로 자신의 의사를 전달해 온다. 그래서 계시에는 조건이나 이유가 없다고 한다.

## 3.1. 성서의 체험

성서 안에서는 하느님의 무상성無償性을 계약, 말씀, 베푸심과 약속 등으로 표상한다.

## 3.1.1. 구약성서의 계시 체험[6]

구약성서에서 하느님과 이스라엘 민족 사이의 관계를 표현하는 핵심 개념은 계약berit이다. 이스라엘을 이집트의 노예생활에서 해방시켜 이끌어 내신 야훼께서 시나이 산에서 이스라엘 민족을 당신의 백성으로 삼으시고 당신은 이스라엘의 하느님이 되셨다는 것이 이 계약의 구체적인 내용이다. 이러한 계약 내용이 이스라엘 민족 신앙의 기초가 된다. 그런데 하느님은 시나이 산에서 계약을 맺기 이전부터 벌써 이스라엘의 조상들에게 당신 자신을 계시하셨고, 계약을 맺은 후에도 이스라엘이 계약을 충실히 지킬 수 있도록 계속 당신 자신과 당신의 뜻을 계시하신다. 그러므로 구약의 역사는 바로 계시의 역사라고 할 수 있다.

---

[5] 서공석 「계시」『한국 가톨릭 대사전』1, 한국교회사연구소 1994, 369.

[6] 구약성서의 계시에 대하여: 정영한 「계시에 있어서의 환시와 예언의 의미에 관한 구약성서적 고찰」『신학전망』104, 광주가톨릭대학교 1994, 2-18 참조.

그렇지만 구약성서 본문에서 계시라는 용어는 찾아볼 수 없다. 그 대신에 인간의 생활에서 사용되는 용어들이 하느님의 계시 행위를 의미하는 특별한 의미로 사용되곤 한다.[7] 구약성서가 말하고자 하는 계시의 일차적인 목적은 야훼께서 당신이 선택하신 이스라엘을 계약을 통해 당신의 백성으로 삼으신다는 것이다. 이러한 계시의 바탕이 되는 사건이 바로 이집트로부터의 해방Exodus과 시나이 산에서의 계약이다. 이러한 계약을 유지하기 위해 하느님과 이스라엘 간에는 지속적인 관계가 이어진다. 그리하여 계시는 일회적으로 끝나지 않고 지속적으로 주어진다. 또한 각 시대와 상황에 맞게 점진적으로 주어진다. 이러한 계약을 맺은 선택된 민족에게 지속적이고 점진적으로 계시가 주어지는 것은 궁극적으로는 모든 사람들의 구원 때문이다. 구약에서 계시가 드러나는 방법들은 다음과 같다.

첫째, 하느님의 나타나심을 통해서이다. 비록 인간이 직접 하느님을 볼 수 없다는 것이 이스라엘의 오래된 믿음이기는 하지만 하느님께서 인간에게 나타나신다는 표현이 구약성서에 나타난다(창세 18장; 26,2; 32,25-31 참조). 그 밖에 야훼의 천사라는 말을 통해서 하느님의 나타나심이 표현된다(창세 16,10 이하; 판관 6,11 이하; 13,3 이하 참조). 그런가 하면 자연현상을 빌려 하느님의 나타나심을 표현하기도 한다. 천둥과 번개 속에서(출애 14,24; 민수 9,17 이하 참조), 조용한 바람 소리 가운데(1열왕 19,12 참조), 환시나 꿈을 통해서도(창세 15,1; 민수 12,6-8 참조) 하느님은 나타나신다.

둘째, 하느님이 역사 안에서 하시는 일을 통해 계시가 나타난다. 하느님이 하시는 일들을 표현하는 히브리 용어로는 표징(출애 10,1-2 참조), 징조(에제 4,1-3 참조), 놀라운 일(시편 77,15 참조), 기적(출애 34,10 참조) 등이 있다.

셋째, 말씀을 통한 계시이다. 이것은 이스라엘에게만 주어진 특권적인 계시이다(신명 4,8; 시편 147,20 참조). 이와 같은 하느님의 말씀을 이스라엘 백성에게 전달해 주는 사람이 바로 예언자들이다.

---

[7] 같은 글 3-6 참조.

### 3.1.2. 신약성서의 계시 체험[8]

신약성서는 바울로계 문헌과 요한계 문헌의 용어 사용부터가 이미 계시에 대한 상이한 이해를 보여주고 있다. 바울로는 계시라는 용어를 구약성서에서도 나타나는 용어들인 "발견하다-벗기다"(로마 1,17-18; 2,5; 1고린 1,7; 갈라 3,23 참조)이라든가 "누군가의 앞에 분명하게 내놓다-보이다"(로마 3,21; 2고린 4,10-11 참조)라는 동사로 표현한다. 또한 유다교 지혜문학이나 묵시문학에서 인용한 "신비"(에페 1,9 참조)라는 개념으로도 표현한다.

반면, 요한복음의 신학은 본질적인 의미에서의 계시 개념을 사용한다. 묵시문학적 표현은 그래서 전혀 나타나지 않으며, 구약을 인용하는 기회에 (요한 12,38 참조) 단 한 번만 "드러나다"라는 동사를 사용한다. 이런 사실은 요한복음 기자가 "신비"라든가 "벗기다" 같은 표현을 사용하지 않으며 "공적으로 보이다"라는 일반적인 용어를 사용하고 있는 이유를 드러낸다.

이러한 일반적인 용어의 사용은 잘 알려진 바와 같이 고대 후기 그리스 종교의 용어를 원용한 것이다. 물론 요한에게서도 아직 유다교적인 요소가 남아 있어서 요한의 계시론에는 "하느님의 불가시성"不可視性이 원칙적으로 들어 있다(요한 1,18; 6,46; 1요한 4,20 참조). 그리하여 오직 예수의 성육신과 예수의 소신과 행업行業 안에서만 하느님이 드러난다는 점이 강조됨으로써(요한 1,14; 5,36; 9,4; 10,7-38; 14,10; 1요한 1.1-2; 4,7 이하 참조) 구약에서 말하는 계시와 그리스도 안에서의 계시가 분명하게 구별된다. 요한에게 있어서 예수는 계시되는 자이며, 빛이며, 진리이며, 계시하는 자이다.

요한과는 대조적으로 바울로에게 하느님은 구약성서에서처럼 계시되는 분으로 남아 있는데, 하느님의 뜻이 지니는 신비는 감추어져 있다가 예수의 죽음과 부활을 통하여 그리고 그의 몸으로서의 교회를 통해 드러나며 그리스도 안에서 우주의 포괄을 통해 드러나게 된다(로마 3,25; 16,5.25-26; 1고린

---

[8] 신약성서의 계시에 관한 논의: Norbert Schiffers, "Offenbarung I: Zur fundamentaltheologischen Bestimmung des Begriffs der Offenbarung", Karl Rahner (Hg.), *Herders Theologisches Taschenlexikon* 5, Freiburg i. Br.: Herderbücherei 1973, 228-37 참조.

15,28; 에페 1,9-10 참조). 바울로의 관점에서 그리스도는 하느님의 신비가 계시된 내용으로서, 계시하는 분이라기보다는 계시된 분이다.

계시하는 예수와 계시된 예수를 구별하고자 한다면, 구원 역시 유다인들로부터 오게 된다고 보는(요한 5,39-46; 8,56; 12,41 참조) 요한이나, 공관복음 사가들(마르 8,12; 루가 1,19; 22,25-38; 19,9 참조)이나 그 밖의 신약성서 기자들(사도 2,36; 13,32-33; 26,16; 히브 8,8 이하; 1베드 1,3.10 이하 참조) 또는 그리스도를 모든 율법의 완성이라고 보는 바울로마저도 옳게 이해할 수 없다. 이런 신약성서 구절들이나 구약성서나 신약성서에 공통되는 "계약"(예레 31,31 이하; 에제 37,26 이하; 히브 8,8-12; 10,16-17 참조)이라든가 "하느님의 왕권"(시편 47,93; 이사 52,7; 마르 1,14-15 참조) 그리고 "하느님의 백성"(출애 4,4-5; 5,22-23; 17,4; 민수 11,31-34; 1베드 2,9-10 참조)이 보여주는 바로는 구약성서에서 말하는 하느님의 모상이라든가 구약과 신약, 즉 그리스도 안에(에페 3,6 참조) 공통되는 하느님의 약속이라는 표현들과 마찬가지로 계시가 채워졌다는 의미로 주어진다.

그리스도 안에서 계시의 완성은 마침내 종말론적이고 최종적으로 인간의 역사를 일회적이고 최종적인 신앙의 결단이라는 역사성 속으로 삼켜 버리지 않는다. 예수는 하느님의 계시인데, 이는 예수가 구원사 안에서 모든 약속의 충만이기 때문이다. 하느님의 업적으로서의 이 약속들은, 구약성서를 통해 그리고 예수 부활이라는 결정적 구원 행위를 통해, 계시를 믿는 이들을 일깨우는 현재의 일로 국한되지 않고 과거의 약속이 현재 실현된 데서부터 개방된 미래로 남아 있게 된다.

부활한 예수의 말씀이 예수 부활이라는 맥락에서 채워지는 역사의 모습을 지닌다. 그것은 하느님 자신의 삶과 사랑과의 화해가 그리스도 안에서 공개되었다는 것이다(2고린 5,20; 6,2; 1요한 1,2; 3,5-8; 4,7 이하 참조). 예수의 부활은 인간을 위한 삶이기를 바라시는 살아 계신 하느님의 자기 계시다. 하느님은 자신을 역사 안에서 계시하신다. 그 역사는 약속의 말씀과 성취의 행업을 사이에 두고 과거로부터 현재를 넘어 최종적으로 구원의 위력을 지닌 하느님의 삶에 인간이 참여하는 열려진 미래 사이에 펼쳐져 있다.

신약성서가 말하는 구원의 역사에 따르면, 계시는 예수를 넘어서서 이루어지는 것이 아니다. 왜냐하면 예수에서 이미 성취되었기 때문이다. 인간의 구원이 예수의 약속에 들어 있으므로 인간의 구원을 위해 계시의 내용이 계속 효력을 발휘한다. 계시는 역사를 향한 하느님의 말씀이며 믿음직스러운 말씀으로서, 인간에게 있어서는 하느님 말씀의 역사이다.

## 3.2. 교리적 설명

전체 가톨릭 교회의 차원에서 계시를 하나의 개별 주제로 별도로 취급한 최초의 공식 문헌은 제1차 바티칸 공의회(1869~1870)의 「교의 헌장」*Dei Filius* 2장이었다.[9] 제2차 바티칸 공의회(1962~1965)는 계시만을 독립적으로 다룬 헌장[10]을 작성했다.

모든 공의회의 교리적인 정의는 그 시대가 요구하는 신앙 문제에 대한 응답이다. 따라서 누구든지 간에 공의회 문헌들의 교의적인 내용을 살필 적에는 그 시대가 제기한 질문이 무엇인지를 염두에 두고서 그 문헌을 살펴야 한다. 시·공간적인 제약을 받는 인간의 조건 때문에 인간 언어는 각 시대와 특정한 공간에 제한적으로 통용될 뿐이며, 모든 시대 모든 곳에 무소불위로 통용되는 인간의 언어는 없다.

### 3.2.1. 제1차 바티칸 공의회 문헌

제1차 바티칸 공의회가 직면한 문제는 계몽사상의 여파로 발생한 이신론理神論(Deism)이 계시 사실을 부인한다는 데 있었다. 중세가 끝나면서 르네상스, 산업혁명, 신대륙 발견 등으로 이어지는 일련의 역사적인 대변혁을 맞이하면서 특히 서구 지성들은 인간의 능력에 대해 사상 유례 없는 자신감

---

[9] Denzinger-Schönmetzer, *Enchiridion Symbolorum et Definitionum*, Salamanca 1963, Nr.3004-3007.

[10] 제2차 바티칸 공의회 「계시 헌장」(*Dei Verbum*, 1965) 한국천주교중앙협의회 편 『제2차 바티칸 공의회 문헌』 1969, 149-69.

을 갖기에 이른다. 그 결과 이들은 인간 이성의 절대적인 자율성을 주장하기 위하여 신에게서 오는 계시 자체를 거부한다.

계몽주의와 이신론은 역사적인 계시의 외적인 도움이 없이도 인간의 비판 이성이 구원을 위한 진리를 발견할 수 있으며 그렇게 하는 것이 인간의 윤리적·종교적 이상이라고 주장했다. 그리하여 이들에게 계시란 역사 안에 스스로 성취되는 의미의 내재적인 총체를 가리키게 된다. 그러므로 구원이란 다름이 아니라 비판적인 이성과 인간 자유의 자율적 발전이 가져다주는 결과이다.

계몽주의와 이신론은 그래서 자연적 이성의 빛으로 도달할 수 있는 진리만을 인정할 뿐이다. 그 이외에 신적인 정보 제공으로서의 계시란 인간 이성과 자유를 소외시키는 것이라 하여 거부한다. 인간 이성이 아무런 역할을 할 수 없는 권위와 순종의 맥락에서만 받아들여지는 계시를 거부한다.

이러한 계몽주의와 이신론에 직면하여 제1차 바티칸 공의회는 이성이 하는 자연적인 인식 이외에 초자연적인 계시 사실이 있음을 선언했다. 즉, 하느님의 진리에 도달하는 길은 자연적인 길과 초자연적인 길이 있음을 말한다. 인간은 인간 이성의 자연적 빛으로 하느님을 인식할 수 있다.

그러나 초자연적인 질서의 하느님이 당신의 선하심과 지혜로우심으로 말미암아 인류에게 당신 스스로와 당신의 뜻이 "결정한 내용들"decreta에 대하여 알려 주기를 원하셨기에 열리는 또 다른 길이 있다. 그래서 제1차 바티칸 공의회가 말하는 계시는 자연적인 인식의 대상과 구별되는 초자연적인 계시의 내용이다. 자연 이성이 발견한 진리 말고도 계시로 주어진 초자연적인 진리들이 따로 있다는 것이다.

이성 진리와 구별되는 계시 진리가 있고, 이러한 초자연적 진리는 교회 권위에 의해 보존되며, 신앙인은 외적 권위에 대한 순종으로 그 진리들을 수용할 수 있다는 생각이 이미 중세 신학에 있었다.[11] 그러나 중세 신학에

---

[11] Thomas Aquinas, *Summa Theologiae* I, q.1, a.8, ad.2.

서 말하는 계시는 구원을 위한 교리가 아니라 구원의 기원에 대한 말이었다. 중세적 맥락에서 "계시가 있다"라는 말은 그러므로 객관화할 수 없는 구원의 유래와 원천이 그리스도교 신앙 안에 들어 있다는 것을 말하기 위한 표현이었다.

그런데 계몽주의의 도전에 직면한 제1차 바티칸 공의회가 계시 사실 자체와 계시 내용decreta을 동일한 것으로 취급함으로써 초언어적인 사실인 계시가 언어적인 것으로 전락하도록 만드는 결과를 초래했다. 초자연적인 계시의 가능성을 부정하는 그 시대의 사상적 조류를 앞에 두고서 계시의 초자연성을 강조한다는 것이 제1차 바티칸 공의회의 주안점이다. 그렇기 때문에 시대의 산물인 이 문헌이 겨냥하는 그 시대의 문제를 외면하고 그 표현들만 거두절미 수용한다면, 계시는 하느님의 의사 전달에 힘입어 인간 지식의 물리적 분량이 늘어나는 것으로 되고 만다.

따라서 계시는 이성이 접근할 수 있는 진리들과 병행하면서 예의 그 계시를 가지고 있다고 상정되는 권위에 순종함으로써 받아들여야 하는 일련의 진리들이라고 여겨진다. 그럼으로써 이렇게 곡해된 계시는 몰역사적 성격을 지니는 중립적 정보들이라고 여겨지게 된다.

### 3.2.2. 제2차 바티칸 공의회 문헌

제2차 바티칸 공의회는 19세기 말~20세기 초의 근대주의Modernismus 위기 후 발전한 성서학과 교부학을 충분히 수용하여 그리스도교 신앙의 기원에 충실하면서도 현대인이 이해할 수 있는 언어로 계시를 이해시키려고 시도한다. 그리하여 제1차 바티칸 공의회의 표현들을 수용하면서도 그 입장을 극복한다. 제2차 바티칸 공의회는 계시가 하느님의 위격적인 자기 전달과 예수 그리스도 안에 주어진 구원임을 강조한다. 하느님이 초자연적인 진리에 관한 정보를 인간들에게 무턱대고 쏟아 부어 주시는 것이 아니라, 당신 스스로를 전달하신다. 제1차 바티칸 공의회가 하느님이 "결정하신 것들"에 대하여 말한다면 제2차 바티칸 공의회는 신약성서 바울로계 문헌의 표현인 "하느님 뜻의 신비"(에페 1,9)[12]를 계시하고 알려 주신 것으로 말한다.

제1차 바티칸 공의회는 하나의 교리를 하느님이 인간에게 내려 보내주는 수직적인 행위를 계시라고 묘사했다. 그러나 제2차 바티칸 공의회는 구원의 역사 안에 말씀과 업적으로 계시하시는 하느님을 말한다. 인간이 계시에 대해 인식하는 것은 과거의 신앙 체험이 담긴 성서를 비롯한 텍스트들을 통해서 가능하다.

하느님은 역사 안에 당신 스스로를 드러내고 주셨다. 스스로를 드러내고 주시는 행위는 예수 그리스도 안에서 절정을 이룬다. 그래서 예수 그리스도는 계시의 충만함이다. 예수 그리스도 안에서 확인되지 않는 것은 ― 설령 그것이 계시라고 할지라도 ― 그리스도교의 계시라고 할 수는 없다.

## 3.3. 신학적 해석[13]

오늘날 그리스도교 신학은 하느님의 말씀에 대한 해석학으로 이해된다. 신학은 "계시된 언어"를 그 시대를 위하여 더 이해하기 쉽고 더 호소력 있게 만드는 작업을 해야 한다는 과제를 안고 있다. 계시-언어 자체는 물론 그리스도 교회의 신앙에 규범적인 역할을 하지만, 그것이 어느 시대 어느 맥락에서나 천편일률적으로 덮어놓고 반복만 하면 다 통하는 언어는 물론 아니다. 계시는 하느님의 것이지만 언어는 인간의 것이므로 언어는 인간이 책임지는 표현인 셈이다. 그래서 언어는 새로운 역사적 상황 앞에 주어진 문화유산과 대화하기 위해 끊임없이 새로워져야 한다.

폐쇄적이고 권위적인 신학은 제2차 바티칸 공의회 이후부터 무너졌다. 이제 신학은 해석학의 형태를 띠게 되었다. 그리스도교 신학은 이제 계시된 진리라고 하더라도 역사성을 지닌다는 사실과 해석하는 주체인 인간의

---

[12] 제2차 바티칸 공의회 「계시 헌장」 2항: "sacramentum voluntatis suae". Normann Tanner (ed.), *Decrees of the Ecumenical Councils,* vol.2: *Trent to Vatican II*, Georgetown UP 1990, 972에서 인용.

[13] 신학적 해석학의 계시 이해에 대해서는 서공석 「계시에 관한 현대신학적 이해」『사목』 183, 한국천주교중앙협의회 1994, 61-76 참조.

역사성을 진지하게 고려한다. 신앙의 진리는 고착된 형태로 세세 대대로 전해져야 하는 불변의 고체와 같은 것이 아니다.

그래서 해석학적 신학에서는 신앙의 변하지 않는 명제들이 아니라, 예수 그리스도의 사건으로 말미암아 열려진 해석학적 장場에 들어 있는 다양한 텍스트들을 신학의 과제로 삼는다. 해석학적 관점에서 바라볼 때, 예수 그리스도를 증언하는 신약성서도 역시 초기 그리스도교가 계시에 대하여 행한 일종의 해석이었다. 그래서 해석학에 입각한 신학은 과거의 텍스트들을 근거로 항상 새로운 풀이를 한다. 진리의 역사성을 고려하기 때문이다. 성서는 교회 안에서 나타나는 모든 신앙의 진술들에 대하여 최종적인 판단의 권위를 갖지만, 신학은 하느님의 말씀에 충실하면서 성서와 전통 사이의 "해석학적 순환"을 존중한다. 그리하여 그리스도교 사상이 주는 메시지에 대해 시대에 맞는 새로운 이해를 추구한다.

그리스도교의 계시 개념에는 일련의 사건들이 들어 있다. 모든 사람들에게 하느님의 뜻을 전하는 예수의 삶과 죽음 그리고 부활이 바로 그 사건들이다. 그래서 그리스도교의 계시는 역사적 사실에 뿌리를 두고 있다. 그리스도라고 고백하는 예수에 대해 초창기 교회가 남긴 증언 속에서 그리고 그 언어로 말미암아 이루어지는 역사 안의 신앙 체험에 대한 표현들 안에서 그리스도인들은 하느님의 말씀을 듣는다. 애초부터 그리스도교는 여하한 형태의 비결신행秘訣信行(occultism)이나 영지주의靈知主義(gnosticism)도 거부했다. 예수 그리스도 이외에 또 다른 비밀스런 정보는 없다는 것이다.[14]

언어는 여러 의미를 가지기에 해석되어야 한다. 다의적인 해석이 가능한 언어를 매개로 하여 말씀하시는 주체인 하느님과 그 말씀을 듣는 주체인 인간의 자유 사이에서 간주체적間主體的(intersubjective)으로 일어나는 사건을 그리스도교에서는 계시라고 한다. 그러니까 계시는 역사歷史 안에서 하느님의 역사役事하심과 그 일하심에 실천적으로 응답하는 신앙인의 체험이다. 예수

---

[14] 제2차 바티칸 공의회 「계시 헌장」 2항 참조.

를 통한 계시란 그러므로 그리스도교의 경전인 성서에 기록된 초대 그리스
도인들의 신앙 체험이 전해 주는 예수의 모습이지, 신약 위경僞經 투의 호
기심으로 지어낸 예수의 유년 시절 사생활 이야기가 아니며, 예수나 마리
아가 뒤늦게 특정인에게 알려 주는, 미처 알려지지 않은 사실에 대한 정보
제공이 아니다.

그리스도교에서 하느님은 자신의 아들과 성령을 주면서 인간에게 말을
걸어오는 분이다. 하느님은 비밀스런 첩보를 특정인들에게 배타적으로 제
공하는 정보원이 아니다. 성령의 힘으로 성자 그리스도의 발자취를 따라
인간 삶의 진리를 드러내면서 사는 사람들이 바로 그리스도인들이다. 그리
스도인들은 삶 한가운데서 기쁨과 슬픔 중에 하느님 아버지를 향해 부르짖
었고, 이 부르짖음은 인류 역사 안에 수많은 진리 추구의 사례들을 남겼
다. 이러한 사례들은 성서가 일으킨 "예수운동"[15]의 모습들이다. 이러한 예
수운동 속에서 하느님은 당신을 계시하여 드러내 보이면서 증오, 편협, 죽
음 등으로 물든 생명이 아닌 전혀 새로운 생명을 맛보도록 초대하는 분이
라고 그리스도인들은 말한다.


## 4. 무교의 공수


이하에서는 한국 민중종교의 대표적 형태인 무교에서 신령과 인간 사이의
의사소통 과정인 공수 현상을 굿 현장에서 채록된 현지 조사 자료를 바탕
으로 분석하기로 한다. 먼저 무당의 신병神病이라는 현상을 무당 개인이 체
험하는 강력한 신비 체험 내지는 종교 체험으로 보아 이러한 현상 일반에
대한 이해를 시도하겠다. 그리고 나서 강신무들의 신병 체험담을 현지조사
보고를 토대로 연대별로 예시한다. 그다음에는 황해도 출신 및 그 신자식

---

[15] Gerd Theissen, *Soziologie der Jesubewegung: Ein Beitrag zur Entstehungsgeschichte des Urchristentums,* Theologische Existenz heute, Nr.194, München ³1981 (조성호 역 『예수운동의 사회학』 종로서적 1982).

(후계자)들로 서울과 수도권을 중심으로 활동하는 강신무들이 진행한 집굿에서 실제로 준 공수와 덕담[16]의 내용들을 제시하겠다.

## 4.1. 무당의 신병 현상에 대한 전이해

무당의 신령·소명 체험의 첫 증상은 무당 후보자의 지속적인 정신장애와 육체적 고통이다. 한국 무교에서는 이런 현상을 신병神病 혹은 무병巫病이라고 부른다. 무당이 되는 이같은 일련의 증후군은 무당의 직능을 수행함으로써 차차 극복된다.

시베리아 샤머니즘을 연구한 영국의 사회인류학자 챠플리카M.A. Czaplicka는 무당의 신병 현상을 "북극권의 히스테리"라고 보았다. 덴마크의 인류학자 올마르크스Å. Ohlmarks는 챠플리카의 이론을 받아서, 무당의 강신·종교 체험을 "북극권에서 생존의 위협을 받는 생활 조건으로 말미암아 희생된 현상"이라고 해석했다. 그럼으로써 강력한 종교 체험 현상으로서의 신병을 종교 현상 자체로 보기보다는, 샤머니즘이 성행하는 다른 지역보다 서구의 생활환경이 절대적으로 우수하다는 점을 과시하려는 듯한 자세를 견지함으로써 다분히 왜곡된 서구 우월주의적 시각을 드러내 보였다.

한국 무당의 유형은 흔히 한강 이북 지방의 강신무降神巫와 이남 지방의 세습무世襲巫로 나뉜다. 이러한 분류는 무당이 되는 과정인 성무成巫 과정에서 강신무는 무당 후보자의 직접적인 신령 체험인 신병神病에 의거하며, 세습무는 무당 집안의 가계 세습에 의거한다는 데 따른 것이다. 그러나 신통神統과 가통家統의 경계는 사실상 모호하다.

일례로 황해도 강신무의 경우에 가계 세습의 흔적으로 보이는 현상이 나타난다. 즉, 강신무인 만신萬神 집안 조상들 중에는 이미 무당이 많은데, 이

---

[16] 덕담은 공수가 이루어지는 과정의 일부로, 인간의 정성을 신령이 받아들여 보살펴 주겠다는 내용이 담겨 있다. 인간이 삶에서 체험하는 비구원의 상황, 즉 "재수 없음"과 고난의 경험이 비극적인 분위기의 공수에서 잘 드러나고, 그러한 고난의 극복이 희극적 분위기로 전환된 덕담에서 구체적으로 다루어진다. 박일영 「종교 간의 갈등과 대화. 두속과 그리스도교를 중심으로」『종교신학연구』2, 서강대학교 종교신학연구소 1989, 112 참조.

러한 현상을 "만신 부리"라고 한다는 것이다. 반대로 세습무의 경우 무업巫
業을 중단할 때 신병神病과 유사한 현상이 나타나는 것이 실제로 면담 조사
를 통해 확인된 적도 있다.[17] 강신무의 결정적 특징인 신병의 실제 사례는
뒤에 "신병의 사례"(4.3.1.) 부분에서 상세히 제시하겠다.

정신분석학자 김광일은 이러한 신병을 억압된 심리의 투사投射 현상이라
고 본다. 이런 현상은 자력으로는 해결 불가능한 심리적 억압 기제를 초인
적 존재인 신령들의 이름을 빌려 풀려는 원의願意의 발로라는 것이다.[18]

하와이 대학에서 사회인류학을 가르쳤던 김영숙에 따르면 무당들에게는
다음과 같은 공통점이 있다. 첫째, 한국의 무당들은 부모, 배우자 혹은 자
식 때문에 어려서부터 남다른 고생을 했다. 둘째, 부모나 남편을 혐오하는
등 콤플렉스가 심하다. 셋째, 기억력이 비상하고 지능이 뛰어나며 그림,
노래, 춤 등 예술적 소양으로 나타나는 감수성이 예민하다. 넷째, 정상적
인 교육 과정을 거치지 못했다. 다섯째, 정신 장애나 신체 고통의 증후군
으로 흔히 신병이라고 하는 강력한 개인적 신비 체험을 하고 있다. 여섯
째, 무당 노릇을 함으로써 이러한 신병이 낫는다. 일곱째, 사람들을 끌어
당기는 매력, 통솔력을 지녔다.[19]

이렇게 강신무의 결정적 특성인 신병에 걸리게 되면, 당사자는 무당 후
보자로 인정되고, 내림굿을 받고 나서 본격적으로 무교의 세계에 입문하게
된다. 무당이 되고 나서는 자기 집에다 개인 신당神堂을 꾸며 놓고 몸주신
들을 섬기게 되며, 내림굿을 베풀어 준 신어머니나 신아버지를 중심으로

---

[17] 경남 통영 지방에서 무업을 했던 세습무 P씨(1933~1993)는 사회적으로 천대받는 무업
을 그만둘 요량으로 이발 기술도 배웠고 고깃배도 타 보았으나 번번이 실패했고, 원인 모를
두통에 시달리다 결국 무업을 재개한 연후에야 그 증상이 모두 없어졌다고 한다(1984년 4월
초순 경남 통영군 욕지면 갈도리의 "치리섬 별신제" 기간 중 필자에게 한 진술).

[18] 김광일 『한국전통문화의 정신분석. 신화, 무속, 종교 체험』 시인사 1984, 204-25 참조;
비교: 이부영 「한국 무속의 심리학적 고찰」 김인회 외 『한국 무속의 종합적 고찰』 고려대학
교 민족문화연구소 1982, 163 이하.

[19] Youngsook Kim Harvey, *Six Korean Women: The Socialization of Shamans*, St. Paul:
West Publishing 1979 참조.

신으로 맺어진 새로운 가족 관계 속에서 신부모-신자식, 신어머니-신딸, 신언니-신동생 등의 관계를 정립해 나가게 된다.

세습무권에서는 신병 체험자라도 정규 무당으로 입문할 기회가 없어 주로 "점바치"(보조 무당) 역할을 한다. 이러한 보조 무당을 "비가비"(非甲)라고 한다. 정통 무당 집안이 아닌 가계의 무업자라는 뜻이다. 그러나 이즈음에 와서는 세습무 집안에도 가업을 이어 가려는 경우가 드물고 지역적인 폐쇄성도 많이 희석되어, 신병 체험자들이 전수자 또는 이수자라는 명칭으로 세습무의 뒤를 이어 후계자로 양성되기도 한다.

## 4.2. 무당의 접신과 공수에 대한 이해

일반적으로 공수는 무교의 본격적인 제의인 굿에서 무당을 통하여 신이 인간에게 내리는 말이라고 알려져 있다. 강신무의 경우 신점神占을 칠 때 상 위에 쌀이나 엽전 등을 놓는다. 아무런 보조 도구 없이 점을 칠 때도 일정한 형식을 통해 접신을 한 후에 공수 형태로 점괘를 준다. 공수는 주로 직접 신이 내린 강신무에게서 나타나지만, 경우에 따라서는 약화된 형태로 집안 대대로 무당 노릇을 하는 세습무에게서 나타나기도 한다.

공수는 신 내림의 상태에서 주어지는 것으로, 강신을 통하여 무당은 평범한 인간에서 신적 존재로 인격적인 변환을 일으켜서 신의 의사를 인간에게 직접 전한다. 이러한 현상을 전라도 지방의 강신무인 점바치들은 "공줄" 또는 "공사"라고 하며, 경상도에서는 "포함"이라고 한다. 남해안 일대에서 활동하는 세습무의 경우, 굿 중간에 간접화법으로 전해 주는 약화된 공수의 형태를 공사라고 한다.

공수는 강신무의 굿에서 핵심적 위치를 차지한다. 강신무의 굿은 인간이 경험하는 비구원(재수 없음)의 상황에 대하여 굿의 효과(굿덕)를 통해 신의 해결책을 듣기 위한 것이기 때문이다.[20] 그러므로 공수는 이러한 인간의 바람

---

[20] 박일영 「무속의 대동잔치」『종교신학연구』 3, 1990, 129-31.

에 대한 신의 응답이며, 인간이 지닌 문제의 해결과 미래에 대한 보장을 해 주는 내용이 주를 이룬다.

황해도 굿의 "산천거리"를 예로 접신 과정을 묘사하면 이렇다. 거리를 주재하는 무당이 신복을 갖추어 입은 다음 왼손에는 불사부채, 오른손에는 무당 방울인 "구구상쇄"를 든다. 그다음에 장고재비와 주거니받거니 하는 "만수받이" 형식으로 약 20분 동안 "상산무가"를 부른다. 산신령을 굿판에 모셔들여 언제, 어디서, 누구를 위한 굿을 하게 되었는가를 고하는 내용이다. 그리고 굿주 가족이 모두 건강하고 복 많이 받고 크고 작은 재난이 없기를 가족 구성원 모두를 호명해 가며 빠짐없이 기원한다.

그다음에 무당은 큰상 앞에서 장구 소리에 맞춰 천천히 왼편으로 원을 그리며 도는 춤을 추다가 차차 박자가 빨라지면서 아래위로 도무跳舞를 하기 시작한다. 그러면서 무당은 접신 상태에 들어간다. 접신 상태에 든 무당은 "오방신장기"를 가지고 "깃점"을 보아주기도 하며, 굿상에 놓인 쌀을 신칼에 올려서 "쌀산"을 주기도 한다. 본격적인 "공수"가 그에 뒤따른다. 다른 거리의 경우에도 이상과 대동소이한 순서를 유지한다.

공수의 내용은 일반적으로 이렇게 구성된다. 신령이 자신의 신원을 밝히고 인간의 부족한 정성과 태도에 대해 위협과 비난을 한다. 신령의 위협과 비난에 굿을 청한 집의 기주祈主가 인간을 대표하여 용서를 청한다. 그리고 나면 신령의 조건부 용서, 훈시와 축복 등이 이어진다. 이렇게 공수 과정을 통해 보면 무당굿은 일정한 해피엔딩의 유형을 지닌다.[21]

 1) 신령의 위협과 비난: "신령을 잘못 모셨으니 지금 너희들이 당하는 이 불행은 당연하다."
 2) 기주가 용서를 청함: "몰라서 그랬으니 한번만 봐달라."
 3) 신령의 조건부 용서: "소행은 괘씸하지만 특별히 이번만 봐준다."
 4) 훈시와 축복: "걱정 마라. 앞으로는 험한 일 없이 복 받을 것이다."

---

[21] 이부영, 앞의 글 163-4 참조.

이러한 공수 과정이 이제까지는 흔히 신령의 뜻이 인간에게 일방적으로 전달되는 신탁 과정이라고 알려져 있었다.[22] 그러나 실제 굿 현장을 관찰해 보면, 신령의 위협과 질책에 대하여 용서를 청하고 변명하며, 때에 따라서 는 이의를 제기하고 필요한 사항을 요구하기도 한다.[23] 공수 과정에서 신령 과 인간은 복잡하게 얽히면서 상호 관계를 연출한다. 엄밀히 관찰하면 공 수는 접신된 무당으로 대리되는 신령과 인간 사이에 마음을 터놓고 이야기 를 나누는 허심탄회한 대화dialogue이며, 저승의 이야기를 이승에 전해 주는 의사소통communication 과정이라고 할 수 있다.[24]

## 4.3. 신병과 공수의 실제 사례

이제 강신무 조사 자료를 근거로 구체적인 신병과 공수의 사례를 통해 무교의 공수에 관해 구체적으로 알아보자.

### 4.3.1. 신병의 사례

강신무의 결정적인 특징인 신병의 실제 예를 몇 가지 살피되, 먼저 시대 적으로 1930년대와 1960년대의 조사 보고를 한 가지씩 소개한 후 1990년 대에 필자가 조사한 사례를 예시한다. 필자의 조사 보고에서 주요 제보자 의 한 사람인 무당 U에 관해서는 두 가지 사례를 나란히 소거한다. 당사 자가 자신이 겪은 내밀한 종교 체험을 통상적인 언어로 표현하는 것이 얼 마나 불완전하며, 그 이야기를 전해 주는 대상이나 시기에 따라서 또 얼마 만큼 달라질 수 있는지를 보여주려는 의도에서다.

---

[22] 최길성 『한국 무속의 연구』 아세아문화사 1978, 17 등.

[23] 뒤에 나오는 공수의 실제 사례(4.3.2) 중 특히 "재수굿의 산천거리 공수"를 주의 깊게 살펴보라.

[24] 박일영, 앞의 글(1990) 122(주 17) 참조.

① 무녀 K[25]

　경기도 양주군의 무녀 K(당시 76세)는 열두 살이 되었을 때 식욕이 전혀 없고 방에 누워만 있고 싶은 증상이 나타났다. 어느 날 밤에 학을 탄 신령이 나타나 그녀의 머리채를 휘어잡고 흔든 후에 다시 나가는 꿈을 꾸었다. 다음 날에는 누군가가 밖에서 자기를 부르는 듯한 소리를 들었다. 그러자 그녀는 발가벗은 채로 뛰어나가 삼십여 리 정도 떨어진 어느 농가에 다다르게 되었다. 거기에는 짚더미가 있었는데 그녀는 그 위로 올라가 지쳐 쓰러질 때까지 미친 듯이 춤을 추고 손뼉을 쳤다. 마침내 그녀는 그 짚더미 속에서 명도明圖와 무당 방울을 찾아내었다. 이 무구巫具들은, 근방에서 죽은 무당의 아들이, 그 속에 숨겨 놓은 것들이었다고 한다. 그녀는 이 무구들을 자기 집으로 가져와서 신당에 모시고 몸주(守護神)로 받들고 있다.

② 무녀 C[26]

　경기도 양주군의 무녀 C(1908년생)는 스물한 살부터 3년간 병을 앓았다. 어느 날 백주에 그녀는 번개를 삼키고 비행기를 타는 꿈을 꾸었다. 때때로 그녀는 지붕 위를 날아다니는 꿈을 꾸기도 했다. 어느 날 밤 꿈에 그녀는 삼지창과 청룡도가 양편에 하나씩 세워져 있는 푸른 대문 앞에 서 있었다. 이 집이 그녀의 것이라는 소리가 어디선가 들려왔고 그녀는 그 집 안으로 들어갔다. 거기서 그녀는 무신도巫神圖 석 점을 발견했다. 언젠가는 이런 환상도 보았다: 무당이 굿할 때 입는 겉옷인 노란 몽두리를 입고 부채와 방울을 든 남자가 "너의 때가 되었다. 나를 따라오너라"라고 말을 건네 왔다. 그래서 그녀는 그 남자를 따라갔고 어느 늙은 무당의 집에 도달했다.

　이런 경험들을 한 후 그녀는 결국 서울 홍제동 할미당에서 병굿을 하게

---

[25] 1930년대 아키바(秋葉隆)의 조사 보고: 秋葉隆·赤松智城 『朝鮮巫俗の硏究』 下, 朝鮮總督府 1938, 50.

[26] 1960년대 최길성의 조사 보고: 조흥윤 『한국 무의 역사와 현상』 민족사 1997, 123에서 재인용.

되었다. 굿을 하는 동안에 그녀가 갑자기 일어나서 펄쩍펄쩍 뛰기 시작했다. 그러고 나자 굿을 하던 무당이 그 자리에 있는 사람들의 점을 봐주라고 했고, 그녀는 그대로 했다. 나중에 자신도 무당이 되었다.

### ③ 무녀 U — 이야기 하나[27]

서울의 무녀 U(1920~1993)는 황해도 옹진의 유복한 가정에서 태어났다. 나이 6~7세쯤 되었을 때 이웃의 일본인 순사가 그녀가 하도 예뻐 양녀로 삼았다. 일본에서 열여섯 살까지 자란 그녀는 그때부터 횡설수설 뜻 모를 이야기를 하기 시작했고 의식을 잃는 일도 자주 일어났다. 게다가 심한 향수에 시달렸다. 그녀의 건강은 고향으로 돌아오고 나서야 조금 나아졌다. 열여덟이 되고부터는 의식을 잃는 일이 계속 일어났다. 하루는 어느 죽은 무당의 무덤 근처에서 무구들을 파내기도 했다.

모든 것이 결국 신병으로 판명되었다. 당시에 이름을 날리던 박수 김기백과 만신 최만리에게 내림굿을 받고 무당 수업을 했다. 첫 결혼은 그녀가 무당임이 발각되면서 1년 만에 파경을 맞았고, 1960년에 강령탈춤 기능보유자인 P씨(1908~1992)와 재혼했다. 생전에 그녀는 50여 명의 신자식을 거느린 큰무당으로 활동했다.

### ④ 무녀 U — 이야기 둘[28]

그녀의 본명은 이○○, 고향은 황해도 옹진이다. 그녀는 1920년 (혹은 1922년?) 11월 27일 유복한 가정의 무남독녀로 태어났다. 옹진 군수였던 아버지는 그녀가 태어나자마자 죽었다. 충격을 받은 어머니는 젖이 나오지 않았고 그녀는 이모의 젖으로 자랐다. 자라서 공립학교에 다니던 어느 날 그녀는 고열로 온몸을 떨기 시작했다. 집중이 안 되니 공부도 계속할 수 없었다. 사람들은 그녀가 신병에 걸렸다고 수군댔다. 어느 깊은 밤 그녀는

---

[27] 1980~90년대 필자의 조사 보고. 1984년 2월부터 수시 면담.

[28] 김명자의 조사 보고: 김명자 「무당 ○○○. 숙명적인 신의 딸」 『전통문화』 1985/5, 117-9.

갑자기 일어나서 수대산이라는 높은 산에 오르기 시작했다. 그녀 안에 들어앉은 신령의 지시에 따라 그녀는 어느 신당 옆에서 신주 단지를 캐냈다. 그 신주 단지는 죽은 박수무당 김○○의 것이었다.

이모는 그녀를 집안에 가두고 그녀가 찾아온 물건들을 감추었다. 그렇지만 그녀는 매일 무당의 신당에 가서 기도를 하지 않고는 못 배겼다. 친척들이 그녀를 외지 남자와 결혼시키기로 하여 그녀는 평안북도 신의주 시장의 장남과 결혼하게 되었다. 한국 전쟁이 발발하자 그녀는 남편과 함께 남쪽으로 피난, 인천에서 아들을 낳고 남편의 근무지를 따라 대구로 옮겨갔다. 남편은 그곳에서 공비에게 피살되었다. 그녀의 나이 스물여덟이었다. 어느 날 그녀가 엿새나 걸리는 큰굿을 마치고 집에 돌아오니, 그녀의 일점혈육 외아들은 급성폐렴에 걸려 죽어 있었다. 전쟁이 끝난 후 모두 호적을 새로 올릴 적에 그녀는 자신의 이름을 우○○로 바꿨다. 집안에 누를 끼치기 싫어서였다. 1960년에 그녀는 박○○과 재혼했다. 중매인은 그녀의 삼촌 이○○으로 오랫동안 서울대 교수로 봉직한 분이었다.

### 4.3.2. 공수의 실제

이하에서는 황해도 출신 무당들의 실제 공수 사례 두 가지를 내림굿과 재수굿을 통해 살펴보기로 한다.

① 내림굿: 초가망거리 덕담[29]

**주재 무당**: 여봅소! 오늘은 죙일(종일) 놀아두 소용없어. 내 육날 메투리(미투리) 값두 하나두 안 주구 …

**장고재비**: 허허허. 주갔지, 왜 안 줘요.

**주**: 기생들 화대花代값두 하나두 안 주구 …

---

[29] 1985년 10월 15일~17일 경기도 부천시 원미동에서 진행된 남자 K씨(일명: 생불도사, 당시 52세)를 위한 황해도식 내림굿(주재 무당: 정○○)을 참여 관찰하면서 녹음한 자료. 필자 보유 내림굿 현장 자료 카세트 테이프(1985. 10. 15 음 9. 2) N 3: 258-289.

장: 달라구 그래요!

주: 아! 천리타향에서 초영정 초부정에다 아흔아홉 대감 모시라 해 놓구서, 와서 보니 먹잘 게 전혀 없구, 쓰잘 게 전혀 없구 …

장: 너무나 많시다(많습니다)!

주: 찌꺼러기(찌꺼기), 지나가는 개나발로 썼으면 하는데. 내가 옛날 옛적에, 대추나무 번개 시절에, 거짓말 해본 적은 있구, 안 해 본 적은 없단 말이야. 그때 내가 썩은 새끼 텅텅 걸어 매구, 아구 건(입심이 사나운) 대감 말이야, 아흔아홉 대감 지구 댕기던(다니던) 낸데(나인데) … 하하하, 여봅소!

장: 예에.

주: 오늘은 다 소싯적에, 떠꺼머리 총각 적에 말이야, 내가 안 가 반(안가본) 데가 없이 다 가 봤거던. 그랬는데 김씨는 가중家中에 주씨는 원당元堂이라나? 차려반(차려놓은) 거는 뻔드르르하니 잘 차려났다마는, 죙일 산山을 모신다나, 원, 대감을 모신다나, 안 뜨락(마당)에다 뻗띨러(떡하니 차려) 났다가서, 그걸 또 되루(도로) 갖다 여기다가, 내리내리 쓰라 그거야? 우(위)에서부터 부어라 그거야?

장: 그렇지요.

주: 대답은 잘했다! 우에서부터 부라구? 그렇지요가 다 어덨어, 그렇지요가.

조무助巫들: 하하하하하.

주: … 쇠뿔두 각각이라는데, 그렇지요가 다 어덨어, 그렇지요가?

장: 그렇지요오.

주: 허허허허허. 그러나저러나, 저러나이러나, 내 오냐, 하나같이 다 소원성취 이룰 때, 이 터전이 세구, 이 마전이 세구, 도당대감이 세구, 조상대감이 세서, 네 오냐, 내 대감놀이 극진히 잘해 줘라. 내 오냐, 그래야 내가 이 터전에 인연 주고, 신의神意 받아서, 오는 천량(錢糧 = 돈과 곡식) 휘어 주구, 가는 천량 닦아 줘서, 동에 번쩍 서에 번쩍 하면서, 오는 손님, 가는 손님 세워서, 살펴 주갔으니(주겠으니), 그런 줄 아옵소사!

② 재수굿: 산천거리 공수[30]

**장**○○ 주재 무당: 에, 윤씨(가명. 이하 동일)는 가중家中에 인간이 재주가 좋아서 잘사는 줄 아느냐? 에, 중간에 가서 꿈이 깨고 보니, 자손의 풍파가 어떠하며 인간의 풍파, 재물의 손재가 어떠하뇨?

**장고재**비: 막아 주시겨(주세요)!

**우**○○ 만신: 몰라서 그렇시다(그렇습니다).

**장**: 에, 윤씨는 가중에, 본산은 산천山川에, 이날을 잡을 적에, 명산은 대천에 자꾸 다녀가면서 …

**우**: 복 많이 주시겨!

**장**: 에, 오늘은 신의 법당法堂에 돌입하야 …

**재**: 그렇시다.

**장**: 오늘은 다 30년에 왕운王運 주구, 50년에 통운通運 주구, 나라는 대주大主에 …

**재**: 그렇시다.

**장**: 에, 꽃맞이에 재물맞이, 복맞이루 대령하구 보니 …

**재**: 소례小禮를 대례大禮로 받으시겨(받으세요)!

**장**: 에, 한편으론 서운섭섭하구, 한편으론 괘씸하구 허망하나, 에, 그러나 노인 대주의 마음 정성이 지극하구.

**재**: 그렇시다, 예.

**장**: 노인은 마마에다 마음 정성이 지극하야, 에, 윤씨는 가중에다 가지 뻗고 … 에, 오늘은 이 신사후덕神事厚德 입게 도와주시구 …

**우**: 옳시다!

**장**: 에, 노인은 대주에 30년에 왕운 들구, 50년에 통운 들어, 꽃맞이, 재물맞이, 복맞이루 받고 나서 …

---

[30] 1984년 3월 6~7일 서울 삼각산 소재 굿당 삼곡사에서 윤씨(가명) 가정을 위한 재수굿(주재 무당 = 장○○)을 참여 관찰한 녹음 자료의 일부. 필자의 재수굿 현장 자료 카세트 테이프(1984. 3. 6. 음 2. 4) C 2: 038-112.

재 : 고맙시다!

장 : 에, 살아는 생전에 노인마마 자손에 험한 일 없게 도와가며 …

재 : 섬겨주시겨, 다!

장 : 에, 오늘은 만수무강하게 도울 적에, 이번에 이 정성 아니었더라면은, 에, 50은 5세에 노인마마, 오늘은 거리에 노중路中에 홍액(橫厄) 길루다 해서 금일에 사신에 행차 길에 넘을 듯 했으니 …

우 : 그런 일 없게 해 달라구 다 대령했시다.

장 : 재물이 아깝다 하지 마라! 재물에 부정끼지 말으시구 …

재 : 옳시다!

장 : 에, 하두 험한 길에, 인신 길에 대수대명代壽代命, 새신賽神 길로 대령할 적에, 천 번두 잘하구 만 번두 잘하외다.

재 : 옳시다.

장 : 하늘 같은 높은 수전, 50은 5세 노인마마, 어찌어찌할 뻔했던가요? 에, 이번에 대해서, 2월은 영등 지나가고, 3월달 지나가고, 에, 4월달 든 홍액(橫厄)을 어찌 넘어가며, 물려잡은 6, 7월달, 어찌어찌, 노인마마, 지나갈 것이요?

우 : 그런 일 없도록 해 주시겨!

장 : 에, 윤씨는 가중에 토왕土王은 터주신에서 이번에 이 정성 알아보고, 에, 노인 대주 일도 정성에 3월 정성 도운 끝에,

재 · 우 : 옳시다!

장 : 에, 이날루(날에) 다 받고 나서 … 다 도와가며 …

우 : 이별 없이 다 도와주시요!

장 : 에, 오늘은 다, 스물은 일곱에다 중남中男은 자손에, 오늘은 이차 저차 차를 갖고 다니더라두, 홍액 길을 막아는 준다마는,

재 : 다 도와주세요!

장 : 에, 3월은 초열흘 가까이 이짝 저짝으루 선先보름 넘기 전에, 에, 차 갖구 다니는 건 조심조심 많이 해야지 …

우: 이 정성 드리구, 다 멕이구(먹이고) … 막아줘요!

장: … 도와는 준다마는, 에, 인간이 조심해야 갔구(되겠고). 스물은 일곱에 노중路中두 그렇거니와, 에, 용신龍神길에 가지 말아야 되갔구(되겠고), 에, 오늘은 다 이번 정성에 하명같이 받구서, 막아는 주구, 다 막아는 준다마는 인간이 조심할 건 조심하야 갔으니 …

재: 옳시다!

장: 선보름 넘기 전에다가, 아니 갈 데 가지 말아야 되갔으니 …

우: 그걸 다 어떻게 사람이 막아요? 성수(神靈)님들이 다 왔다가서 이 정성 드리구 … 막아줘야지!

장: 에, 오늘은 하늘 같은 정성에 평시같이 받고 가며 … 만주조상萬主祖上님네가 막아줘서, 에, 두구 보자! 신사덕神事德 입게 도와주갔으니 …

우: 고맙시다!

재: 고맙시다!

장: 에, 오늘은 다 이번 정성 받고 나서, 갓 서른 자손, 갓 서른 며늘아기, 내우(內外) 부처 공방 없구, 에, 스물은 하남下男 자손 나비, 나라님 전에 가서 있다가 돌아와두, 나라에두 충실되게 도와가며, 에, 부모에두 효자 되구, 효남 되구, 충신 자손 되게 도와가며 … 에, 30은 구세 며늘아기. 하늘 같은 높은 수전이야. 성주는 왕손에 열다섯, 열일곱에, 두세 살 먹은 왕손 나비들, 하나같이 오늘은 다 모두 이번에 노인 대주에 꽃맞이, 재물맞이, 이 정성 받구 나면 …

재: 인수대명人壽代命으로 다 막아주시겨!

장: 손주, 손녀 다 하나같이 막아줘서, 에, 집안에 짧은 명은 이어주고, 기나긴 명 사려가며, 이번에 다 신사덕 입혀가서 …

재: 고맙시다!

장: 에, 이번 정성에 3년 세가 고비고비 넘겠구나!

재: 에야!

# 5. "사적 계시"의 경우

한국천주교회에는 사적으로 하느님의 계시를 받았다는 사람들이 늘고 있다. 최근에 "사적 계시"를 받았다는 사람이 있는가 하면 오래 전부터 받아왔다는 사람들도 있다. 당사자와 그 동조자들은 이런 현상을 그리스도교의 계시로 인정해야 한다고 주장한다. 그들에게 동조하지 않는 사람들은 그런 현상이 개인적 환상의 결과일 뿐이거나, 무당이 굿할 때 접신이 되어 신령으로부터 초인간적인 내용을 전달받아 전해 준다는 공수와 같은 현상이라고 반박한다. 어찌 되었든 간에 그러한 비일상적인 현상 자체가 논란이 되고 있음은 부인할 수 없는 사실이다. 여기서는 특히 한국천주교회의 대표적인 "사적 계시" 사례로 꼽히는 ㅓ의 경우에 접근해 보기로 한다.

## 5.1. "사적 계시"의 배경

첫째, 정치사회적인 측면이 "사적 계시"의 배경으로 작용한다:

> 일생 고통을 바치오니 공산주의 무신론자들을 구해 주옵소서. … 한국 땅에 데모가 이렇게 일어나는 것도 큰일이다. 이런 데모는 공산주의 정신이 들어 있으니 잘못하면 나라를 혼란시켜서 월남같이 될 수 있으니 이것이 큰일이다(585).
>
> 세계교회를 다스리시는 교황님마저 예사로 본다면 이 세상에 3차 대전 불바다는 한국 땅으로부터 시작되는 광목 태극기의 비유를 왜 못 알아듣느냐? 성모님이 태극기를 밟고 있다(550).
>
> 성모님께서 미군이 떠나지 않게 경문을 지어 주셨다(487).[31]
>
> 산아제한으로 수많은 어린 생명이 죽어 희생되는 것을 성모님께서 성심

---

불태우고 마음 아파하고 계시니 …".[32]

둘째, 주위 사람들로부터의 영향을 받았다:

> 적어도 자식을 넷을 낳아 둘은 천주님께 바치고 둘은 혼배할 자녀를 만들겠
> 다는 정신이 교우정신이고 천주님의 강복을 받는다(29).
> 　열심한 성직자도 있지만 그 반면에는 과음을 하고 육정을 지나치게 쓰고
> 정덕에 떨어져 산아제한까지 하고 있으니 성모님이 성심불을 태우면서 그런
> 성직자들을 위해서 대신 기워 갚는다 하시는 말씀을 듣고 … 아픈 고통을
> 성직자들 정덕 잘 지키도록 참고 대신 보속한다.[33]

셋째, 고통스러웠던 자신의 지난날 삶의 체험이 반영되어 있다:

> (성모님이) 흘리신 마음의 피눈물은 바다를 이루었다. … 성모님의 … 희생
> 눈물이 포도주로 변했다(423).[34]

넷째, 기성교회가 해결해 주지 못하거나 기성교회에서 부족하다고 느끼는
부분(제도화된 카리스마)을 보상받으려는 심리의 발로이다:

> 정신을 못 차리고 보속할 줄 모르고 고통당하는 것을 좋아하지 않고 편안하
> 고 기쁜 것만 좋아하고 교구마다 성직자 생활이 푹푹 썩어 들어가고 주교들
> 은 붉은 옷만 치켜 입고 대우받기만 좋아한다(403).
> 　교회의 규칙을 더 엄하게 세워야 한다. … 세상 사람들이 정신을 차려야
> 천국 문이 열린다(401).

---

[32] 『교우 가정 성화를 위한 메시지』 1991, 37.

[33] 『데레사의 지난 일들』 442.

[34] 『예수님, 성모님과 함께. 사제 전용』 420.

## 5.2. "사적 계시"의 주제

첫째, 구원관과 관련하여:

> 한 시간 희생을 잘하면 연옥 보속이 1개월 감해지고, 두 시간 희생 잘 바치면 3개월 연옥 보속이 감해진다. 너 자신을 위해서 희생을 잘 바치면 연옥 보속 없이 천당 갈 수 있고, 남을 위해서 그 희생들을 잘 바치면 지옥 가는 영혼도 건질 수 있다.[35] … 많은 영혼을 건지도록 희생 기구를 바치는 것이 예수님께서 십자가에 못 박힌 구속 사업을 이어 가는 것이고 성모님 통고의 고통을 이어 가는 것이다(21).

둘째, 고통에 대한 이해와 관련하여:

성모님은 1948년부터 H에게 "성모성심의 고통을 대신 받으라 하셨는데",[36] 그것은 "세상 죄인들이 회두하기 위해서"(60)였다. H는 성직자들 정덕 보속을 위해 허리디스크 병으로 20년간 쇠로 된 코르셋을 차고 지내는 고통을 받았고(493), 서울 흑석동 천주교회 주임신부였던 알렉산더 신부의 폐병 3기 고통이 자신에게 전이되었으며(415), 6년 동안 목이 아픈 고통을 주교들을 위해 받았다고 한다. 1979년에 목을 다쳐 깁스를 했는데, 그것은 "성모님 말씀이 … 교회 안의 주교님들이 교구를 다스리시는 데 골치가 아프니 대신 희생 바쳐 주라는 고통이라고 하셨다"(493).

셋째, 내세관과 관련하여:

『성모성심 메시지』라는 책은 책 전체가 천당, 지옥, 연옥 그리고 세상을 환시로 보여주는 것이라고 한다.[37] H에게 영세를 준 죽은 김 베드로 신부가 나타나서 당신이 생시에 김 막달레나를 위한 연미사를 드려야 하는데 못 드렸으니 드려달라고 부탁해서 지도신부인 정 신부를 통해 드리니 "막

---

[35] 『교우 가정 성화를 위한 메시지』 7.

[36] 『성모성심 메시지』 8.

[37] 『데레사의 지난 일들』 93.

달레나 영혼이 연옥 불을 면하고 승천합데다"(117).

H의 대신 보속 고통으로 승천하는 영혼들 중에는 그에게 감사하는 이도 있었다 한다. "감사하나이다. 감사합니다 … 대표로 감사합니다. 나는 우리 집이 성직자, 수도자 집안이라 연옥 단련을 30년을 받게 된 후 오늘에야 승천했네"(374). H는 지옥 영혼도 보았다고 주장한다. 그가 본 영혼은 45세에 죽어 10년 동안 지옥에 있는 박태원 예로니모라고 지명하면서, 그의 다섯 자녀의 현재 나이와 신앙 상태를 말한다.[38]

넷째, 그 밖의 "사적 계시" 내용들에 관하여:

김대건 신부가 구름 속에 나타나서 라틴어로 "막나 글로리아 에릿 인 꼬레아Magna gloria erit in Corea(큰 영광이 한국에 있으리라)"라고 말하는 "기적"이 있었다고 하며,[39] "기적이 바로 치명자(순교자)들의 피의 대가로 주는 성삼 은혜"(522)라고 한다. 살아서 고통받다 돌아가신 친정 어머니의 죽음에 대하여 성모님이 "지금은 참을 수 없는 고통을 치명 정신으로 잘 참으면 치명자 자리에 갈 수 있다고 하셨다"(501)는 것이다.

1948년 나타나신 성모님은 무궁화 꽃잎 모양으로 된 성심聖心에서 불이 타고 예리한 칼이 꽂혀 있었으며 발은 뱀 세 마리를 밟고 계셨다.[40] H는 한평생 받은 자신의 고통을 무시하고 흉보고 반대하는 자에게 "함부로 판단하고 마구하는 말은 심판받는 날이 있을 것이다"(146)라고 성모님의 이름으로 경고한다.


## 6. 그리스도교의 계시, 무교의 공수 그리고 "사적 계시"

지금까지 한국 그리스도교계 일각에서 문제되고 있는 "사적 계시"에 관한 논란을 염두에 두면서 종교 일반의 계시 이해를 정리하고, 그리스도교의

---

[38] 『성모성심 메시지』 97.

[39] 『데레사의 지난 일들』 366.

[40] 『성모성심 메시지』 8.

계시 이해를 체계적으로 살펴본 후에, 무교의 공수와 "사적 계시"의 실제 내용들을 찾아보았다. 이러한 일련의 과정에서 드러나듯이 한국 그리스도 교계 일각의 소위 "사적 계시"라는 현상을 과연 그리스도교의 계시에 포함시킬 수 있는지에 대한 논란과 함께 무당 공수와의 구조적 유사점을 어떻게 볼 것인가가 문제로 떠오른다.

이 글에서 다룬 실제 사례에서 살펴본 바로는, 한국 가톨릭 교회 일각의 "사적 계시" 현상과 무당의 공수는 개인의 강력한 종교 체험을 그 바탕으로 표현된 초인적 존재와 인간 사이의 의사소통이라는 점에서 일치점을 보인다. 그렇다면 그리스도교의 계시뿐만 아니라, 무교의 공수와 마찬가지로 "사적 계시"도 종교 일반의 계시에 모두 포함된다고 볼 수 있다.

한편으로 차이점은 다음과 같다. 공수는 한국인에게 공통되는 원초적인 종교심성의 정제되지 않은 외양을 보이는 반면에, "사적 계시"는 계시에 관한 그리스도교의 독특한 이해를 충분히 납득하지 못한 상태에서 종교 일반의 계시와 그리스도교의 계시를 혼동하는 것으로 보인다. 그러한 혼동이 더욱 가중되는 것은 "사적 계시"가 내용상으로는 무교적인 데 반해, 외형상으로는 모두 그리스도교의 용어들을 사용하기 때문이다.

앞에서 살펴본 "사적 계시" 현상을 그리스도교의 계시 내용이라고 주장한다면, 예수를 한 많은 원신으로 받드는 무당도 같은 종류의 '사적 계시'를 받은 그리스도인으로 볼 수 있을 것인가 하는 반문을 하게 된다. 그러므로 "사적 계시"를 개인의 강력한 종교 체험에 뒤따르는 종교적인 세계·우주·인간·구원 이해 및 그 표현으로서 종교 일반의 계시에 포함시킬 수는 있으나, 현재 그리스도교가 지니고 있는 독특한 역사관에 따르는 "그리스도교의 계시"에 포함시키기에는 무리라고 판단된다.

한편으로, 그리스도교의 한국화 내지는 토착화를 위해 한국인의 종교심성을 오랫동안 결정지어 온 무교적인 종교 토양과는 그리스도교가 어떠한 형태로든지 맞닥뜨리지 않을 수 없다. 무교와 그리스도교의 만남을 위하여서는 한국종교사에서 불교의 토착화 과정에 산신각을 받아들이는 등으로

나타난 무교와 불교의 융섭 과정이 타산지석이 될 수 있겠다.[41]

오늘날 한국 그리스도교에 대한 무교의 영향력은 증대 일로에 있다고 판단된다. 개신교의 성령파 교회들, 그리고 개신교계 신흥종파들sects의 예에서 그러한 영향력은 쉽게 확인된다. 가톨릭에도 양적인 교세 확장과 병행하여, "사적 계시" 현상들에 대한 논란으로 표면화되듯이, 점차 무교적인 영향력이 수면 위로 부상하는 조짐을 보인다.

이와 같은 한국 그리스도교에 대한 무교의 영향력은 한편으로 그리스도교 정신의 일의적·자구적·중세적인 해석에 따라서 기복종교화에 따르는 부정적인 영향을 그리스도교에 끼치는가 하면, 다른 한편 그리스도교 정신의 다의적·상징적·해석학적 이해 및 종교신학적인 접근으로 복음 이해의 폭과 깊이를 심화함으로써 긍정적인 영향을 끼칠 수도 있다. 그렇기 때문에 그리스도교를 한국 문화라는 맥락에 올바로orthopractically 토착화inculturation 시키기 위해서는 무교적인 형태를 통하여 대표적으로 접근이 가능한 토착 종교심성에 대한 이해와 배려가 있어야 한다.

지금 한국의 가톨릭 교회 내부에서 문제가 되고 있는 것처럼, "사적 계시"를 받았다는 인물들의 주장과 그에 대한 동조 세력이 만만치 않음은 앞으로 더 큰 문제점으로 확대·재생산될 소지를 충분히 담고 있다. 제도종교가 경직되어 구성원들의 종교심성에 충분한 해답을 제시하지 못할 때, 세계종교사의 흐름 안에서는 언제나 이렇게 개인의 강력한 종교 체험을 추종하는 세력들이 득세해 온 전철을 확인할 수 있다.[42] 바로 오늘 한국의 그

---

[41] 한국에서 불교 사찰의 공간 구성은 외형적으로는 대웅전을 중앙에 배치하는 등 불교 본연의 자세를 견지하는 듯하다. 그러나 산신각(상)—대웅전(중)—일주문(하)으로 이어지는 가람(伽藍) 배치는 전통적인 마을 신앙에서 보이는 대로인 상당(산신당)—중당(성황당)—하당(용신당)의 구조와 동일하다. 최광식 「한국 고대의 제의 연구」 고려대학교 박사학위 논문, 1989 참조.

[42] 세계종교사뿐만 아니라 그리스도교 교회사에서도 교회가 제도화되고 경직되어 정통성과 권위만 내세우는 사도적 계승(successio apostolica)을 지나치게 강조하는 데 대한 일종의 반작용으로 사도적 생활(vita apostolica)을 강조하여 복음의 원래 정신대로 사는 삶을 추구하는 수도원이 등장하기 시작했다. 박일영 「사도들의 복음 선교적 삶과 사도직」『성서와 함께』190, 1992/1, 10-4 참조.

리스도교 안에서도 소외세력들에 의해 주도되면서 왜곡된 종교의 득세와 양산이라는 길을 가지 말라는 법도 없다. 다른 한편으로는, 기성 종교세력들에 의해 이루어지는 이러한 현상에 대한 무조건적인 폄하와 감정적인 대응도 문제의 올바른 해결책일 수 없음은 자명하다. 중세의 마녀 사냥[43]은 바로 이러한 배타적인 진리보유권Wahrheitsrecht에 대한 잘못된 해석이 낳은 비극적 결과였다.

흔히 신바람 내지는 신명이라고 불리기도 하는 가히 폭발적인 한국인의 종교심성을 가지고서 이 사회를 인간다운 사회로, 그리스도교식으로 말하자면, "하느님 나라"를 실현하는 방향으로, 즉 하느님이 바라는 사회로 이끌어 가는 추진력 내지는 원동력이 될 수 있도록 계도할 필요성이 있는 것이다. 한국종교사에서 쉽게 확인할 수 있는 화랑도, 동학, 삼일운동 또는 1970/80년대 종교인 주도의 민주화운동 그리고 1990년대 통일·평화·환경운동 등 오랜 전통을 가진 실천적 종교운동의 경험들이 이러한 가능성의 실현을 충분히 시사해 준다.[44]

---

[43] Wolfgang Behringer (Hg.), *Hexen und Hexenprozess*, München: DTV 1988 참조; Richard A. Horsley, "Further Reflections on Witchcraft and European Folk Religion", *History of Religion* 19, 1979 (최형묵 역 「마법과 유럽 민중종교에 관한 심층적 고찰」 『신학사상』 82, 한국신학연구소, 1993, 251-80); 서현선 「16, 17세기 유럽 대륙에서 발생한 마녀 박해사 연구」 이화여자대학교 석사학위 논문, 1992.

[44] 어느 종교학자 「○○○○ 현상에 대한 종교학적 메모. 주로 "데레사의 지난 일들"에 나타난 기술을 중심으로」 사적 환시 대책 신학위원회 편 『사적 환시에 관한 올바른 판단을 위하여. 사적 환시 관계 자료, 천주교정의구현전국사제단, 1994, 89-90 참조.

# 종교성과 신앙심

# 1. 종교성과 신앙심의 구분

인간은 누구나 어떤 형태로든지 종교적이라고 한다. 본인 스스로 종교가 있다고 하든, 없다고 하든 간에 겉에 나타난 모습이나 눈에 보이는 태도만을 기준으로 어떤 사람이 종교적인가 아닌가는 함부로 판별할 수 없는 셈이다. 그러므로 누군가가 "종교적"인가 아닌가, 또 그 사람이 과연 신앙심이 깊은가 아닌가는, 그 사람이 어느 종파에 속하는지, 어느 교단의 신도인지에 따라서 단순하게 구별되는 것은 아니다. 독일의 그리스도교 신학자이자 종교학자인 루돌프 오토Rudolf Otto가 말하는 바대로, 인간이면 누구든지 다 어떤 커다란 성스러움das Heilige, numinosum에 대하여 매혹fascinosum과 전율tremendum을 느끼는 법이다.[1]

이러한 마음가짐은 인위적으로 후천적으로 배워서 되는 것이 아니라, 인간의 마음에 태어나면서부터 새겨지는 심성이라고 말할 수 있다. 그래서 고고학에서는 원시 유물을 발굴하고 조사할 때 장례식과 같은 종교의례를 거행한 흔적이 있어야만 온전한 인간의 유물로 인정한다.[2] 이러한 의미에서 종교 일반 또는 특정한 종교라는 사실은 인위적으로 만들어낸 문화 현상이 아니라, 인간이 원초적으로 가지고 있는 종교성이 겉으로 드러난 모습이라고 말할 수도 있다. 종교적 인간homo religiosus이라는 말은 그래서 인간은 종교적이다Homo est religiosus라는 뜻과 다르지 않다.

이런 맥락에서라면 굳이 무교의 종교성을 다른 종교들의 종고의식意識과 따로 떼어 논할 이유가 없다. 그렇다면 무교의 종교성을 말하려는 논지는, 인류에게 보편적인 종교성이 무교에서는 어떻게 드러나고 있는가를 살피는 셈이다. 무교는 무교로서 그 특질과 성향이 있어서 이러한 마음의 틀(心性:

---

[1] R. Otto, *Das Heilige: Über das Irrationale in der Idee des Göttlichen und sein Verhältnis zum Rationalen*, München: C.H. Beck 1963 (길희성 역 『성스러움의 의미』 분도출판사 1987, 4장, 6장) 참조.

[2] W. Pannenberg, *Anthropologie in theologischer Perspektive*, Göttingen: Vandenhoeck & Ruprecht 1983〔박일영 역 『인간학』 III, 분도출판사 1996, 619 (특히 주 234)〕 참즈.

Gesinnung)을 가지고 보편적 종교성을 수용하고 실천하게 된다.

그렇다면 종교성이란 과연 무엇인가? 종교성은 인생의 제반 문제에 대하여 궁극적인 해답을 추구하려는 인간 본성의 발로發露라고 할 수 있다. 그렇지만 "종교성은 바로 이것이다!"라고 한마디로 명쾌하게 말할 수 있을 만큼 종교성이란 것이 고정불변의 정체된 모습으로 나타나는 것은 아니다. 초월超越과 신성神性에 대한 경험은 특정 문화권 안에서 생활하는 사람들의 공통되는 종교성을 결정한다. 그렇지만 또 한편 이 종교성은 겉으로는 여러 모양의 신앙 형태 내지 "신앙심"을 통해 다양하게 표출되고 있다.[3] 그래서 오늘날 종교학자들은 종교와 종교성의 문제를 논하면서 현대인은 "종교 없는 종교성"을 지닌 사람들이라고 하기도 한다.[4]

한국 무교의 종교성도 예외가 아니어서, 한국종교사 전체를 통해 다양한 종교적 성향이나 내용들이 오랜 시간을 두고 복합적으로 수용되고 변용하면서 상호작용을 거듭하여 오늘의 모습으로 이루어져 온 것이다.[5] 그리하여 무교의 종교성을 제대로 해석하고 이해하자면, 이 땅에 있어 온 종교들의 변천사를 일일이 살펴야 할 것이다. 같은 시대의 무교라 하더라도 각기 저마다 처한 환경이나 심리, 기질이 다름은 두말할 나위가 없다. 덧붙여서, 외양에 나타난 다양성만 볼 것이 아니라, 그 속에 숨어 있는 보다 본질적인 요소들을 찾아내야만 무교가 지닌 공통의 종교의식과 종교문화의 핵심이 그 윤곽이나마 그려질 것이다. 종교 간의 만남과 융섭이 이루어지는 과정 속에는 단순한 혼효混淆 이상으로 항상 일정한 핵심과 중심 요소orienting force가 들어 있기 때문이다.[6]

---

[3] W. James, *The Varieties of Religious Experience*, New York: Penguin Books 1982 (김재영 역 『종교적 경험의 다양성』 한길사 2000, 575-607) 참조.

[4] W.H. Capps, *Religious Studies: The Making of a Discipline*, Minneapolis: Augsburg Fortress 1995 (김종서 외 역 『현대 종교학 담론』 까치 1999, 25-91) 참조.

[5] 한국종교연구회 『한국종교문화사 강의』 청년사 1998 참조.

[6] 최준식 「증산의 가르침에 나타나는 혼합주의의 구조」 『종교신학연구』 2, 서강대학교 1989, 32-3.

다음으로, 신앙심이란 무엇인가? 신앙심信仰心은 말 그대로 하자면 그냥 "믿고 우러르는 마음"이다. 그렇게만 본다면 종교성이나 신앙심이나 별 차이가 나지 않는다. 그러나 그리스도교적인 신앙심이라고 구체적으로 지칭했을 때, 그 신앙심은 단순히 인간 내면에 머물고 마는 그런 마음 혹은 막연한 어떤 심리적 성향이 아니다.

비교종교학적 관점에서의 그리스도교의 신앙심은 무교적 종교성과 구별되어, 인간의 보편적 종교성이 표출되는 또 다른 특수하고 구체적인 맥락이다. 그리스도 교회의 공식적인 해석에 따르면, 신앙심은 예수 그리스도라는 역사적이고 구체적인 인물에 의해 밝혀진 하느님의 뜻을 지금 내가 여기서 따르고 행하겠다는 밖으로 표현되고 실천되는 그런 마음이다.[7] 그렇다면 믿음을 올바로 표현하고 실천하겠다는 그리스도교의 신앙심은 그 자체로서는 대단히 바람직하고 훌륭한 일이라고 할 수 있다. 그리스도 교회에 속하는 신앙인들이 "하느님을 삶 안에서 체험하고 하느님과 일치하여 하느님의 영광을 드러내며 거룩하게 사는 데 뜻을 둔다"면 말이다.[8]

문제는 이런 참된 신앙심이 아니라, 신앙심의 의미와 목적을 제대로 파악하지 못하는 그릇된 신앙심의 행태들이다. "참된 신앙심은 결실 없이 지나가는 일시적 감정이나 허황된 믿음에 있는 것이 아니라, 오직 참된 신앙에 있는 것이다."[9] 이러한 문제의식을 가지고 "신앙과 신앙심"을 그 윤곽이나마 간략히 그려보기로 한다. 그것이야말로 그리스도교에서 중시하는 예수의 "하느님 나라 운동"을 지속적으로 실천하는 행위의 열쇠가 된다고 보기 때문이다.

현대 세계에 대한 전 세계 가톨릭 교회의 적응을 주목표로 개최되었던 제2차 바티칸 공의회는 참된 신앙의 내용을 하느님의 비밀, 즉 "신비"神秘

---

[7] "믿음도 행함이 없으면 그 자체로는 죽은 것입니다"(야고 2,17). 이순성 「오늘의 신심운동과 제2차 바티칸 공의회의 정신」 『생활성서』 118, 1993/6, 58-61 참조.

[8] 『제2차 바티칸 공의회 문헌』 한국천주교중앙협의회 1969 「전례 헌장」 10항, 「교회 헌장」 39항 참조.

[9] 「교회 헌장」 67항.

(mystery)라고 명명한다.[10] 이 신비는 한마디로 "삼위일체 하느님 안에서 이루어지는 모든 일"을 말하는데, 바로 예수의 죽음과 부활로 이어지는 일련의 역사적 사건인 "파스카Pascha의 신비" 안에서 인간에게 그 모습을 드러낸다. 하느님이 어떤 분인지, 그분이 원하시는 일이 무엇이며, 그분이 하시는 일이 무엇인지도 모두 여기 파스카의 신비에서 드러난다.

그렇게 밝혀진 신비의 요점을 공의회 문헌은 이렇게 정리한다. "아버지 하느님으로부터 파견된 그리스도가 성령의 능력에 의해 당신의 죽음과 부활 그리고 승천으로써 인류를 마귀의 지배와 죽음에서 구원하여 아버지의 나라로 옮겨 주셨다는 것"[11]이다. 그렇다면 신앙심의 일차적인 대상은 하느님의 신비와 그 신비를 전하는 그리스도 교회의 신비이다. 그러한 신앙심의 표현 형태가 교회 안에서 성사聖事(sacrament)[12]와 그 보조 장치로서의 다양한 준성사準聖事[13]로 나타난다. 이런 신앙심은 결국 하느님 흠숭을 궁극적인 지향점으로 하는 것이며, 동시에 신자들의 일상적인 신앙생활을 영적이면서도 공동체적으로 더욱 심화시키는 목적을 담고 있다.[14]

이상에서 일단 간략하게 종교성과 신앙심이 무엇인지, 그 중에서도 특히 무교의 종교성과 그리스도교 신앙심의 개념을 구분하여 살펴보았다. 이하에서는 이 양자 간의 관계를 염두에 두면서, 무교적 종교성의 구조와 특징을 주로 다룬다. 그러고 나서 결론에서는 무교적 종교성과 그리스도교의 신앙심, 이 둘 사이 아우름의 가능성을 타진해 보고자 한다.

## 2. 무교적 종교성의 구조

한국인은 흔히 종교성이 강한 민족이라고 한다. 이 땅의 종교사는 다양한 종교들의 부침浮沈과 융섭融攝을 보여준다.[15] 한국 땅에서 다양한 종교들의

---

[10] 「전례 헌장」 5항; 「교회 헌장」 2-4항 참조.

[11] 「전례 헌장」 5-6항 참조.    [12] 「전례 헌장」 59항 참조.

[13] 「전례 헌장」 60항 참조.    [14] 「교회 헌장」 67항 참조.

상관 관계는 여러 종교들이 한국적인 변용acculturation을 통해 한국 전통문화의 기반 속에 각 종교가 저마다 "뿌리를 내리기" 위한 시도들이라고 해석된다. 그와 같은 뿌리 내리기는 단순한 표피적인 외양의 변모assimilation보다는 문화 전반에 걸쳐 더욱 심층적인 동화acculturation에 그 비중이 주어지고 있다.

이렇게 먼 옛날부터 오늘에 이르기까지 살아 있는 문화 현상으로서 한국의 종교들은 한국인이 지닌 종교의식을 다양한 모습으로 활발하게 보여주고 있다. 한국 문화의 중요한 핵심으로서 한국의 종교들은 "내면적이고 심리적·인격적인 움직임과 성품 전체"[16]로서 무교적 종교성을 드러내고 있다. 인생의 제반 문제에 대하여 궁극적인 해답을 추구하고자 하는 성품의 발로로서 무교적 종교성은 고정불변으로 정체된 모습이 아니라, 한국종교사 전체를 통해 복합적으로 수용되고 변용하면서 상호 작용을 거듭해 온 것이다. 이하에서는 이러한 무교적 종교성의 구조를 공동체적 심성, 초인간적인 힘의 형상화, 현실적이고 구체적인 관심의 표명이라는 세 가지 측면에서 접근하고자 한다.

## 2.1. 공동체적 심성

무교적 종교성의 기본 틀은 흔히 이렇게 묘사된다. 즉, 인간은 문화, 예술, 종교를 통하여 자연과 혼연일체가 됨으로써 결과적으로 신령과 인간이 융합하여 만사형통하고 소원 성취함으로써 복을 받고 "재수"[17]를 누린다는 사상이 무교적 종교성의 밑바탕에 깔려 있다는 것이다. 한국의 구교 신앙

---

[15] J.H. Grayson, *Korea: A Religious History*, Oxford: Clarendon Press 1989 (강돈구 역 『한국종교사』 민족사 1995, 347-58) 참조.

[16] 류동식 「재래종교를 통해 본 한국인의 종교의식」 『사목』 56, 한국천주교중앙협의회 1978/3, 79.

[17] "재수"라는 개념은 무교 신앙의 세계에서 "종교적 구원"의 의미를 가지고 있음을 필자는 여러 차례 논한 바 있다: 박일영 「무속의 대동잔치」 『종교신학연구』 3, 서강대학교 1990, 116 참조.

은 이 땅에 들어온 외래종교와의 교섭관계 속에서 융합融合하는 특징을 나타내 보인다.

그리하여 한국종교사의 흐름을 따라가 보면, 무교는 불교, 유교, 도교 등의 외래종교들로부터 형식이나 신화를 모방하여 자기 구조를 체계화시켜 나갔음을 알 수 있다.[18] 한편으로 한국에 들어온 불교나 유교도 무교적인 종교성을 자기들의 신앙 체계 안에 받아들였다. 불교 사찰 안에 산신각을 짓게 된 이유는 무교 신앙을 수용했기 때문이라고 한다.[19] 유교 제사에서 떡을 중시하는 태도는 무교의례를 가미했기 때문이다.[20]

최근 무교와 그리스도교의 관계가 자주 논란거리가 된다. 그리스도교 측에서는 한편으로 무교를 미개한 신앙 형태로 단정하고 타파 대상으로 여기는가 하면, 다른 한편에서는 한국의 고유한 종교문화의 모태로 존중하고 간직해야 한다고 주장한다.[21] 무교인들 사이에도 사정은 비슷하다. 한 쪽에서는 그리스도인들에 대해 심한 적대감과 피해의식을 드러내면서도, 다른 한편에서는 그리스도교적인 요소들을 무교에 수용한다.[22]

무교 신앙이 때로는 외래 고등종교와 습합習合하고, 때로는 멸시당하면서도, 한국종교사의 전체 구도 속에서 볼 때 상호 보완적인 기능을 담당해 온 것으로 보인다. 필자의 견해로는, 공동체적인 심성과 신앙 안에서 바로 무교적 종교성의 진솔한 모습이 가장 선명하게 발견된다.

무교의 공동체적 종교성을 드러내는 신앙내용은 "집안"(家庭: household)을 중심으로 이루어지는 점복占卜에서도 그 일단을 볼 수 있다.[23] 물론 무교의 례를 거행하는 중이거나 그 준비 단계에서도 점복이 이루어지지만, 무교와

---

[18] 류동식 『한국 무교의 역사와 구조』 연세대학교 출판부 ⁴1983 참조.

[19] 서영대 「한국고대 신관념의 사회적 의미」 서울대학교 박사학위 논문 1991, 241-55 참조.

[20] 임동권 『한국민속문화론』 집문당 1983 참조.

[21] 박일영 「종교 간의 갈등과 대화. 무속과 그리스도교를 중심으로」 『종교신학연구』 2, 서강대학교 1989, 99-124 참조.

[22] 조흥윤 「무 전통에서 보는 그리스도교」 『종교신학연구』 6, 서강대학교 1993, 153-69 참조.

[23] 박일영 『한국 무교의 이해』 종교학총서 9, 분도출판사 1999, 60-7 참조.

상관없이 독립적으로 시행되는 경우도 많다. 민간에서는 다양한 점법들이 사용되고 있다. 자연현상이라든가 인생사 전반에 관한 일들이 해몽, 택일, 풍수 등에 의해 점쳐진다.[24] 우리 나라에 가장 널리 유포되어 있는 점서는 『토정비결』이다.[25] 지금도 여전히 연말연시만 되면 여기저기서 토정비결을 보는 풍경을 어렵지 않게 발견할 수 있다는 사실은 이러한 종류의 점술에 대한 관심이 얼마나 광범위한가를 보여주는 한 단면이다.

한편, 천지의 기운이 세계와 역사의 흥망성쇠를 결정짓는다는 풍수참위설風水讖緯說은 씨족 집단이나 국가의 명운을 다룬다. 풍수지리설은 음양론陰陽論과 오행설五行說을 그 기반으로 한다. 여기서 천지는 그 중에서도 특히 땅은 단순히 무생물로서의 물질이 아니라, 살아 있는 기(生氣)를 가지고 있는 존재로 인식된다. 그래서 이처럼 바람(風)에 따라 흩어지기도 하고 물(水)처럼 흐르거나 고이기도 하는 천지의 생기를 어떻게 응용하는가에 개인이든, 씨족이든, 국가든 흉한 일을 피하고 행운을 얻게 된다고 믿는다. 이렇게 풍수참위란 지덕과 생기가 충만한 곳을 선별하여 그 힘을 빌림으로써 집안이나 국가가 흥성하려는 신앙심의 발로이다.[26]

## 2.2. 힘의 형상화

무교의례를 통해 가장 잘 드러나는 무교적 종교성은 인간의 일상사를 넘어서는 초인간적인 힘에 귀의함으로써 인간사를 개선하고 치유하며, 발전시키고 완성하자는 제반 기능이 신격화되어 기복양재祈福禳災하려는 모습으로 나타난다. 그것은 인간의 능력과 한계를 넘어서는 문제에 대하여 해답 추구를 더욱 적극적이고 현실적으로 하고자 하는 모습이다. 그렇게 하기 위하여서 비구원(恨)의 상황과 정견대결하기보다는 삶의 마디마디에 박힌

---

[24] 박계홍 「점복」『한국 민족문화 대백과사전』19, 정신문화연구원 1992, 665-9; 村山智順 (정현우 역)『朝鮮의 占卜과 豫言』명문당 1991 참조.

[25] 이을호『토정비결해제』현암사 1970 참조.

[26] 최창조『한국의 풍수사상』대우학술총서 10, 민음사 ⁸1991; 최창조『땅의 논리 인간의 논리』민음사 1993 참조.

모순점을 풀어내려는 방법(한풀이)을 동원하게 된다.

우선 무교가 종교성을 투사하는 신앙 대상을 살펴보면, 초인간적 힘이 형상화된 신앙 대상의 모습이 다양하게 나타나는데, 이런 대상들은 공동체 차원에서 받들어 모셔진다. 신앙 대상들은 개인 본위가 아니라 최소한 가정을 단위로 하여 신봉된다. 종교의례를 통하여 공동체가 결속되며, 거기에서 생겨난 연대성을 통하여 소속감을 공유하는 구성원들 사이에 발생하는 사회적인 불안과 갈등을 해소한다.

현실에서 경험하는 가난, 고통, 위험 따위 비구원의 상황이 일종의 "집단 치유 과정"을 거쳐서 구원(재수)을 향한 도정으로 옮아간다. 그러면서 특정 종교는 다원적인 한국의 종교 현상을 토대로 형성된 복합체로 이해하는 포괄적인 종교 경향을 보인다. 그것이 기본적으로는 한민족의 종교심성에서 종교 간에 모순과 갈등을 느끼기보다는, 여러 종교를 심적인 저항을 별로 느끼지 않으면서 두루 섭렵 내지 전전함으로써, 다다익선의 상호 보완과 상승 효과를 기대하는 심리로 나타난다.[27]

## 2.3. 구체적인 관심

종교의 궁극적인 관심은 현실적이고 구체적인 형태로 드러난다. 역사의 완성이라는 의미에서 종말론적 구원이라든가, 내세에 대한 적극적인 관심은 드물게 나타나는 반면에 무병장수, 경제안정, 입신양명, 자손홍성, 국태민안國泰民安 등이 바로 종교성이 지향하는 주요 목표가 된다. 종교의 인식은 신을 중심으로 하지 않고 인간 중심이다. 신령神靈들은 대부분 인간이 죽어서 되는 존재이며, 신들의 세계도 인간 세상과 다를 바 없이 복잡하게

---

[27] 종교학자 황필호는 이러한 한국인의 종교적 성향을 개종(改宗: conversion)이 아닌 가종(加宗: add-version)이라는 신조어로 표현하기도 한다. 황필호 「한국 무교 연구의 네 가지 문제점」『종교와 문화』 3, 서울대학교 종교문화연구소 1997, 143. 현상적으로 보면, 한국인은 외형적인 종교를 그다지 심리적인 갈등 없이 쉽게 바꾸는 경향이 있다. 이중 삼중으로 교적을 올리면서 여러 종교들을 신행(信行)하는 행태들이 한국에서 다양한 종교들이 동시에 부흥하는 현상의 한 중요 변수가 된다고 볼 수도 있다. 오경환『종교사회학』, 서광사 1990, 74-102 (특히 한국인의 "개종"에 관해서는 99-102) 참조.

얽혀 돌아가는, 인간 세계의 그림자 같은 것으로 파악한다(人陽神陰). 그리하여 신령과 인간의 통교communication를 통해서 신들을 움직여(感應·感化시켜)) 지금 여기서 화를 면하고 복을 받자는 성향이 강하다. 즉, 초인간적인 힘에 의해 결정되는 인간의 운명을 의례(儀禮)를 통하여 인위적으로 조절할 수 있다는 믿음이 바탕을 이루고 있다.

한국 무교에 나타나는 종교성을 보면, 한국은 인류 구원의 시발지이며 중심지이고, 한국인은 선민이라는 자부심도 강하다. 반면에 초월성과 정신성 그리고 자기 부정을 매개로 하는 사회적 윤리성은 상대적으로 미약하다. 주술에 지나치게 의존하는 기복신앙이라든가 운명론적인 처넘, 사회윤리 의식이 결여된 요행주의나 역사의식의 부족 따위는 무교의 종교성향이 극복해야 할 한계로 흔히 지적된다.

다종교 사회인 한국의 종교상황을 무시하고, 특정 종교의 가치 체계만으로 고유 종교문화를 미신시한 적이 한때 있었다. 그리하여 특정 계층의 논리를 내세워 민중의 종교성을 효율성과 현대화의 장애 요소로 간주하고, 타파의 대상으로만 여겼다. 그러한 태도는 참된 종교문화의 창출이나 한 사회의 균형 있는 발전에 전혀 도움되지 못했음을 역사가 증명했다.

이질 문화 간의 교류가 더욱 빈번해지고 있는 현실 속에서 독선적인 진리보유권의 주장은 인류사에 가장 잔인하고 처참했던 분쟁이나 전쟁의 대다수가 종교를 빌미로 했음을 재삼 확인시켜 줄 뿐이다. 개별 민족 특유의 종교성을 인식하고 받아들이는 거대 종교들의 각성과 개방성이 더없이 요구되는 시점에 우리는 서 있다.

## 3. 무교적 종교성의 특징

종교 경험은 특정 문화권 안에서 생활하는 사람들의 공통되는 종교성을 결정하지만, 다른 한편 이러한 종교성은 겉으로는 다양한 신앙 형태 내지 종교문화를 통하여 여러 모습으로 표출되고 있다. 현대 한국 무교의 경우에는 기존의 전통적인 종교 형태 외에도 다양한 모습으로 그 종교성을 드러내기도 한다.

오늘날에 와서 많은 사람들이 특정 종교의 제도적 틀에 얽매이기는 싫어하지만, 종교적인 의식意識 자체 내지는 종교성이 그 이전 어느 때나 다름없이, 또는 오히려 더 절실하고 뚜렷하다는 징표이기도 하다. 그렇다면 무교의 종교성이 어떻게 구체적으로 한국의 종교문화 속에 드러나는가? 대표적으로 끈질긴 지속성, 융합적인 조화성, 생명에 대한 존중, 신바람의 영성이라는 네 가지 특성을 들어 말할 수 있을 것이다.

## 3.1. 지속성

무교의 종교성으로는 제일 먼저 끈질긴 지속성을 들 수 있다. 아득한 옛날부터 한국 사람들은 산과 들, 강과 바닷가에 모여서 춤추고 노래 부르며 하늘에 제사 지냈다. 그 유물이 지금도 곳곳에 남아 있다. 1970년대 초부터 한반도 여러 지역에서 속속 발견되고 있는 원시 시대의 암각화巖刻畵들은 이 땅의 선조들이 풍성하고 다양한 종교의례를 거행했다는 생생한 자료들이다. 이러한 암각화들에는 바다 짐승, 뭍짐승, 사람, 배, 그물, 작살, 방패 모양 등이 그려져 있다. 이러한 형상들은 풍요와 다산에 대한 기원, 수렵과 어로의 위험으로부터 보호를 받기 위한 의례용이라고 해석됨으로써, 그 옛날 이 땅에 살았던 선조들의 신앙 모습을 오늘의 우리에게도 생생하고 실감나게 보여주고 있다.[28]

고고학적인 유물들뿐만 아니라, 신화나 문헌 기록을 살펴보아도 무교적 종교성을 드러내는 사실들이 많이 발견된다. 제천의례 등에 관한 국내외 기록들은 우리 선조들이 오랜 옛날부터 본래 풍성한 무교적 종교문화를 갖고 있었음을 보여주는 방증들이다. 북을 두드려서 하늘(天神)을 맞이했다는 부여의 영고迎鼓, 하늘의 자손인 동명성왕을 기리는 고구려의 동맹東盟, 춤을

---

[28] 전호태 외『한국 암각화의 세계』한국역사민속학회 1995년 동계 학술심포지엄 자료집, 포항공과대학교 1995, 여러 곳.

추어 하늘을 즐겁게 만든다는 동예의 무천舞天, 천제天祭를 주관하는 천군天君에 의해 성역인 소도蘇塗에서 거행된 삼한의 시월제十月祭 등이 바로 이 땅에서 벌어진 종교의례의 모습들이다.[29]

진한에서는 사람이 죽으면 그 주검에다가 커다란 새의 날개를 붙여서 하늘로 오르도록 기원했다.[30] 부여에서는 또 전쟁을 하려고 할 때도 하늘에 제사를 지내서 하늘의 뜻을 미리 알아보았다. 소의 발굽을 구워서 벌어지면 전쟁에 지리라는 흉조로, 발굽이 붙으면 이길 것이라는 길조로 해석했다.[31] 백제에서도 사중월四仲月에 하늘에, 그리고 동서남북과 중앙의 다섯 방위를 관장하는 오제지신五帝之神에 제사를 지냈다는 기록이 있다.[32]

신라에서는 해맞이 동해 바닷가 영일현迎日縣에서 하늘에 제사 지내고, 일월지日月池에서 하늘, 해, 달, 별(靈星)에 제사 지냈다고 한다.[33] 신라에서는 또 하늘과 위대한 인물을 연결시켜 생각했다. 예를 들면, 김유신은 제석천帝釋天의 아들로 죽은 뒤에는 다시 천신天神이 되었다는 이야기다.[34]

이러한 의례들은 농경을 통한 정착생활이 본격화되면서 공동체를 유지 보존하는 질서의 확립이라는 사회적 필요에 따른 행사이기도 했다. 신화가 전해 주는 종교적 내용을 살펴보면, 이상과 같은 역사 기록들보다 더 거슬러 올라가서, 이미 고조선 시대에도 단군이 강화도 마니산摩尼山 꼭대기의 참성단塹城壇에서 하늘에 제사 지냈다는 것이다.[35]

---

[29] 『三國志』「魏書」「東夷傳」扶餘條, 高句麗條, 濊條, 韓條 등 참조.

[30] 앞의 책 韓條 참조.

[31] 앞의 책 扶餘條: "有軍事亦祭天 殺牛觀蹄 以占吉凶".

[32] 『三國史記』卷 32, 雜誌 1, 祭祀, 百濟條.

[33] 앞의 책 新羅條.

[34] 『三國史記』卷 41, 紀異 1, 金庾信 上；『三國遺事』, 卷 1, 紀異 1, 金庾信.

[35] 『三國遺事』紀異 卷 1, 古朝鮮條 참조；『新增東國輿地勝覽』卷 12, 江華都護府, 祀壇, 塹城壇.

## 3.2. 조화성

　무교적 종교성의 또 다른 특징으로는 화합적인 심성 속에 나타나는 성과 속의 조화, 정성을 기울여 얻는 조화를 들 수 있겠다. 무교적 종교의식과 종교문화 속에는 신과 인간과 우주 만물이 함께 어울려서 살아가는 조화의 정신이 강하게 들어 있다. 이러한 조화의 정신이 종교의례를 통해 체현體現된다.

　옛날의 제천의례나 오늘날의 굿판은 하늘에 제사를 지내는 동시에 음식을 먹고 마시면서 벌이는 노래와 춤판의 "놀이"로 이어진다. 노래를 부르고 춤을 추면서 한국 사람들은 탈아경脫我境(ecstasy)에 들어가 존재의 근원과 한 몸을 이루게 된다. 그렇게 놀이를 통해 사람들은 하늘과 땅, 음과 양, 동서남북, 춘하추동, 나와 너, 모든 것이 혼연일체가 되는 조화를 여실히 온몸으로 체득하는 것이다. 고대로 올라갈수록 놀이가 가지는 종교적 성격은 특히 두드러진다.

　이렇게 일체 만물을 소홀히 하지 않고 소중히 살리면서 하나로 회통會通시키고 조화를 이루는 것이다. 인간은 말할 것도 없고, 풀 한 포기, 나무 한 그루, 하늘의 새나 바다의 생물들, 햇볕과 비바람이 모두 하나가 되어 커다란 하나로 어울린다고 생각한다. 지성知性과 영성靈性, 이성理性과 감성感性, 몸과 마음, 물질과 정신, 이理와 기氣, 이승과 저승이 이원론적으로 나뉘는 둘이 아니요, 원래 같은 하나임을 무교적 종교문화는 보여준다.

　그 좋은 사례가 신라의 화랑도이다. 『삼국유사』에 따르면 화랑들은 노래와 춤을 즐기고 명산대천에 유오산수游娛山水하면서 호연지기浩然之氣와 신명神明을 길렀다고 한다. 그러한 노래와 춤은 천지와 귀신을 감동케 하여 서로 회통할 수 있는 경지였다고 한다.

　오늘날에도 한국인들이 유난히 노래와 춤을 좋아하는 마음씨는 이렇게 오랜 연원을 가지고 있으며, 그것은 또 무교적 성향과 풍류를 즐기는 성향이 서로 무관하지 않음을 잘 보여준다. 이러한 마음씨가 바로 한국인에게 화합적인 심성과 성속의 조화라는 세계관을 가지게 했다.

그래서 무교 문화는 지금 바로 여기서 이와 같은 우주와 천지의 조화와 회통, 화합과 융화를 정성을 다해 구현하려고 시도한다. 지성至誠이면 감천感天이라고 했다. 정성 자체가 하늘의 원리인데, 인간의 도리는 바로 하늘의 원리인 정성을 본받고 체현하는 것이다. 바로 정성 때문에 성스러움과 속됨이 구별된다. 아무리 속물俗物이요, 속사俗事라도 그 안에 정성이 깃들게 되면 성물聖物이 되고, 성사聖事가 된다.

반대로 아무리 겉으로 성물이고 성사라 해도 정성이 빠지면 속물이요, 속사로 전락하고 만다는 것이다.[36] 이렇게 정성을 바탕으로 하는 화합과 조화는 무교적 종교성에 들어 있는 중요한 의식意識이다. 그러한 생각은 단군 신화에도 상징적으로 나타난다. 하늘에서 내려온 존재인 환웅과 지상의 동물인 웅녀가 결합을 했다는 상징적인 이야기 속에는 하늘과 땅, 음과 양, 정신과 물질 등이 융합하는 경지를 보여준다.

이러한 조화와 융합의 정신은 현재 한국의 다양한 종교들 사이에서도 대부분 그대로 발휘된다. 오늘의 한국 사회는 다양한 종교들이 공존하는 사회이다. 오랜 세월 이 땅에서 함께 화합해 온 경험이 있는 유·불·도교의 동양 전통종교뿐만 아니라, 원시 시대부터 이어져 내려오는 무교, 근세 이후의 그리스도교와 민족 신종교들이 공존하고 있다.

비교적 관용적이라 할 수 있는 유사한 기질을 지니고 오랜 세월 서로 함께 부대껴 온 동양종교들의 경우는 그렇다 하더라도, 서양에서 유래한 전혀 이질적인 그리스도교도 한국에서는 — 몇몇 예외적인 경우를 제외한다면 — 다른 종교들과 어울려 별 탈 없이 융화하고 있다. 절대 신념 체계인 종교문화들이 — 다른 문화권의 경우와는 달리 — 한국에서는 종교 분쟁을 일으키거나 심지어는 종교 전쟁으로 비화하여 상충하지 않고 이렇게 유독 상호 관용과 이해의 장을 여는 이유도 이 땅에서 유구하게 이어 온 조화와 융합의 정신 덕분이라고 할 수 있다.

---

[36] 최기복 「한국 신학의 방향 모색」 우리사상연구소 편 『한국 가톨릭 어디로 갈 것인가?』 서광사 1997, 66-7 참조.

이렇게 평화적인 다종교 공존이라는 현상은 한국 사회가 본래는 배타적일 수밖에 없는 절대 신념 체계들이 서로를 존중해 주면서 상대방들에게 자신을 열어놓고 공존하는, 다자간 대화多者間對話(polyloque)에 익숙한 다원적인 개방 사회임을 여실히 보여준다. 탈脫중심주의, 탈脫유일사상을 통하여 제반 모순들을 해결해 보려 노력하는 포스트모던 세계 속에서 한국의 다종교 평화 공존은 그 이정표를 제시하고 있는 셈이다.[37]

## 3.3. 생명성

성·속의 조화라는 화합적 심성 다음으로 생각해 볼 수 있는 무교 문화의 특성은 "생명"을 존중하고 사랑하는 정감情感이다. 이 세상에 하고많은 종교들은 죽음에 대한 공포심에서 시작되어 그 공포심이 극복되었을 때 완성된다고들 한다. 그러한 죽음의 반대편에 우뚝 버티고 서 있는 현상이 생명이다. 생명 현상이란 한마디로 사물에 있어서 항구적인 불변의 요소로서, 스스로를 항상 새롭게 갱신하는 성질을 지닌다. 생명을 주는 자는 초인간적 존재 내지는 원리이다. 그러므로 생명력 내지 생명 원리는 초월의 영역에 속하므로 인간이 침탈할 수 없는 신성의 영역이다.

생명을 존중하고 사랑하는 마음은 애초에 막연한 이타주의利他主義(altruism)의 감성에서부터 시작된다. 그러다가 차차 생명 자체가 지닌 측량할 길 없는 형이상학적인 절대 가치를 깨닫는 데로 나아가게 된다. 그렇게 되면 생명체를 존중하는 태도가 극단적인 형태로 발전하기도 한다. 미생물체가 목구멍으로 넘어갈까 보아 물마저도 체에 걸러서 마신다든가, 물을 마실 때 자신을 위해 희생되는 미생물들을 위해 진언을 외우기도 한다. 또한 특별한 이유 없이 동물이나 곤충을 죽이는 일을 엄격히 금지한다.[38]

이렇게 삶을 성스럽게 여기게 되면, 생명에 대한 보장을 추구하는 노력

---

[37] 윤이흠 외 『한국인의 종교』 문덕사 1994, 19-22; 길희성 『포스트모던 사회와 열린 종교』 민음사 1994, 13-26 참조.

[38] "Life", *Encyclopedia of Religion and Ethics* 8, Edinburgh 1981, 11.

들은 논리적으로 자연스러운 귀결이 된다. 그러한 노력은 최종적으로는 결국 죽음 다음의 새로운 삶에서 영원하고 완전한 생명을 보장받으려는 노력으로 이어지고, 그러한 노력이 종교윤리의 바탕을 이룬다. 그래서 생명은 선善과 동일시된다. 미래의 실존에 대한 불확실함, 죽음의 감염을 피해 생명을 보장받으려는 조심스러움, 삼가고 꺼리는 자세가 인간의 종교적 삶을 특징짓는다. 그런 자세야말로 성스러움의 추구라고 할 수도 있겠다.

인간이 가야 할 길(倫理), 삶의 정도正道는 결국 죽음을 극복하고 승리한 모습인 생명을 어떻게 보장받는가 하는 슬기의 방법이요 응용이다. 그러므로 윤리적 자유의 최고 경지는 생명의 원천에 대한 절대 의존으로 승화된다. 그렇게 생명의 원천과, 혹은 생명의 제공자와 조화를 이룰 때 인간은 참다운 의미에서 자유로워진다.[39]

생명이란 초인간적인 존재나 원리에서 유래한다고 믿는다. 그렇기 때문에 생명이란 사라져 버리지 않고 남에게 양도할 수도, 내 멋대로 끊어버릴 수도 없는 절대 가치이다. 종교 행위란 이런 측면에서 보면, 생명력의 복원, 생명 원리의 회복으로 알아듣게 된다. 무교 문화는 이렇게 소중한 생명이 지니는 가치를 소중히 여겨 아껴오고 있다.[40]

## 3.4. 신바람성

마지막으로, 자연스러운 멋을 추구하는 "신바람" 성향을 들 수 있다. 무교적 종교성의 영향을 오래 받은 한국인은 유난히 정이 많고 느낌이 강한 사람들이다. 이웃 사람과 정을 나누고, 자연과 느낌을 주고받으면서 살 때, 한국 사람들은 신바람이 나고 살맛이 난다고 한다. 아무리 힘들고 어려운 일이라도 신바람이 나면 얼마든지 해치울 수 있지만, 그렇지 않으면 아무리 쉬운 일이라도 제대로 되지 않는다. 병을 고치고 건강하게 사는 것

---

[39] W.B. Kristensen, *The Meaning of Religion*, The Hague: Martinus Nijhoff 1971, 272-8.

[40] 박일영 「무교의 생명 사상」 우리사상연구소 편 『생명과 더불어 철학하기』 철학과 현실사 2000, 157-74 참조.

도 신바람 덕이요, 기업이 잘되고 경제를 살리는 길도 신바람이다. 신바람은 신이 내는 바람, 신과 인간이 교류하면서 불게 되는 바람이다.

그렇게 불어서 흐르는 바람이기에 옛날부터 풍류風流라고 불러 왔다. 이렇게 불고 흐르는 바람이 가는 방향, 그 길을 "풍류도"라고 한다. 일찍이 신라의 대사상가 최치원은 이 풍류도가 바로 동양의 대표적인 종교 사상들과 영성靈性을 포괄하고도 남는 우리 고유의 종교문화라고 자신 있게 규정했다.[41] 이런 신바람을 내기 위해 아득한 옛날부터 하늘에 제사를 지낼 때나, 마을이나 집안에서 굿을 할 때도 노래를 부르고 춤을 추면서 신바람을 일으키고 신바람이 났던 것이다.

앞에서도 언급했듯이, 놀이란 단순히 남는 시간을 보내는 여흥餘興이 아니라, 삶의 깊은 의미를 발생시키는 일이고 신령과 교감하는 종교적 개념이다. 지금도 무당들이 굿을 할 때 "굿을 논다"고 한다. 예를 들면, 대감신을 불러 모시는 대감굿은 "대감놀이"라고도 한다.

한국의 종교적 토양은 오랜 세월 동안 동서의 다양한 종교문화가 만나는 장을 이루어 왔다. 무교적인 바탕 위에서 유불선이 회통했는가 하면, 근세 이후 도입된 그리스도교와 자생 민족종교들이 서로 융섭하면서 하나로 가다듬어져 새로운 종교문화의 창출이라는 과정을 이루어 가고 있다. 종교문화만이 아니라, 한국은 지구상에서 유일하게 아직까지 자본주의와 공산주의의 이데올로기가 대립하는 장소로 남아 있다.

한국의 종교문화는 이러한 신바람의 풍류를 추동력으로 동서의 다양한 사상과 문화가 자연스럽고 멋스럽게 어울려서 이제 전 세계에 평화의 본보기를 제시할 종말론적·후천개벽적 사명이 있다. 더군다나 오랜 정치적 모순과 사상적 갈등을 극복하고 통일의 기운을 북돋워야 할 이즈음 무교를 포함한 한국의 종교들이 담당해야 할 조화와 평화 실현의 사명은 더욱 막중하다.

----

41 『三國史記』「新羅本記」眞興王 條: "우리 나라에 玄妙한 道가 있다. 이것을 風流라고 한다. … 이는 실로 三敎를 포함하고 있는 것이며, 뭇사람들에게 接해서는 그들을 敎化한다".

이렇게 무교 문화는 끈질긴 지속성, 조화와 관용의 정신, 생명에 대한 애정 어린 정감, 그리고 신바람의 영성을 지니고 있다. 한마디로 그것은 무교적 종교성 안에 들어 있는 종교적 열정의 훌륭한 자산들이라 할 수 있다. 다만 이러한 열정이 간혹 스스로의 단단한 껍질 속에만 머물러서 불협화음을 내는 수가 있다. 내부에서, 무교와 세상 사이, 무교와 "이웃 종교들" 사이에 가끔 틈이 생겨 서로 불통不通하는 것으로 보일 때가 있다. 서로 간에 진지한 대화, 상호 건전한 비판, 열린 마음으로 벌이는 토론의 장이 마련된다면, 어두운 밤이 지난 뒤 동이 트듯이 관용과 이해의 지평이 밝아오게 될 것이다.[42] 지금까지 무교적 종교성의 특성들을 살펴보았다. 그러한 종교성에 대한 철저한 전 이해가 전제될 때라야만 비로소 앞으로 한국의 종교문화가 그 신앙심의 표현 및 실천과 관련하여 갖추어 나가야 할 과제들도 밝혀질 것이다.[43]

## 4. 무교적 종교성과 그리스도교의 신앙심

이제까지 그리스도교 신앙심과의 관계를 염두에 두고서 무교적 종교성의 구조와 특징들을 천착해 보았다. 먼저, 무교적 종교성의 구조를 요약해 보면, 공동체적 심성을 바탕으로, 초인간적 힘을 형상화하여 섬기면서, 현실적이고 구체적인 관심을 신앙의 내용으로 비는 것으로 나타난다. 이와 같은 무교적 종교성이 드러나는 특성을 정리해 보면, 그것은 오랜 지속성, 만물을 아우르는 조화성, 생명에 대한 존중을 담은 정감, 그리고 멋과 놀이로 표출되는 신바람의 영성이라고 할 수 있다.

---

[42] W.C. Smith, *Towards a World Theology: Faith and the Comparative History of Religion*, Philadelphia: Westminster Press 1981 참조. W.C. Smith는 인류의 종교성을 공동으로 계발하기 위한 "지구신학"(Global Theology) 내지 "세계신학"(World Theology)의 성립 가능성에 대한 아이디어를 제시한다.

[43] 서공석 「오늘의 종교다원신학이기 위하여」 이찬수 · 유정원 『종교신학의 이해』 분도출판사 1996, 9-33 참조.

이러한 무교적 종교성이 한반도의 오랜 종교문화사 속에서 순기능을 하기도 하고 역기능을 하기도 했다. 우선, 공동체를 통한 연대성의 계발과 사회통합이라든가, 의례와 함께 이루어진 전통문화의 전승과 보존, 신과 인간 사이의 원활한 통교 가능성 등을 순기능으로 꼽을 수 있다. 반면에, 지나친 현세적 성향, 가족 중심의 소집단주의, 사회적인 윤리성의 부족 등은 역기능으로 지적되어 온 요소들이다.[44]

무교적 종교성이 지니는 이런 양면적 모습들은 현금 한국 그리스도인들의 신앙심과 관련해 불거지고 있는 문제들과도 상통한다고 여겨진다. 그래서 신앙심이란 이름으로 이루어지는 신앙 행위들이 과연 신빙성 있는 교회의 신앙심인지 많은 사람들이 의구심을 갖는 경우도 발생한다.[45] 본 논문에서 살펴본 대로 종교성과 신앙심은, 아무런 전제를 내세우지 않은 상태에서 그 자체로 보아서는, 둘 다 인간이면 누구나 갖고 있는 초월적인 문제를 해결하고자 하는 공통된 성품ethos의 발로라고 할 수 있다.

그러나 그러한 공통된 성품이 무교(의 종교성이)라거나 그리스도교(의 신앙심이)라는 전제가 앞서면 문제는 달라진다. 우선, 무교에 공통되는 종교성과 그리스도교의 역사적 특수성을 가진 신앙 내용은 구별되어야 할 것이다. 그러나 신앙의 구체적 실천 행위로서의 신앙심은 신앙을 보존한다는 특수적 정체성 문제와 동시에 "지금 여기서"라는 역설적 현장성의 문제가 불가피하게 대두된다고 본다. 무교적 종교성과 그리스도교 신앙심 사이에 드러나는 공통점과 차이점에 대한 막힘과 얽힘을 풀어내고, 지금 여기서 하느님의 뜻을 가장 효과적으로 구현할 수 있는 슬기의 눈이, 가름과 아우름의 통합이 모두에게 절실함을 확인한다.[46]

한편 그리스도교의 한국화 내지 토착화를 위해서는 무교의 종교성을 오랫동안 결정지어 온 토양과 마주하지 않을 수 없다. 오늘날에도 여전히 한

---

[44] 박일영 「민간신앙을 통해서 본 한국인의 종교성」『연구논문집』 49, 효성여자대학교 1994, 12-5 참조.

[45] 류강하 「사목 생활 중에 만난 이상한 일들」『생활성서』 118, 1993/6, 62-7 참조.

국 땅에서 무교적 종교성의 영향력은 줄어들지 않고 있다. 개신교뿐만 아니라, 가톨릭에도 양적인 교세 확장과 더불어 무교의 영향이 점점 더 증대하는 조짐을 보인다. 이러한 무교의 영향력은 한편으로 그리스도교 신앙의 일의적이고 자구적인 해석에 의거해서 그리스도교를 현세 구복적인 종교로 오해하는 부정적인 영향을 주는가 하면, 다른 한편으로는 그리스도교 신앙 내용의 다의적·상징적·해석학적 이해 및 종교신학적인 접근으로 복음 이해에 폭과 깊이를 줌으로써 긍정적인 영향을 끼칠 수도 있다. 그렇기에 그리스도의 복음을 한국 문화라는 맥락에 올바로 토착화시킨다는 중대한 과제를 수행하기 위해서는 무교적인 형태를 통하여 접근이 가능한 고유 종교성에 대한 이해와 배려도 등한시되어서는 안 되겠다.

많은 사람들이 그리스도교 내의 의심스러운 신앙심과 그 동조자들에 대하여 선의의 우려를 하고 있음은 충분히 이해가 된다. 그러나 세계종교의 역사를 살펴보면, 제도종교가 경직되어 구성원들의 종교성에 만족할 만한 해답을 제시하지 못했을 때, 늘 개인의 강력한 종교 체험을 강조하는 반작용의 흐름이 있어 왔음을 확인할 수 있다. 그리스도교 역사에서만 예를 찾아보더라도, 교회가 경직되어 정통성과 권위를 전면에 내세워 사도적 계승 successio apostolica만을 지나치게 강조하는 데 대한 일종의 반작용으로, 사도적 생활vita apostolica을 강조하여 복음의 본래 정신대로 사는 삶을 추구하는 신심운동이 등장했다는 사실을 들 수 있다. 잘못된 신앙심의 현상은 그렇다면 신앙의 병든 모습 그 자체라기보다는 신앙의 병리 현상을 반사하는 거울의 모습이 아닌가도 생각해 보아야 할 것이다.

그리스도인의 입장에서 본다면, 본문에서 신바람의 영성이라고 표현된 무교적 종교성을 이제 한국 사회를 인정이 넘치는 공동체로, 그리스도교식으로 표현하자면 "하느님 나라"로, 즉 하느님이 바라는 세상으로 이끌어가는 원동력이 될 수 있도록 방향을 잡아줄 필요가 있다. 한극종교문화사

---

46 박일영 「무교의 공수와 그리스도교의 계시에 관한 비교 연구」 『종교연구』 11, 한국종교학회 1995, 321-53 참조.

에 나타난 풍류도, 화랑도, 동학, 삼일운동, 민주화운동, 민족화해·평화·생태계보존운동 등은 이러한 가능성의 실현이 허황된 꿈만이 아님을 행동으로 증언한다.

# 단골판과 교회

# 1. 종교 공동체가 오늘에 주는 의미

종교 공동체는 인간의 근본적 필요를 공동으로 충족시키는 메커니즘을 그 안에 담고 있다. 왜냐하면 종교는 인류 공동체가 영위하고 있는 삶의 방식인 문화에 있어서 그 기반이 되기 때문이다. 한편 오늘날 우리 사회는 팽배한 이기주의로 말미암아 심각한 분열과 함께 부정부패 현상이 만연하고 있다. 오염된 현실 속에서 청정한 공동체에 대한 염원은 대조적으로 강렬해지게 마련이다. 만인의 자유와 평등, 그리고 박애에 대한 요구는 그 어느 때보다도 강렬하다.

또한 특정 전통의 종교는 특정 문화의 전통과 밀접한 연관을 맺고 있다. 이러한 맥락에 대한 인식을 바탕으로, 이번 마당에서는 우선 무교의 종교 공동체로서 단골판이 지니는 의미를 천착하려고 한다. 먼저, 종교 조직으로서 무교의 단골판에 대한 정리와 분석, 그리고 그 안에 들어 있는 핵심적 요소를 찾아내는 작업을 시도한다. 그 후에 공동체 조직이 가장 잘 정비되어 있는 종교전통의 하나로 평가받는 그리스도교(가톨릭)의 교회와 비교하여 살펴볼 것이다. "심각하고도 신속하게 변하는 현대 사회"[1] 안에서 종교 공동체의 역할은 오히려 상대적으로 등한시되면서 종교는 일견 사역화私域化(privatization)되는 경향을 보이기도 한다. 이러한 시기에 특히 문화 계승의 중요한 장으로서 종교 공동체의 위상과 의미를 재인식하는 작업은 중요하다고 여겨진다.

인간은 늘 공동생활을 해 온 사회적 존재이다. 아리스토텔레스의 말처럼, "인간은 사회적 동물이다".[2] 사람들은 가정을 이루고, 씨족이라든가 민족 그리고 국가를 이루면서 살아간다. 저마다 개성을 지닌 다양한 존재들임에도 이렇게 상호 협력과 조화를 이루어야만 살 수 있는 존재가 인간이기도 하다. 그렇기 때문에 공동체는 인생이 지닌 의미를 추구하고 행복을

---

[1] 「사목 헌장」 4항 『제2차 바티칸 공의회 문헌』 한국천주교중앙협의회 1969.
[2] 아리스토텔레스 (최명관 역주) 『니코마코스 윤리학』 서광사 1984, 1095b 참조.

찾는 데 필수 요건이 된다고 여겨진다.[3] 인간은 남들과의 유대 속에서 자신의 가치를 찾고 삶의 보람을 느끼기 때문이다. 여러 형태의 공동체들 중에서 그렇다면 종교 안에서의 공동체는 어떤 의미가 있을까?

이러한 공동체라는 개념은 서양말에서는 그리스어 코이노니아koinonia에 그 어원을 두고 있다. 아리스토텔레스에 의하면 공동체는 다음과 같은 요소들을 내포한다. 참여자의 다양성, 지향하는 목표의 공통성, 공동행위 참여자들 사이의 차이 등이다. 아리스토텔레스는 공동체를 크게 둘로 나눈다. 하나는 이익 공동체이고, 다른 하나는 정신 공동체이다. 이 둘 사이의 구별은 공동체 구성원들을 하나로 만들어 주는 일치의 근거가 무엇인지에 따라 나누어진다. 이익 공동체의 경우는 구성원들 사이의 공동 이익이 일치의 끈인 데 비해, 정신 공동체의 경우는 우정이나 사랑 등 정신적인 가치가 일치의 기반이 된다.

현대에 와서는 이 두 가지 대조되는 공동생활의 유형을 사회Gesellschaft와 공동체Gemeinschaft로 구분하는 것이 일반적 경향이다. 이 개념들은 독일 사회학자 퇴니스F. Tönnies (1855~1936)에 의해 규정된 이래 질적으로 구별되는 공동생활 양식을 적절하게 파악했다고 일반적으로 인정받고 있다.[4] 그렇다면 종교 공동체는 이 중에서 특히 정신적 공동체, 즉 정신이나 이념으로 모인 결사 집단으로서의 공동체Gemeinschaft에 속한다고 할 수 있다.

이 장에서는 먼저 종교 공동체가 가지는 의미를 무교의 단골판과 그리스도교(가톨릭) 교회라는 각각의 공동체를 통하여 살펴보겠다. 그 후에 두 종교 공동체 사이의 공통점과 차이점에 대한 비교를 시도한다. 이러한 비교를 통하여 한국의 문화적 맥락 안에서 종교 간의 대화 및 교류의 가능성을 타진해 보려 한다.

---

[3] 심상태 『인간. 신학적 인간학 입문』 서광사 1989, 127-47 참조.

[4] F. Tönnies, *Gemeinschaft und Gesellschaft*, Darmstadt 1877/1970², 황성모 역 『공동사회와 이익사회』 삼성출판사 1976 참조. 공동체의 성격에 대한 자세한 논의: 심상태 「공동체관의 토착화 연구. 종합과 전망」 『사목』 239, 한국사목연구소 1998/12, 44-53 참조.

# 2. 무교의 공동체인 단골판

한국의 무교에서 "단골" 내지 "단골판"의 의미는 매우 중요하다. 무당과 신도들은 상호 간에 지속적인 단골 관계를 형성하게 된다. 원칙적으로 무당과 신봉자들은 바로 이들 단골이라는 범주에 드는 지역이라든가 사람들에 국한하여 서로 만나게 된다고 할 수 있다. 이들 지역적이거나 인격적인 단골의 범주를 무교 현장에서는 흔히 "단골판"이라고 부른다.[5]

## 2.1. 단골판의 형성 — 세습무와 강신무의 단골판[6]

한국의 무교에서는 무당의 고정적인 신도들을 "단골"(신도)이라고 일컫는다. 거꾸로 신도들이 자기가 주로 상종하는 무당을 부를 때도 단골, 당골네, 혹은 단골 무당이라는 표현을 쓴다. 그렇다면 지금 쓰이는 "단골"이라는 용어는 무당만을 뜻하는 것도 아니고, 신도들만을 지칭하는 것도 아니다. 오히려 무당과 신도 간에 고정적이고 지속적으로 이어지는 "관계"를 지칭하는 개념으로 보아야 할 것이다. 신도의 처지에서는 자기가 지속적으로 상대하는 무당이 단골이요 "당골네"이며 단골 무당이 될 터이고, 무당의 편에서 보면 자기에게 고정적으로 찾아오는 신도들이 단골인 셈이다.

이제까지 한국 무교를 연구한 저서들 속에서 흔히 무교의 신도들만을 유독 단골이라고 명명해 온 것은, 그들의 연구가 무당에 편향되어 있음을 단적으로 보여주는 증좌證左이다. 무당의 진술만을 따르다 보니, 상대적 개념인 단골이라는 용어를 무당이 신도를 지칭하는 개념이라고 일방적으로 판단하고 말았던 것이다.[7] 참고로, 제주도의 무교 사회에서는 얼마나 오래 단골 관계를 유지해 왔는가에 따라서 "상단골, 중단골, 하단골"이라는 구분

---

[5] 무교를 연구하는 많은 학자들이 단골판은 세습무 지역에만 존재한다고 주장해 왔다. 김태곤『한국 무속 연구』집문당 1981, 90-1, 260-1, 452-5 참조. 이 글에서 필자는 강신무나 세습무를 막론하고 다양한 형태의 단골판이 존재한다는 것을 밝히고자 한다.

[6] 박일영『한국 무교의 이해』종교학총서 9, 분도출판사 1999, 45-8 참조.

[7] 秋葉隆 (최길성 역)『朝鮮巫俗의 現地 研究』계명대학교 출판부 1987, 191-9 참조.

을 짓기도 한다.[8]

단골이라는 무교 용어는 한국의 가장 오래된 문헌 신화인 단군의 이야기와 연관이 있다는 주장을 펴는 학자도 있다. 단군이 바로 정치 권력과 종교적인 권위를 한 몸에 지닌 원시 사회의 지도자인 "무왕"巫王(shaman-king)이었다는 것이다. 그리고 단군이니, 단골이니, 당골네 등의 용어는 알타이어계에서 하늘과 관련이 있다는 주장이다. 하늘과 관련이 있는 사람, 하늘의 뜻을 알고 남들에게도 그 뜻을 전해 주며 하늘을 섬기는 인물이 바로 단골이고 단군이라는 말이다.[9]

전통적으로 무당들에게는 "단골판" 혹은 "단골권"이라고 불리는, 활동 대상으로 하는 단골(신도)의 범위가 정해져 있다. 과거에는 이러한 단골판이 자연 마을이라는 경계와 일치되어 있었다. 전라도 진도 같은 곳은 지금도 면 단위를 기준으로 8~9개의 단골판으로 나뉘어져 있어서, 지역 분할 단골판의 대표적인 경우이다.[10] 이곳에서는 해당되는 지역에서 단골 무당만이 자신의 영향력을 행사할 수 있다. 단골판은 경우에 따라서는 무당들 사이에 매매가 되기도 한다.[11]

지역 위주의 단골판은 서울·경기 지역에서는 형성되지 않았다.[12] 거기에는 역사적이고 지리적인 연유가 있다고 볼 수 있다. 역사적으로 보면, 특히 조선 시대 무당들이 박해를 받음으로 해서 한곳에 정착하지 못하고 이리저리 옮겨 다녀야 했다는 데서 지역적으로 고정된 신도 단체를 형성하지 못한 첫째 이유를 찾을 수 있다. 다음으로 대도시에서는 인구의 유동 현상이 심하다는 점도 지역적으로 안정된 신봉자들을 확보하는 데 어려움으로 작용했다. 이러한 경우에는 다른 형태의 단골판이 형성된다. 그것은 특정

---


[8] 진성기 『제주도 무가 본풀이 사전』 도서출판 민속원 1991, 386.

[9] 류동식 『한국 무교의 역사와 구조』 연세대학교 출판부 1975, 27-8, 34, 40, 226 참조.

[10] 1989. 10. 4. KBS1 TV 「다큐멘타리 진도 1: 巫」 참조.

[11] 김태곤 『한국민간신앙 연구』 집문당 1983, 151.

[12] 조흥윤 『한국 무의 역사와 현상』 민족사 1997, 197-8 참조.

무당의 사람 됨됨이나 신통력에 따라 신봉자들이 모이는 일종의 인물 위주 "단골권"(圈)이다.

이렇게 보면 한국 무교의 세계에는 두 가지 종류의 단골판이 이어져 왔음을 알 수 있다. 즉, 지역 위주의 단골판과 인물 위주의 단골판이다. 지역 위주의 단골판은 오늘날의 세력 판도에 기준해서 보면 세습무 계열의 남부 지방에 분포하면서, 가무와 의례에 비중을 두는 "사제적 형태의 지역 공동체"priestly territorial community를 이룬다. 반면에 인물 위주의 단골판은 강신무 계열의 북부 지방에 주로 분포하면서, 강력한 종교 체험을 중시하는 "예언자적/카리스마적 형태의 인물 공동체"charismatic personal community를 형성한다. 그리스도교의 경우에, 전례를 중시하는 가톨릭 교회가 일정한 지역을 기준으로 사목司牧 단위를 형성하는 데 비해, 하느님의 말씀을 강조하는 개신교가 교회 구성원들에 따라 인물 의주의 목회牧會 단위를 형성하는 사실과도 흥미 있는 비교가 될 수 있겠다.

이즈음 서울·수도권 지역의 인물 위주 단골판의 규모는 대개 한 무당을 기준으로 할 때 40~50 가구 정도이다. 단골의 규모를 알아볼 수 있는 가장 신빙할 만한 자료는 무당이 확보하고 있는 단골 신도들의 이름, 생년월일, 주소 등이 기록되어 있는 "축원책"과 무당의 개인 신당에 브관되어 있는 "명다리"의 숫자이다. 명다리는 단골의 수명 장수를 기원하여 "신의 풍파 소멸" 따위의 내용을 적어 무당의 신당에 보관하는 천의 종류이다.

대체적으로 보아 물론 단골의 규모가 클수록 무교의 세계에서 인정받는 큰무당이며, 경제적으로도 풍족하다고 할 수 있다. 그러나 반드시 그렇기만 한 것은 아니다. 무당들의 주 수입원이 되는 굿을 할 때 무당들은 보통 서넛이 짝을 이룬다. 그러므로 어떤 무당이 동료 무당들과 원만한 인간 관계를 유지할 경우 동료들이 주문받은 굿에 자주 초청받게 된다.[13] 그렇게 되면 자신이 직접 관리하는 단골 신도의 수는 상대적으로 소수라 할지라도

---

[13] 서울 지역에서는 이런 무당을 "청승 무당"이라고 부른다.

수입이 많아지고 명성도 얻게 된다.[14]

## 2.2. 단골 관계의 성립 — 강신무의 단골판 형성[15]

(단골) 무당이 기도할 때는 언제든지 축원책에 올라 있는 단골을 위해 빌어주게 된다. 그러면 한 무당의 단골 신도는 어떠한 경로를 통하여 형성되는가? 지역 위주의 세습무 권역에서는 단골판도 무당 집안의 가계 세습에 의하여 전해진다. 그러나 인물 위주의 강신무 권역에서는 단골 관계가 성립되는 몇 가지 가능성이 있는데, 대표적인 경우를 언급하면 대개 다음과 같다.

첫째는 상속에 의해서다. 여기서 말하는 상속은 신도 쪽에서의 상속과 무당 편에서의 상속, 양면을 포함한다. 즉, 대를 이어 가면서 한 무당이나 신도를 고정적으로 상대하는 경우이다. 어떤 이유에서든 어느 가정의 주부가 한 무당의 단골 신도가 되면, 그 딸이나 며느리도 계속 그 무당을 찾게 되는 경우이다. 다른 한편, 무당들은 자신의 신부모로부터 단골 신도의 전부 또는 일부를 물려받는 경우가 많다. 노무당의 경우 연로하거나 임종이 가까워서 무업巫業을 계속할 수 없게 되면, 자기 신자식들의 성품과 능력을 고려하여 그들에게 자기가 평생 상대하던 단골 신도들을 인계하게 된다. 이러한 경우에는 "(대)물림굿" 또는 "넘김굿"이라고 하여 신자식들과 단골 신도들을 모두 모아 놓고, 노老무당이 평생 닦아온 무업의 모든 기능을 마지막으로 과시하면서 일종의 인수 인계를 하기도 한다.

이러한 상속에 의한 관계가 무교의 세계에서 단골이 형성되는 가장 중요한 계기로 작용한다. 단골 신도들 편에서는 오랜 기간 교류하면서 집안 사정과 조상들의 문제까지 잘 아는 무당을 더욱 신뢰할 수 있기 때문이다. 무당 편에서도 그렇게 오랫동안 자기가 섬기는 신령들에게 정성 들이고 빌어 주었던 가족이 계속 자기에게 남아 있기를 자연히 바라게 된다.

---

[14] 조흥윤, 앞의 책 198.

[15] 박일영, 앞의 책 48-51; 조흥윤, 앞의 책 199-206도 참조.

둘째는 "명다리"에 의해서다. 앞서도 잠깐 언급했듯이, 엄밀한 의미에서는 수명 장수를 축원하는 내용을 써서 무당에게 보관하는 천을 명다리라고 한다. 그 외에도 단골 신도의 정성을 표시하는 유사한 행동으로서 이러한 명다리의 범주에 드는 태도들이 있다. 이러한 실천 행위로는 무당에게 필요한 도구인 명도明圖, 제기祭器, 종, 바라 등이나 무당이 입는 "신복"神服 혹은 한지나 색종이 등의 재료를 제공하면서 봉헌물 위에 직접 봉헌자의 이름을 쓰거나 함께 바치는 천 위에 제공자의 이름과 기원문을 적는 일 따위가 여기에 속한다.

셋째는 "굿덕"(神事德)을 본 후다. 즉, 자력으로는 해결할 수 없다고 여겼던 집안의 중대사를 무당과 상의하거나 굿을 한 후에 효력을 보았다고 여기는 경우이다. 난치병을 앓는 병자가 "병굿"을 하고 낳았다든가, 자식이 없는 부부가 무당과 상의하여 자식의 점지를 관장한다는 "삼신"에게 빌어 자식을 낳았다고 생각하는 경우에 대부분 독실한 단골 신도가 된다.

넷째는 주위의 소개로 단골이 되는 경우다. 무당의 주위 인물들이나 기왕의 단골 신도가 무당을 소개하거나 추천하면 무당을 방문한 후 단골이 되는 경우를 말한다. 요즈음은 민족 고유의 전통문화를 소중히 해야 한다는 의식의 확산과 함께 정부가 무당들을 "무형문화재"로 지정하거나, 무당들이 텔레비전 프로그램에 등장함으로써 매스컴을 타고 유명해지는 경우도 있어서, 대중 매체 덕분에 많은 수의 단골 신도를 확보하는 경우도 없지 않다.

이상에 소개한 방법들로 형성된 단골 관계는 원칙적으로 무당이 죽음으로써 해소되어 신봉자들은 뿔뿔이 흩어지게 된다. 무당이 죽기 전에 신자식들에게 대물려진 단골들도 십중팔구 딴 무당을 찾게 된다고 한다.

## 2.3. 무교 공동체의 신앙 실천

"무교의례의 틀 안에서는 무언가 일어날 수 있는 가정법적인 시공간이 열리며, 신과 인간이 일체가 되어 함께 어우러지는 신성한 공동체가 형성"

된다.[16] 또한 의례 공동체의 의식적 상징은 신성 영역을 환기시킨다. 이러한 영역은 관조의 대상이 아니라, 살아 있는 존재로서의 신령들이라든가 삶과 숙명이라는 구체적 인간 현실과의 극적인 조우를 통해 동참해 들어가야 할 곳이다. 이렇게 무교의례에서 나타나는 역동적이고 우주적인 종교성은 무교 공동체가 지닌 신앙의 근본적 태도를 잘 나타내 보여준다.

### 2.3.1. 단골판의 신앙과 의례

앞에 소개한 단골 성립의 계기들 중에서 명다리를 바치는 경우를 제외하고는 단골 관계가 되기 위한 특별한 종교의례가 있는 것은 아니다. 그러나 전통적으로 무교 신앙을 실천하는 단골들은 집안에서 수호 신령들을 섬긴다. 단골의 가족은 부엌이나 마당에 작은 제상을 차려 놓고 이들 수호신들에게 집안의 화평和平을 위하여 두 손을 비비면서 기원을 한다. 그 외에 구렁이, 두꺼비, 돼지, 족제비 등의 동물을 섬기는 가족도 있다. 집안 식구들의 꿈에 자주 등장하는 동물이거나, 혹은 집수리를 하다가 예기치 못한 장소에서 발견한 뜻밖의 동물을 그 집안 생계를 보살펴 주는 수호신으로 여겨 받드는 것이다. 이러한 생업生業의 수호신을 "업"業 또는 "어비"(業主神)라고 한다.

단골 신도들이 무당을 대하는 종교적 태도를 통하여서도 신앙 실천의 정도를 가늠해 볼 수 있다. 열성적인 단골 신도들은 단골 무당이 주기적으로 거행하는 기도 모임에 참여한다. 정기적인 행사가 아니더라도 단골들은 집안에 문제가 있을 때 신령의 뜻을 알아보고 해결책을 찾기 위해 무당을 찾곤 한다. 그러면 무당은 점을 쳐서 신령의 뜻을 알아본 후에 상응하는 처방을 제시한다. 사태의 무겁고 가벼움에 따라 비손을 하라든지, 부적을 내려서 몸에 지니게 하거나, 치성을 드리거나 혹은 굿을 하라고 일러 주게 된다.

---

[16] .김승혜 · 김성례 『그리스도교와 무교』 바오로딸 1998, 156.

## 2.3.2. 공동체 의례인 굿과 굿판

무교의례는 무당이 신령을 만나 인간(신도)의 소망을 공동으로 비는 형식으로 이루어진다. 그러나 신령을 만나는 시간과 장소는 현실 세계의 일이 아니기 때문에 의례에 따르는 특수한 준비와 절차가 필요하다. 무교의 의례란 신령과 인간의 상봉과 대화를 의미하고 그러한 신인神人 간 만남과 교류를 통해 궁극적인 문제를 해결하고자 하는 원의를 드러낸다.

그 중에서도 굿은 그 짜임새나 규모 면에서 무교의 중심 의례라고 할 만하다. 무교에서 단골 신도들은 자기 집안 문제를 단골 무당과 상의한다. 그런 문제에 대한 처방 가운데 가장 비중 있는 처방이 굿인 셈이다. 굿이라는 본격적인 의례를 통하여 모든 고난은 극복될 수 있다는 신앙이 극적으로 표현된다. 굿이라는 의례 과정을 통해 신령들과 인간 사이에 잘못되었던 관계가 회복되고, 인간 상호 간의 관계도 활성화되어 새로운 친교가 이루어진다.[17]

이러한 친교를 이루려는 목적으로 굿에서는 떡이라는 제물이 대표적으로 바쳐진다. 그래서 무교의 본격적 의례인 굿은 한마디로 "굿떡을 바쳐 굿덕을" 얻으려는 상징 행위이며, "행동으로 바치는 기도"로서의 신앙 실천이다. 굿의 핵심은 그렇다면 갈등과 고통으로 가득한 세계 안에서 굿덕을 얻어 재수를 확보하려는 것이라고 할 수 있다.[18]

굿이 진행되는 동안 모든 관련자들은 가족적인 친교의 분위기에서 푸짐한 대접을 받는다. 제의의 대동음복이 이루어지는 제상에서뿐만 아니라, 일상의 식사가 이루어지는 밥상에서도 그러하다. 굿상은 식사와 제사가 함께 이루어지는 제상인 동시에 밥상이다.

이렇게 계발된 공동 소속감은 의례 공동체 구성원의 연대적 삶의 원동력으로 작용한다. 즉, 공동 식사와 대동음복으로 요약되는 대동잔치로서 굿

---

[17] 박일영 「무속의 대동잔치」『종교신학연구』 3, 서강대학교 1990, 128-31 참조.

[18] 같은 곳.

은 공동생활을 통해 삶의 갈등과 모순에 공동으로 대처하고, 불운이나 재
앙을 함께 해소하려는 노력을 기울이는 연대적 집단 치유의 과정을 진행한
다. 이렇게 굿에서는 의례 참가자들의 공동체 의식을 잘 보여준다.

### 2.3.3. "굿정신"이라는 공동체 영성

흔히 "굿정신"이라고 일컬어지는 무교의 종교성은 한국인이 지닌 정신적
유산의 기반이라고 할 수 있다.[19] 민중종교의 신앙 체계에서는 의례를 거행
하는 중에 자연 세계와 인간 사회의 질서가 서로 교차하면서 자연의 요소
들과 인간이 우주적인 친교를 이룸으로써 사회에 조화를 확보한다.[20] 무교
의례인 굿이 진행되는 동안 구경꾼을 포함한 모든 참석자들은 가족적인 친
교의 분위기에서 풍성한 대접을 받는다. 굿 중간의 식사시간이거나 제의적
인 대동음복을 할 때를 막론하고 화기애애한 분위기를 형성한다. 이러한
민중종교의 종교성을 "우주적 종교성"cosmic religiosity이라고 한다.[21]

우주적 종교성에서 계발된 소속감은 공동체 구성원들의 연대적인 삶의
추진력으로 작용한다. 그것은 함께 나누는 생활, 함께 하는 식사, 삶의 갈
등과 모순에 대한 공동 해소 노력, 불운이나 재앙에 대한 공동 대처로 표
현된다. 이 메커니즘을 "대동마당에서의 대동잔치와 대동음복으로 드러나
는 대동제의-대동회의-대동놀이의 연대성"이라고 풀이한 견해도 있다.[22]

오늘날에도 한국인의 삶과 밀접한 관련을 맺고 있는 무교 신앙은 실존적
체험을 그대로 반영하고 있다. 무교의 영성에서 나타나는 역동적이고 우주
적인 종교성은  한국종교문화의 기본 토양을 여실히 드러낸다. 이러한 종
교성 안에서 인간은 대자연의 여러 요소들과 우주적인 친교를 이룸으로써
사회적인 조화를 이룬다.

---

[19] 박일영, 앞의 책 178-84 참조.

[20] 같은 책 182.

[21] A. Pieris, *Theologie der Befreiung in Asien: Christentum im Kontext der Armut und der Religionen*, Freiburg i. Br. 1986, 135-8.

[22] 주강현 『굿의 사회사』 웅진출판 1992, 162-233 참조.

이와 같은 모습을 굿에서 구체적으로 보자면, 역시 단골 신도가 단골 무당의 중재로 단골판인 굿판에서 신령을 만나 모두 하나가 되는 장면이다. 신과 합일하는 역동적 종교 체험 속에서 단골 집안의 부조화를 극복하고 조화를 회복시키는 창조적 영성이 발현된다. 이러한 조화의 원리는 하늘과 땅과 사람의 온 세상을 고루 어우러지게 한다.[23] 사람들이 살아가면서 겪게 마련인 온갖 우환과 질병은 그 집안의 조화가 깨져 일어난다고 이해된다. 그럴 때 무당은 신령님들에게 빌어서 모두 하나가 되는 체험을 함으로써 조화를 되살린다.

이 세상을 살아가는 신도가 있고, 초인간적 존재로서 신령이 있으며, 그 둘 사이를 사제자인 무당이 중재한다. 무당은 단순히 종교의례를 거행하는 사제 노릇만 하는 것은 아니다. 미분화된 무교의 세계에서 종교는 총체적인 의미를 가지므로, 무당은 정치적 지도자이며, 재판관이자 치유자요, 예언자이며 예술가이다.[24] 이렇게 사람들의 모든 문제가 시간과 공간을 통틀어 하나가 되는 의식, 즉 "공동체의 영성"을 통해 풀린다.

그 전형적인 예가 바로 굿이다. 그래서 굿에서는 신도와 무당과 신령의 삼자가 친교의 관계를 맺는다. 굿판의 난장과 춤은 이런 친밀한 관계를 표출하는 상징 언어이며, 대동세상의 실현이라는 민중종교의 꿈을 표현하고 있는 것이다.[25] 지노귀굿에 이르면 친교의 관계는 단순히 살아 있는 사람들에게만 국한되지 않는다는 점을 더욱 명확하게 인식시켜 준다. 여기서 산 이와 죽은 이가 모두 함께 어우러지는 "이승과 저승의 통교"는 무교 영성의 극치를 드러낸다.[26]

---

[23] 조흥윤 『무와 민족문화』 민족문화사 1990, 19-21 참조.

[24] 같은 책 273.

[25] 김영호 「우리 한판 대동의 춤을 추어 보세. 한국 무속의 공동체관」 『사목』 211, 한국천주교중앙협의회 1996/8, 58-93 참조.

[26] 홍태한 『서사무가 바리공주 연구』 민속원 1998, 233-81; 조형경 「바리공주 무가의 기호학적 분석」 대구가톨릭대학교 석사학위 논문 1996; 박일영 「무속의 사후세계와 사령제」 『사목』 166, 1992/11, 67-96 참조.

# 3. 그리스도교의 교회 공동체

그리스도교 공동체는 예수를 따르던 제자들의 공동체라는 교회의 원형에 그 근거를 두고 있다.[27] 공동체의 구성원들은 함께 지내며 모든 것을 공동 소유로 하고, 모든 사람에게 필요한 만큼 나누어 주었다. 그들은 "날마다 한마음으로 성전에 열심히 모이고, 집집마다 돌아가며 빵을 떼고 흥겹고 순박한 마음으로 음식을 들며 하느님을 찬양했다."[28] 이렇게 예수 제자들의 공동체는 모든 인간에게 개방되어 있었다.[29] 이 공동체 안에서는 서로를 가로막고 분리시키는 장벽들이 철폐되었다.

바울로의 편지에서 이 점이 분명하게 진술되고 있다. "그리스도와 하나 되는 세례를 받은 여러분 모두가 그리스도를 새 옷으로 입었습니다. 이제는 유다인도 그리스인도 없고 종도 자유인도 없으며 남자도 여자도 없습니다."[30]

그리스도교의 공동체 개념은 "교회"ecclesia라는 용어로 표현된다. 그리스도교는 동일한 사명mission과 은총grace을 부여받은 하느님의 자식들의 공동체 및 예수 그리스도의 형제들의 공동체, 즉 그리스도 안에서 결합된 몸의 지체로서의 공동체라는 "그리스도 신비체"corpus mysticum Christi 사상으로까지 그 깊이를 더해 간다.[31] 가톨릭 교회의 현대화aggiornamento를 목표로 개최되었던 제2차 바티칸 공의회는 교회 공동체를 하느님의 백성이라고 보아, 유기적 공동체라는 사상을 강조했다.[32] 이하에서는 현대 가톨릭 교회를 중심

---

[27] 심상태 「예수가 제시한 공동체. 대조사회로서의 공동체」 『성서와 함께』 123, 1986/6, 16-21 참조.

[28] 사도 2,46.

[29] 이순성 「그리스도교의 공동체 정신」 『사목』 168 (1993. 1), 15-28쪽; 신교선 「교회와 공동체적 구원」 『사목』 215, 1996/12, 6-17 참조.

[30] 갈라 3,27-28.

[31] 1943년 교황 비오 12세는 유명한 회칙 「그리스도의 신비체」(*Mystici Corporis Christi*)를 발표한 바 있다. Pius XII, "Mystici Corporis Christi" *AAS* 35, 1943/7, 193-248 참조.

[32] 유흥식 「가톨릭 교회의 공동체관」 『사목』 233, 1998/6, 35-68.

으로 그리스도교 공동체관의 요점을 살펴보도록 한다.

## 3.1. 신비체적 친교

현대 가톨릭 교회에서 공식적으로 견지되는 교회관은 친교로서의 교회라는 관점이다.[33] 성서에서 친교koinonia라는 개념은 하느님과 인간 사이의 친교와 하느님과 일치된 사람들 사이에 이루어지는 친교를 나타내는 말이다. 여기서 현대 교회가 말하는 친교는 친교를 이루는 주체에 따라서 세 가지 측면으로 나뉘는 바, 신적 친교communio divina, 형제적 친교communio fraterna 그리고 교계적 친교communio hierarchica이다.[34]

먼저, 신적 친교는 삼위일체이신 하느님의 세 위격 사이에서 발생하는 내재적인 친교를 말한다. 성부, 성자, 성령 삼위 사이에 실현된 친교의 관계로 말미암아 하느님은 인간에게 당신 자신을 드러내 보이심으로써 인간이 신적인 친교에 참여할 수 있게 되며, 교회가 거기에 그 근원을 두게 된다. 교회는 하느님과 인류 사이의 친교를 잇는 힘이며 표지이다. 교회는 모든 민족들이 실현해야 하는 친교의 장소이며 상징이다. 이렇게 가톨릭 교회는 제2차 바티칸 공의회에서 친교의 교회론ecclesiology을 제시했다.

1998년 개최된 아시아 주교 대의원회의Synode에서도 "친교로서의 교회"라는 입장을 반복·천명하고 있다. "시노드의 마지막 진술은 이 교회론의 중심 사항을 요약하고 있다. 곧, 친교인 교회는 삼위일체의 친교에 근거를 둔다. 교회는 하느님과 인류 사이의 친교를 잇는 힘이며 표지이다. 교회는 예수님 제자들의 친교이며, 모든 민족의 친교 장소이며 상징이다."[35]

---

[33] "친교의 교회론은 공의회 문헌들의 중심 개념이고 기본 개념이다. 성서 안에서 그 원천을 발견하는 코이노니아(koinonia) — 친교는 초대 교회와 동방교회에서 높이 존중되어 온 개념이며, 이 가르침은 오늘날까지도 지속되고 있다." 교황 요한 바오로 2세 교서 「평신도 그리스도인」 한국천주교중앙협의회 1989, 19항.

[34] 임병헌 「Communio로서의 교회 — 오늘에 있어 교회의 자기 실현(복음화)을 위한 조직신학적 성찰」『가톨릭 신학과 사상』 9, 가톨릭대학교 출판부 1993/6, 59-98.

[35] 「아시아 주교 대의원회의 의안집」 35항 『가톨릭 교회의 가르침』 6, 한국천주교중앙협의회 1998, 280.

교회를 신비체적 친교 공동체로 보는 관점은 교회를 순전히 법적인 조직으로 보는 태도와는 구별된다. 그러므로 교회를 구성하는 요소는 획일적인 법규정이 아니라, 하느님과 인간 사이에 이루어진 인격적인 생명 원리이다. 또한 교회는 단순히 인간적 친교로써만 구성되는 것이 아니라, 모든 인간에게 다가와 구원으로 이끄는 성령에 의하여 생활하는 사람들 사이에서 자발적으로 생겨난 친교의 관계로 이해된다.

"형제적 친교"나 "교계적 친교"는 둘 다 인간들 사이의 친교를 나타낸다. 그렇지만 형제적 친교가 하느님 백성의 본질적 동등성을 나타내는 데 반하여, 교계적 친교는 같은 하느님 백성 안에 주어진 다양한 과제를 내포하는 상이성을 뜻한다. 형제적 친교는 우선적으로 믿는 이들 사이의 친교를 말하며, 교회들 사이의 친교를 뜻하기도 한다. 교계적 친교는 교회가 친교 공동체로서 조직적이고 제도적인 성격도 내포하고 있음을 표현한다. 교계적 친교의 핵심은 형제적 사랑 안에서 이루어지는 공동의 노력과 상호 인정이며, 이를 통해 교회 구성원들 사이의 일치가 이루어진다. 교회가 삼위일체적 친교에 참여함으로써 현존하게 되는 한, 교회 안에 "다양성 안에서의 일치"unitas in diversitate가 인정될 수 있는 자리가 마련된다.[36]

## 3.2. 공동체의 구성

가톨릭 교회 공동체의 구성은 교계제도hierarchy로 설명된다. 여기서 "hier-"는 거룩한 것, 신성한 것을 뜻하는 그리스어 히에론hieron에서 왔으며, "-archy"는 지배, 통치, 원천을 뜻하는 아르케arche에서 유래한다. 이 두 개념이 합하여 "신성한 것의 통치"라는 의미를 가진다. 원래 이 말은 하느님이 정하신 천사들의 아홉 가지 소임을 뜻했다고 하나, 교부 시대에 오면서 각 품계에 따라 임명된 성직자를 의미했다. 오늘날에 와서는 포괄적으로 성직자와 일반 신도 모두를 포함하는 교회 공동체 전체를 의미한다.

---

[36] 심상태 「공동체관의 토착화 연구. 종합과 전망」『사목』 239, 한국사목연구소 1998/12, 44-53 참조.

제2차 바티칸 공의회는 교계제도를 신분상 이원적 구조나 질서를 나타내기 위한 제도가 아니라 봉사직을 수행하기 위한 도구로 규정하고, 그리스도 교회의 일치와 복음의 정통성을 수행하는 기구로 이해한다.[37] 그러므로 교계제도에 속한 성직자, 수도자, 일반 신도는 모두 서로 상호 보완과 협력을 하는 가운데 하느님 백성을 이루고 하느님 나라의 성장과 발전을 위해 함께 협력해야 한다고 주장한다.[38]

아울러 교회는 인간 구원을 목적으로 세워진 영적인 도구이면서 가시적인 도구다. 먼저 영적인 측면에서 볼 때, 교회는 성령의 은사를 체험하면서 그리스도의 몸을 성장시키고, 하느님께 찬미와 영광을 드리는 기능을 한다. 다른 한편, 가시적으로 볼 때 교회는 예수를 따르는 사람들이 모인 집단으로서, 교회 공동체의 유지와 결속을 위해 제도와 규율이 존재한다.

이렇게 교회는 영적인 성격과 가시적인 성격을 함께 지닌 공동체다. 교회의 영성은 공동체 안에서 작용하는 성령의 은사에서 나타나며, 가시성은 예수가 제자들을 조직하여 가르치고, 다스리고, 성화시키도록 만든 데서 나타난다.[39] 여기서 교회는 우선적으로 하느님의 내적 은총으로 맺어진 친교 공동체이면서, 의례와 동료애의 외적 결속으로 표현되는 공동체다.

## 3.3. 공동체의 의례

가톨릭 교회 공동체 안에서 의례의 중심을 차지하는 것은 미사Missa이다. 그 밖에 모두 일곱 가지의 성사, 준성사, 성무일도, 성스러운 행렬, 성체강복식 등이 공적 의례로서의 가톨릭 교회 전례liturgy에 속한다. 전례의 어원은 신약성서에 나오는 그리스어 레이투르기아leiturgia에서 유래한다.[40] 이 말은 민중laos에 대한 봉사ergon를 의미했다. 구체적으로는 가난한 사람들에 대한 교회 공동체의 구빈救貧 사업을 뜻하기도 했다.[41] 민중에 대한 봉사나

---

[37] 「교회 헌장」 18-29항 참조.　　[38] 「교회 헌장」 18항 참조.

[39] 마태 28,18-20; 요한 20,21-22 참조.　　[40] 히브 10,11 참조.

[41] 2고린 9,12 참조.

구빈 사업은 그리스도의 신비체인 교회에서 집단적으로 행해졌기에, 후에는 이 용어가 교회의 공적 의례라는 의미로 굳어졌다.

전례에는 하느님과 인간의 결합, 지속적인 만남이라는 의미가 강하게 들어 있다. 교회 공동체는 전례를 통해 하느님을 세계의 창조주요 주재자로 공경하며, 그에게 감사하고, 속죄하며, 기원한다. 그래서 전례의 주체는 공동체로서의 교회이다. 전례는 교회의 위임에 따라 지정된 성직자가 거행하는 의식적 행위 전체라고도 정의된다. 엄밀한 의미에서 그리스도 교회의 사제는 원래 예수 그리스도뿐이다. 그러므로 가톨릭 교회의 사제들은 그리스도의 대리자이면서 신자들의 대변자다.

그리스도교 전례는 이러한 이유 때문에 본질적으로 민중이 참여하고, 함께 모여 기도한다는 특징을 지닌다. 그런 연유에서 가톨릭 성당의 설계는 다른 많은 종교들의 사원과는 기본 개념이 다르다. 일반적으로 사원은 신상神像을 안치하는 하나의 작은 공간으로 구성된 반면, 성당ecclesia은 애초부터 신도 대중의 집회소이다. 여기서 전례가 원칙적으로 신도 공동체를 위한 의례이고, 공동체를 위한 기도라는 점이 잘 나타난다. 신도들은 이 의례 공동체에 참여함으로써 비로소 하느님의 구원 사업에 동참할 수 있게 된다고 여긴다. 그런 의미에서는 무교의 굿판이 지니는 공동체성과 상통하는 면이 있다고 할 수 있겠다.

## 4. 종교 공동체로서의 단골판과 교회

무교와 그리스도교는 각각의 공동체관에 비추어 볼 때, 개별 종교의 구성원들로서 하느님의 백성들 사이에 그리고 단골 신도들 간의 화합과 일치, 친교에 그 목적을 두고 있음을 알 수 있다. 그러나 두 종교 사이의 이러한 공통점은 내용적 공통점이라기보다는 어떤 의미에서 형식적 유사성이라고 할 만하다. 따라서 그리스도교와 무교의 공동체관을 비교할 때 외형적 공통점에 대한 고려와 함께 내용상 차이점에도 주목해야 할 것이다.

## 4.1. 외형적 공통점

그리스도교의 공동체관은 비교적 명확한 모습을 갖추고 있다. 교회 공동체의 모습이 성서의 권위에 힘입고, 또한 교회 구성원들의 지속적인 자각에 의해 뚜렷한 형태를 지니게 되었음을 알 수 있다. 이에 비해 무교의 공동체관은 상대적으로 불투명한 것으로 보인다. 무교 내에 공인 경전이 없다는 사실과, 그리스도교에 비해 볼 때 무교가 조직적으로 구성된 체제를 지니지 않았다는 점에서 그 원인을 찾을 수 있다.

그러한 외피적 차이에도 불구하고, 두 종교는 구성원 전체를 향한 열린 사고와 개방된 친교를 지향한다는 점이 확인된다. 그리스도교 공동체는 하느님과 이루는 친교의 연대성을 이 세상 안에서도 구현해야 한다는 사명을 지니고 있다. 마찬가지로 무교의 단골판이 말하는 "대동세상"은 공동체 구성원 모두가 현재의 고난과 어려움을 극복하고 현실에서의 행복과 안녕을 추구한다. 두 종교 공동체는 사적인 문제보다는 공공의 문제를 우선적으로 고려하고 있다는 점도 간과할 수 없다.

그리스도교와 무교는 제의의 형식이나 상징 행위에서도 유사한 구조와 형식을 가지고 있다. 특히 종교의례로서 굿과 미사가 보여주는 공동체관은 친교를 통해 가진 바를 나누는 생활을 기반으로 그 신앙이 실천되고 있음을 알게 된다. 그러한 자세는 두 종교의 공동체 내에서 끊임없이 확인되고 추구되어야 할 내용이다. 그것은 무교의 굿정신과 그리스도교의 성사sacrament가 갖는 의미를 일깨움으로써 비로소 가능해지는 일이다.[42]

굿을 통해 실현되는 공동체 정신의 회복과 지속은 분리와 소외가 지배하는 세상 한가운데서 신령과 조상, 가족과 이웃, 온 세상이 하나가 되는 합일을 최종적으로 상정한다.[43] 이러한 합일이라는 공동체 정신은 그리스도교가 지향하는 바와도 합치된다. 성사로서의 미사는 하느님과 인간의 합일을

---

[42] 이순성 「한국 무굿과 교중 미사의 상징행위 비교」『신학전망』 115, 광주가톨릭대학교 1996, 61-7 참조.

[43] 김승혜 · 김성례, 앞의 책 235 참조.

추구하는, 하느님의 한 백성이라는 공동체 정신을 구현하는 장이 된다. 굿판에서 다함께 어우러지는 모습에서 보여주는 것처럼, 무교의 원리로서 나타나는 조화의 정신은 그리스도 잔치인 미사에서 드러나는 조화와도 같다. 하느님의 백성이 한데 어울려 잔치를 하고 조화를 이루는 가운데, 이미 세상을 떠난 죽은 이들의 영원한 구원을 빌고 세상에 살아남아 있는 이들의 안녕과 평화를 희구하는 것이 미사의 핵심적 요소이다. 결국 무교와 그리스도교가 이루려는 목적은 공동체 구성원 간의 조화이다.

공동체 구성원의 입장에서 볼 때 그리스도교 의례 한가운데 하느님의 백성이 자리하듯이, 무교의례에서 단골들은 신령들과 밀접하고 능동적인 접촉을 가진다.[44] 신과 인간 사이에 이루어지는 이런 공동체는 그리스도교와 무교가 모두 신과 인간 사이의 친밀한 통교인 기도와 영성을 중시하는 종교로서 이해될 수 있는 기반을 이룬다. 마찬가지로 그리스도교가 하느님 백성의 현실적 해방을 지향하듯이, 무교에서도 역시 단골 신도 대중의 가장 현실적이고 구체적인 삶이 주제가 된다.

종교적 삶 안에서 의례를 통한 연대감과 사회 의식으로 공동체 정신을 기억한다. 이는 봉사와 희생으로 이루어지는 그리스도인 서로 간의 섬김이라든가 무교의 단골판에서 이루어지는 대동음복을 통한 나눔에서 엿볼 수 있다. 그리하여 친교로서의 공동체 정신이 함유하는 하느님과 인간, 인간과 인간, 나아가서 인간과 자연의 조화를 이룬다. 이렇게 그리스도교와 무교는 서로를 바라보면서 개별 종교들이 지닌 종교성의 의미와 공헌을 균형 있게 평가하여, 조화로운 공동체 정신을 서로에게 비추어 볼 필요가 있다.

## 4.2. 내용상 차이점

두 종교의 내용적 차이점으로는 우선, 공동체의 형성 근거를 들 수 있다. 그리스도교는 공동체의 형성 근거가 하느님 안에 있다. 종교 공동체로

---

[44] 박일영, 앞의 책 232 참조.

서의 그리스도교는 자신들의 근거를 하느님과의 계약berit에 둔다. 구약에서
는 야훼 하느님께서 당신과 특별한 계약을 맺으시고자 이스라엘을 부르셨
고, 그로 인해 공동체가 형성되었다고 믿는다. 이러한 공동체 내에서 삶의
중심은 당연히 하느님께 대한 신앙이었다. 신약에 와서 이 공동체는 예수
그리스도에 의해 완성되고 결정적인 구원의 성취를 보게 되었으며, 그 이
후에는 성령에 의해 이끌리고 주도된다고 한다.

반면 무교에서는 공동체의 형성 기원이 명확하게 드러나지 않는다. 물론
무교에서도 인간의 삶은 신이 주도한다고 여겨지며, 신령-인간-자연의 조
화로운 공동체가 중요하게 받아들여진다. 하지만 신령의 역할이 공동체의
형성 근거로까지 연결되지는 않는다. 무교에서는 먼저 개인과 신령의 관계
가 체험적으로 있고 나서, 그런 체험을 한 개인들로 구성된 공동체와 신과
의 관계에 공감대가 생긴다고 본다.

다음으로 공동체의 구성 요인을 살펴보면, 원인론적 공동체와 결과론적
공동체로 구분할 수 있다. 그리스도교와 무교가 다 같이 공동체 전체의 안
위와 행복, 구체적으로는 수평적 연대성과 친교 공동체의 구현을 추구한다
는 데서는 구별이 없다. 그러나 그리스도교는 그 공동체성의 근거를 삼위
일체 하느님의 내적 친교에 두고 있다고 주장한다. 공동체 구성원들 스스
로가 주도하여 공동체성을 확립해 나가는 것이 아니라, 이미 그들 안에 주
어져 있는 신적인 공동체성을 삶 속에서 구현하는 것이 그리스도교 공동체
성의 요체이다.

그러나 무교에서는 그 공동체성의 구성 요인이 인간 편에 있다. 굿에서
대표적으로 확인되는 무교의 공동체성은 그 신앙의례를 함께 행함으로써
얻게 된다는 측면에서 "결과론적"이라고 볼 수 있다.

마지막으로, 신과 인간의 관계를 살펴본다. 그리스도교와 무교의 공동체
관이 보여주는 차이는 근본적으로는 신관의 차이에서 발생한다. 그리스도
교에서 신과 인간의 관계는 "조건 없는 사랑"agape이라는 말로 압축된다. 하
느님의 사랑에 응답하기 위해 모인 이들이 바로 교회 공동체이다. 그래서

하느님과 맺은 사랑의 계약에 충실한 삶으로 그리스도교 공동체는 정향되어 있는 것이다.

그런데 무교에서 말하는 신령과 인간의 관계는 역동적이나 사역화私域化되어 있다. 무교 단골판에서 신령은 한편으로 현세의 삶을 축복해 주고 그 안에서 고통을 없애 주는 고마운 존재로 여겨지기도 하지만, 다른 한편으로는 인간의 삶을 위협하는 부정적인 존재로도 다가오는 것이다.[45] 그래서 신도들은 무당과 함께 굿판에서 신령에게 도움을 청하기도 하고, 신령을 달래기도 하며, 때로는 위협하기도 한다. 또한 무교의 "다신 다령"의 신관 안에서 무당들은 서로 다른 신들과 관계를 맺는다. 이러한 관계 속에서 드러날 수밖에 없는 모습은 공동체와 신의 관계라기보다는, 많은 경우 인간사의 사적 영역과 신령 사이에 발생하는 개별적 사안들이다.

## 5. 종교 공동체와 종교 간 대화

지난 세기 온 세계는 산업화와 기술혁명의 결과로 사상 유례가 없는 풍요로운 세상을 이룩하게 되었다. 그러나 이렇게 과학 기술을 중심으로 조직화되고 기계화된 사회는 이제 많은 면에서 인간의 성숙과 행복에 부정적인 영향을 끼치기도 했다. 그것은 비인간화 현상, 부속품화된 인간 군상, 대량 생산으로 인한 노동 가치 저하, 인간성 파괴와 가족 해체 등의 모습으로 나타나고 있다.

이러한 풍조는 전지구적인 현상으로 자리 매김하고 있다. 이러한 상황 속에서 참된 삶을 지향한다는 종교 공동체에 대한 숙고는 중대한 의미를 가지게 된다. 하느님과 인간, 그리고 인간 사이의 친교를 강조하는 그리스도교 공동체와, 민중들의 아픔을 함께하면서 이어져 온 무교 전통의 공동체관은 기계론적 세계관이 팽배한 현대 사회 속에서 하나의 대안을 제시해

---

[45] 박일영 「두렵고도 인자한 님을 대하며. 무교와 그리스도교에서 본 하느님 체험 이야기」 『한국그리스도사상』 5, 한국그리스도사상연구소 1997, 14-43 참조.

주리라는 기대를 갖게 한다.

개인화, 사역화로 치닫는 오늘의 세태 속에서 서로의 아픔을 하느님과 함께 그리고 이웃과 함께 친교의 대동잔치로 해결할 수도 있지 않을까? 그리스도교와 무교의 공동체관은 서로 다른 역사적 맥락과 문화적 환경 속에서 발전해 왔지만, 적극적으로 융섭할 수 있는 가능성을 보여주기도 한다. 그것은 두 종교의 공동체 이해가 공히 신과 인간, 인간과 인간의 일치와 화합을 최종 목표로 한다는 점에서 그러하다. 더 넓고 큰 차원에서 서로의 고통과 기쁨을 나누고 해결하는 열린 공동체로서 교류와 협력이 가능할 것이다.

이렇게 상통하는 두 종교는 참된 종교적 자세로 서로를 바라볼 수 있다. 그리스도교는 무교로부터 역동적이고 실제적인 살아 있는 종교성을 보고 배울 수 있으며, 무교는 "굿정신"의 영성이 사적 영역에 머무르지 않고 이상적 공동체를 체현하는 방향으로 나아가는 데 그리스도교의 도움을 받을 수 있을 것이다.

# 토착화 · 한국화 · 비옥화

# 1. 일방 전도와 쌍방 선교

종교 간의 만남과 협력은, 남이야 어떻게 되든 말든 나 혼자 이 땅에 든든한 뿌리를 내리겠다는 이기적인 "토착화"의 명분이 아니라, 토양과 뿌리가, 즉 문화 조건과 종교 사상이 모두 "비옥화"되는 일에 애써야 한다는 상호 선교相互宣敎(gegenseitige Mission)에 대한 자각에 입각해야 한다. 그것은 한국 그리스도인의 처지에서 볼 때, 자신의 신앙을 깊이하고 진리에 한 걸음 더 다가가기 위하여 오랫동안 이 땅의 종교문화를 성격지어 온 붓자에게서, 유생에게서, 심지어는 무당의 얼굴에서도 그리스도의 모습을 새롭게 발견하고 한국화할 줄 알아야 한다는 말이기도 하다.

이러한 자각이 가톨릭의 공식적인 범세계 교회 차원에서는 교회의 오늘화aggiornamento라는 기치 아래 개최된 제2차 바티칸 공의회의 일관되는 정신이다. 제2차 바티칸 공의회가 끝나면서 발표된 17개의 문건 중 「교회의 선교 활동에 관한 교령」*Ad Gentes Divinitus*(1965)에서는 그리스도 교회가 급변하는 현대 세계 안에서 어떠한 자세로 "선교"해야 할지 다음과 같이 언급하고 있다.

> 즉, 하느님으로부터 계시되고 성서에 기록되었으며 교부들과 고권敎權에 의해 부연된 사실이나 말들이 전 교회의 전승에 비추어 새로 연구되어야 한다. 이와 같이 하여 제 민족의 철학과 예지에 입각하여 어떤 경로로 신앙이 이해될 수 있는가 또 어떤 방법으로 그들의 풍습과 생활감정, 사회질서 등이 하느님의 계시에 의한 도덕과 합치될 수 있는가 등등이 더 명확히 파악될 것이다. 이와 같이 하여 … 고유의 전통으로 풍부하게 된 새로운 부분 교회들이 교회적 상통 중에 자기들의 자리를 발견할 것이다.[1]

---

[1] 「선교 교령」 22항 『제2차 바티칸 공의회 문헌』 한국천주교중앙협의회 1969, 508-9; 「교회 헌장」 13항도 참조.

「교회의 선교 활동에 관한 교령」 반포 10주년을 기념하여 당시 교황 바오로 6세는 선교의 요체를 문화에 대한 적응이라고 재삼 강조하는 회칙을 발표했다. 그 문헌이 바로 「현대의 복음선교」*Evangelii Nuntiandi*(1975)다. 이 문헌에서는 교회가 수행하는 선교(복음화 활동)에 다양한 요소와 국면이 있음을 상기시킨다. 선교를 다만 그리스도를 모르는 사람들에게 설교하고, 교리를 가르치고, 세례를 주고, 성사를 주는 일로만 정의해서는 안 된다고 명시한다.[2] 선교는 복음을 인류의 모든 계층에까지 전해 주어 그 힘으로 인류를 쇄신하는 일[3]이라고 포괄적으로 정의한다.

복음선교를 한다는 것은 단순히 더 넓은 지역에서 보다 많은 사람들에게 그리스도를 알리는 일일 뿐만 아니라, "하느님의 말씀과 구원 계획에 배반되는 인간의 판단 기준, 가치관, 관심의 초점, 사상의 동향, 사상의 원천, 생활양식 등에 복음의 힘으로 영향을 미쳐 그것들을 역전시키고 바로잡는 데 있다. …"[4] 그러므로 개별 문화의 깊은 근원까지 생명력 있게 복음화하는 "문화의 복음화"가 필요하다.[5]

그러나 복음은 모든 문화에 대하여 자유로운 것이기 때문에 특정한 문화와 동일시해서는 안 된다고 못박는다. 이러한 언급의 배후에는, 앞에서도 말했듯이, 16세기 이후 식민주의와 결합되어 시행되었던 서구 그리스도교 문화의 일방적인 "수출"이라는 과거의 잘못된 선교를 되풀이하지 않으려는 의지가 다시 표명되었다고 해석할 수 있다. 복음은 어떠한 문화에도 예속되지 않으면서 개별 문화 속에 융합된다. 문화의 복음화로 이해되는 선교를 말하는 이 부분이야말로 이 문헌의 핵심적인 진술을 담고 있다.

「현대의 복음선교」에서는 또한 선교에 적절한 방법을 탐구할 필요성에 대해서도 역설한다. 선교의 방법과 관련하여 간과할 수 없는 한 가지 측면으로 "민간신앙"의 지대한 역할을 누누이 강조한다. 즉, 효과적인 선교를

---

[2] 교황 바오로 6세 (이종홍 역) 「현대의 복음선교」(*Evangelii Nuntiandi*, 1975) 17항, 한국천주교중앙협의회 1977, 31-2.

[3] 같은 글 18항.　　　　[4] 같은 글 19항.　　　　[5] 같은 글 20항.

위하여 개별 지역에서 형성된 민간신앙 내지 민중종교 현상에 대하여 교회 지도자들이 민감해야 하고, 내면적인 가치를 통찰할 줄 알아야 하며, 사목적 사랑으로 탈선의 위험을 극복하도록 도와주어야 한다고 권고한다.

> 민간신앙은 순박하고 가난한 사람들만이 알아볼 수 있는 하느님께 대한 갈망을 표현하고 있습니다. 그러한 신앙은 신앙을 위해서라면 헌신과 영웅적 희생도 할 수 있는 것을 보여줍니다. 그리고 … 하느님의 속성을 이해할 수 있는 예리한 감수성도 볼 수 있을 뿐만 아니라 다른 데서는 보기 드문 … 내적 자세도 볼 수 있습니다. … 선도만 잘된다면 이 대중적 신앙심은 오늘의 일반 대중들이 그리스도를 통하여 점차적으로 하느님과의 참된 상봉을 이루게 해 줄 것입니다.[6]

이러한 언급은 바로 가톨릭과 한국의 대표적 민중종교인 무교 사이의 상호 선교를 지향하는 필자의 관심사와 상통한다. 더 나아가서, 이번 마당에서 논구하는 무교적 심성에 비추어 본 가톨릭 신앙의 비옥화 전망에 대하여 직접적인 전거典據를 제공한다.

「교회의 선교 활동에 관한 교령」 반포 25주년을 기념하여 요한 바오로 2세는 「교회의 선교 사명」이라는 선교 대헌장을 공포했다. 여기서 언급하는 중요한 선교 방법은 "복음과 민족 문화와의 융합"이다. 제 민족에게 복음이 전해지면서 교회는 다양한 민족 문화를 만나게 되고 그 문화에 토착화된다. 토착화는 "인간 문화가 그리스도교에 수용됨으로써 그 문화의 참된 가치의 내적인 변모가 이루어지는 것과, 여러 가지 인간 문화 안에 그리스도교가 삽입되는 것을 의미한다".[7]

다른 문화권에서 파견된 선교사들은 출신 지역의 문화 환경을 초월하여

---

[6] 같은 글 48항.

[7] 교황 요한 바오로 2세 (정하권 역) 「교회의 선교 사명」(*Redemptoris Missio*, 1990) 52항, 한국천주교중앙협의회 1991, 82-3.

(exculturation), 파견된 지역의 문화 환경에 자신들을 순응시켜야 한다(incultura-
tion). 그럴 때 선교사와 피선교 지역 문화는 상호 영향을 주고받게 된다(ac-
culturation). 그러한 과정을 거쳐서 교회 공동체들은 자기네 문화 전통에 맞
는 양식과 방법으로 복음을 표현하게 된다. "전통적 가치의 보존은 성숙한
신앙의 결과이다."[8]

또 다른 선교 방법은 타종교인들과의 대화이다. 타종교인들과의 대화는
바로 그리스도교가 수행하는 복음화 사명의 일부이다. 종교 간의 대화가
상호 인식과 상호 기여의 길이므로 선교와 특수한 관련이 있다. 대화에 임
하는 교회의 자세는 이렇다. 그리스도 교회는 타종교에서 발견되는 참되고
신성한 것들을 인정하지만, 교회가 구원의 정상적인 방법이요 교회만이 구
원의 방법을 온전히 가지고 있다는 확신에서 대화를 추진한다.[9]

이와 같은 선교의 정신이 문헌을 통해 피상적으로 선포되는 데 그치지
않고 실천적인 작업도 가톨릭 교회 내에서 이루어지고 있다. 예를 들자면
"교황청 비그리스도교 사무국"이 설치되어 타종교 문제 특히 종교 간 협력
문제를 다루어 오던 중 "종교 간의 대화를 위한 교황청 위원회"로 개편, 운
영되고 있다든지 "교황청 문화위원회"가 신설되어 개별 문화와 민족, 역사
와 풍습을 존중하면서 그리스도의 본래 정신을 구체적인 문화 현실 속에서
실천하는 일에 선교의 비중을 두고 있다.

## 2. 무교가 추구하는 세계-내-조화

오늘날에도 여전히 한국인의 삶에 밀접한 연관을 맺고 있는 무교 신앙은
한국인의 실존적 체험을 반영한다: 삶과 죽음, 기쁨과 슬픔 그리고 좌절과
희망이 그 속에 용해되어 있는 것이다. 무교의 의례에서 나타나는 역동적
이고 우주적인 종교성은 한국종교문화의 기본 토양을 여실히 드러내 보여

---

[8] 같은 글 54항.　　　　　　　　　　　　　　　[9] 같은 글 55항.

준다. 이와 같은 종교성 안에서 인간은 대자연의 여러 요소들과 우주적인 친교를 이룸으로써 사회적인 조화를 이루게 된다.

## 2.1. 무교 신앙의 체계

공인되는 경전이 없고 창시자가 분명하지 않은 종교에서는 종교적인 기능을 행사하는 자가 결정적인 위치를 차지한다.[10] 그런 의미에서 한국 무교의 정신을 알아보는 데는 무당에 대한 연구가 우선시된다. 무당의 유형은 흔히 강신무와 세습무로 나누인다. 무당이 되는 과정에서 강신무는 직접적인 신령 체험에 의하며 세습무는 집안 대대로 이어지는 가계 세습에 의한다. 하지만 실제로 이와 같은 신통神統과 가통家統의 경계는 모호하다. 현장 조사를 해 보면, 강신무의 경우에 가계 세습의 흔적이 나타나는가 하면, 세습무의 경우에는 신병과 유사한 현상이 드러나기도 한다.

무교 신도들의 공동체를 "단골판"이라고 부른다. 북부의 강신무 계열에서는 특정 무당의 카리스마를 중심으로 하는 인물 위주 공동체가 형성되며, 남부 세습무 계열에서는 대체로 마을 단위 지역 공동체가 이루어진다. 무교의 신봉자들은 그들이 신령들을 어떻게 대우하는가에 따라서 행운을 얻기도 하고 불행을 당하기도 한다고 생각한다. 그리하여 그 자체로 선하거나 악한 신령이 있는 것이 아니라, 그때그때 기분에 좌우된다는 것이다. 심지어 저승사자마저도 잘 달래서 기분을 맞추어 주면 고인이 어려움 없이 극락 세계에 도달할 수 있으며, 그럴 때 비로소 남아 있는 유족들도 사령死靈의 시달림을 받지 않고 편안히 살 수 있다는 것이다.[11]

한국의 무교에는 수많은 신령들이 존재한다. 신령들에 대한 이야기인 신화는 국내에서 생겨나기도 하고, 외국에서 유입되기도 하다가 언젠가는 슬

---

[10] 박일영 「종교 간의 갈등과 대화. 무속과 그리스도교를 중심으로」 『종교신학연구』 2, 서강대학교 종교신학연구소 1989, 106-7.

[11] 박일영 「무속의 사후세계와 사령제. 상제례 토착화 특별 연구 발표」 『사목』 166, 한국사목연구소 1992, 67-96.

며시 사라지기도 한다. 이러한 신령들은 살아 있는 인격체로서 이 세상에 남아 있는 사람들과 실존적인 경험을 나누는 것으로 여겨진다. 그리하여 이러한 신령들은 무신도巫神圖로 그려져 구체적인 모습을 띠고 나타난다. 무신巫神들의 만신전萬神殿에서 예외적으로 지고신인 하느님과 잡귀 잡신은 구체적인 형상으로 잘 나타나지 않으며 무신도로 그려지지 않는다.[12]

조흥윤은 한국 무巫 전통에서 신격이 형성되는 일곱 가지 가능성을 제시했다.[13] 이러한 가능성들은 하나의 공통성을 가지는데, 그것은 바로 무교 공동체 내지는 무교 사회의 공감sympathy 내지는 감정이입empathy이라는 것이다. 그래서 신령들은 공동체의 공감을 잃게 되면 굿판을 떠나게 된다.

무교의 세계관에 따르면, 이 세상에 현재 살고 있는 사람 이외의 모든 사물 안에는 신적인 힘이 들어 있다. 이러한 힘의 위계질서상 하느님이 최상위에 위치하여 우주 만물을 다스린다. 그러나 한국 무교에서 하느님은 자신의 능력을 하위 신령들에게 양도하며, 인간사에는 하위 신령들이 구체적으로 직접 관여한다.

한국 무교에서 신앙의 내용과 체계는 이상 언급한 세 주역들 사이의 관계에서 자리를 잡는다. 무꾸리(占卜)를 통하여 신령과 인간 사이에 처음으로 접촉이 이루어지며, 그 결과에 따라서 어떠한 신앙 행위를 하여야 할지가 정해진다. 집에서 혼자 비손/비나리를 할 것인가, 부적을 써 붙이거나 몸에 지니든가, 아니면 본격적으로 치성을 드리거나 굿을 하게 된다.

굿은 특히 한국 무교의 대표적 의례로서 포괄적 성격을 띤다. 순수한 한국어 개념인 굿은 알타이어족의 다른 언어들과 비교하여 그 뜻을 유추해낼 수 있다. 람스테드는 퉁구스어의 쿠투, 몽골어의 쿠툭, 터키어의 쿳이 모두 행운이나 행복을 가리키는 말이라는 것을 찾아내었다.[14] 반면에 이능화李

---

[12] 박일영 「한국 무속의 신관」 『사목』 149, 1991, 79-106 참조.

[13] 조흥윤 『한국의 무』 정음사 1983, 104-11 참조.

[14] G.J. Ramstedt, *Studies in Korean Etymology*, Helsinki 1949, 132.

能和는 한국어의 굿이 흉하고 험한 일을 뜻하는 용어로 마치 비 오는 날을 "궂은 날"이라고 한다거나 상사喪事가 났을 경우 "궂은 일"이라 하는 것과 같다고 보았다.[15] 언뜻 상반되어 보이는 이상의 두 해석을 종합하면, 굿이란 "흉하고 험한 일을 물리치고 행운을 청하는 것"이라 하겠다.

비손, 부적, 치성이 재앙에 대한 미봉책이거나 최종적인 해결 방안의 효력 강화 수단이라면, 굿은 신령과 신도 사이에 중개자 역할을 하는 사제자인 무당을 통해 "흉하고 험한 일"兇險之事을 최종적으로 거두어 버리고 새로이 조화를 이룩하는 일이라 할 수 있다. 그래서 굿에서는 수많은 신령들이 모셔지고請神, 노래와 춤과 온갖 제수로 달래어지고娛神 나서, 다시 전송되는送神 절차를 밟는다.[16]

한마디로 정리하자면, 본래in illo tempore 구원(재수)의 상황이던 것이 현재 비구원의 상황(한, 살, 탈, 역)으로 떨어짐으로써 다시 구원의 상황을 추구하게 된다. 이와 같은 구원과 비구원의 양극성이 신령-무당-신도의 삼각관계를 통하여 순환성으로 전환되어 풀어지는 것(한풀이)이다.

## 2.2. 삶의 성사성

고난(恨)은 극복될 수 있다는 것이 무교 신봉자들의 경험이다. 고난을 극복한 새 삶이 일종의 상징 언어로 의례에 나타난다. 굿의 치유 효과에 착안한 정신분석학자 이부영은 무당굿이 일정한 해피엔딩의 유형을 갖추고 있다고 본다.[17] 신령들이 처음에는 인간들의 게으름과 무관심을 탓하다가도 결국에는 축복을 하고 불운으로부터의 보호를 약속한다는 것이다.

이러한 과정을 거쳐서 신령들과 인간 사이에 또는 인간들 상호 간에 새로이 정립된 관계가 형성된다. 그것은 특히 미래에 대한 낙관적인 조망이

---

[15] 이능화 「朝鮮巫俗考」『啓明』 19, 계명구락부 1927, 44.

[16] 박일영 「무속의 대동잔치」『종교신학연구』 3, 서강대학교 종교신학연구소 1990, 11-27 참조.

[17] 이부영 「한국 무속의 심리학적 고찰」 김인회 외 『한국 무속의 종합적 고찰』 고려대학교 민족문화연구소 1982, 163-4 참조.

라는 심리적인 기제를 통해서 이루어진다. 이렇게 볼 때 굿의 핵심은 갈등과 고통의 가능성으로 가득 찬 세계 안에서 "재수"를 확보하는 것이라고 말할 수 있다.

여기서 말하는 재수라는 개념은 안전·보호·생존 등을 포괄하는 의미로 이해되어야 한다. 한국 무교 신앙에서 이 개념은 마치 히브리 성서에서 샬롬shalom이 갖는 의미처럼 초자연적인 존재로부터 오는 총체적인 구원이라는 뜻에서 이해될 수 있다.

무교의 신앙 내에는 죄의식이 별로 없다고 주장하면서, 죄에 대한 이야기를 명료하고 체계적으로 하지 않는다고 하여 무교를 비윤리적이고 저급한 종교라고 보는 것은 편협한 시각이다. 그러한 시각을 종교사 속에서 살펴보면, 민중종교를 억누르고 그 자리에 지배자의 이데올로기를 심으려는 의도에서 나타나곤 했다. 지배자들은 민중의 생활 깊숙이 자리잡고 있는 민간종교를 "미신"迷信으로 매도하는 대신 자신들의 신념 체계를 강요함으로써 존재 기반을 강화해 왔다.[18]

실제 굿의 의례에 참여해 보면, 무교에도 건전한 윤리가 살아 있음을 확인할 수 있다. 일례로 전국적으로 분포된 대표적 무교 신화 "바리공주 무가"에는 부모에 대한 효심, 나라에 대한 충성심, 불쌍한 이를 도와주기, 자기 희생 등 고도의 윤리적 요소가 곳곳에 숨어 있다.[19]

무교는 윤리적 요소들을 내포하면서도 윤리의 차원을 넘어선다. 무당은 신령과 인간을 잇는 매개자 역할을 하면서, 인간 관계만으로 해명되지 못했던 물음들을 해명해 주고 가슴 깊이 맺힌 한을 풀어 준다. 이해되지 않았던 불행들로 인해 고통받던 사람들이 한풀이를 통해 치유되는 과정을 거치고 나면 적극적으로 한을 수용할 수 있는 "한맞이"가 가능해진다. 따라서 무교의 신앙은 한풀이의 장으로 끝나는 것이 아니라, "한풀이"의 과정

---

[18] 최경호 「"미신타파" 이후의 동제(洞祭)와 마을의 정체성」 영남대학교 석사학위 논문 1996 참조.

[19] 조형경 「바리공주 무가의 기호학적 분석」 대구가톨릭대학교 석사학위 논문 1996 참조.

을 거친 다음 고통으로 가득하고 한 많은 이 세상의 의미를 깊이 있게 체험하면서 적극적으로 살아가게 하는 "한맞이"의 자세도 갖추게 해 준다.

## 2.3. 종교의 현장성

민중종교의 신앙 체계 안에서는 자연계와 인간 사회의 질서가 서로 교차하면서, 자연의 요소들과 인간이 우주적인 친교를 이룸으로써 사회 안에 조화harmony가 확보된다고 한다. 무교의례인 굿이 진행되는 동안 구경꾼까지 포함한 모든 참석자들은 가족적인 분위기에서 풍성한 대접을 받게 된다. 굿 중간의 식사 시간이나 제의적인 대동음복의 경우에 화기애애한 분위기가 이루어지곤 한다. "굿당"은 일상생활을 영위하는 장소와 비교하여 그 크기나 모양에서 별 구별 없이 친근한 장소이다. 굿의 내용은 "재앙을 쫓고 복을 부름"(禳災招福)으로써 한恨을 풀고 원願을 들어주는 데 적합하다.

알로이시우스 피에리스는 이와 같은 민중종교의 종교성을 우주적인 종교성cosmic religiosity이라고 칭한다.[20] 이렇게 우주적인 종교성에서 계 발된 소속감은 공동체 구성원의 연대적인 삶의 추진력으로 작용한다. 그것은 즉 함께 나누는 생활, 함께 하는 식사, 삶의 갈등과 모순에 대한 공동 해소 노력 그리고 불운이나 재앙에 대한 공동 대처로서 말이다.

무교의례에서 사용되는 언어는 그 의례를 청한 단골이나 의례를 진행하는 무당이 겪은 실존적인 경험에 대한 집단 전승이요, 의사소통이라고 할 수 있다. 한국종교사를 보더라도 지배자들은 사회 비판적인 기능이 다분한 피지배자들(民衆)의 제의를 금지하지 않았을 뿐만 아니라, 어떤 의미에서는 장려하고 즐기기까지 했다는 것을 알 수 있다. 예를 들어 강릉 단오제에는 원래 탈춤이 없었다고 한다. 그러한 사실을 관가에서 애석하게 여기어 관노官奴들을 시켜서 연희하게 한 탈춤이 바로 관노 가면극이라는 것이다.[21]

---

[20] A. Pieris, *Theologie der Befreiung in Asiens: Christentum im Kontext der Armut und der Religionen*, Theologie der Dritten Welt, Bd. 9, Freiburg i. Br. 1986, 135-8 참조.

[21] 장정룡 『관노 가면극 연구』 두산 1989 참조.

이것은 민중종교의 제의가 단지 양반의 오락거리였다기보다는 지배자와 피지배자 간의 중요한 언로 구실을 했다는 의미가 된다. 민중제의에서 드러난 이러한 이야기들은 절실한 삶의 현장에서 발생한 이야기들이고 생존을 위한 노력의 결과물이다. 그래서 이러한 이야기들은 단지 입으로만 전해지는 것이 아니라, 온몸으로 증언되는 언어이다.

이와 같은 언표는 시대의 징표sign of the time; signum temporis를 깨닫도록 해 준다. 고난받는 이들이 경험한 집단적인 전승 이야기라든가 그러한 고난의 극복과 관련한 민중의 감수성이 무교제의에서 감지된다. 고난에 대한 경험이 주로 비극적인 분위기의 "공수"에서 잘 드러나고, 그러한 고난의 극복이 희극적인 분위기로 전환된 "덕담"에서 구체적으로 드러난다.

> 에, 에, 오늘은 부모라구 낯 없구 면목없이 왔노라. 세상 천지 만물 중에, 아휴, 부모노릇 못하구, 이세상 하직하구, 저세상 허락하야, 다시 영천 오지 못할 길을 … 아휴, 어허 어허, 원통한 말을 어데다 다하구, 시원한 말을 어데다 다 하랴![22]
>
> 이봅소! 우리 대감님 청해서, 하, 돈두 벌어다 줘야갔지? 하, 우리 양반 대감 한번 오던 길에 … 이 정성 들여놓고, 우리 부자 됐담네, 안암동 새 부자 나왔담네 ….[23]

## 3. 그리스도교의 한국화라는 화두

앞에서 살펴본 상호 선교라는 관점과 한국 무교의 특성을 고려하면서, 이하에서는 한국의 종교문화라는 맥락에서 가톨릭과 무교의 만남과 교류의 가능성을 타진해 보고자 한다. 무교는 한국인의 종교성을 성격지어 온다고 흔히 이야기된다. 그렇다면 가톨릭이 무교적 토양을 지닌 이 땅에 사는 사

---

[22] 「조상거리 공수」(녹음 자료) 부천 원미동 1985. 10. 17.
[23] 무녀 U 「대감거리 덕담」(녹음 자료) 서울 삼각산 1984. 3. 7.

람들의 마음밭(心田)에 뿌리내려 한국화되고 동시에 이 땅의 종교적 토양을 비옥하게 만드는 데 어떠한 가능성들이 있는지 살필 것이다.

다양한 문화와 사상을 점점 더 빈번하게 접하면서 지구촌 시대를 살아가자면, 가장 먼저 판독되어야 할 시대의 징표는 바로 다원주의 시대를 사는 사람들이 지니는 다양한 가치의 인정이 아닌가 한다. 그것을 종교문제에 국한해서 보면, 종교들 사이의 상이성과 저마다의 타당성을 존중해 주는 일에서 시작한다고 볼 수 있다. 관점을 더 좁혀서 볼 때, 그리스도교에서는 그리스도교 전통을 보존하는 동시에 다원주의적인 그리스도론을 어떻게 추구해 나갈 것인가라는 문제에 대한 해답 찾기가 된다. 그 하나의 방안이 "해방의 종교신학"에서 제시된다.

여기서는 그리스도의 유일성에 대한 바른-믿음ortho-doxie에 일차적인 관심이 있지 않다. 그 대신 지구촌 내지 지구시地球市(Global City) 안에서 다른 종교들과 더불어 하느님 나라와 그의 구원 사업을, 표현을 달리 하면, 하느님의 선교 활동을 지금 여기서 내가 체현體現하기 위한 바른-실천ortho-praxis에 더 많은 힘을 기울이게 된다. 왜냐하면 성서가 말하는 이야기는 예수의 인물과 행적에 대한 형이상학적이고 존재론적 진술이기 이전에, 일차적으로 예수가 제시하는 비전에서 힘을 얻고 매력을 느껴 그분과 동의하고 동행하도록 사람들을 설득하는 언술言述(Sprechakt)이라고 해석하기 때문이다.

한국의 가톨릭 교회는 교회 창립 이후 지속되어 오던 내세 지향적인 교회 정책에서 벗어나, 1970년대부터 적극적으로 사회에 참여하면서 민중의 진짜 삶에 더 깊은 관심을 갖게 되고, 사회-경제적인 구조악의 문제에도 눈길을 주게 되었다. 그리하여 예수는 이러한 문제에 어떻게 대처했는지 되묻고 그의 모습을 새로이 발견해서 사회 참여의 근거로 내세우게 되었다. 그렇게 함으로써 고난받는 한국 그리스도인들의 정체성을 밝히려 시도한다.[24] 이러한 맥락에서 한국 사회의 모순된 현실을 개선하는 일에 적극

---

[24] 박일영 「1970년대 한국 가톨릭 교회의 정의구현 운동」 『현상과 인식』 44. 연세대학교 한국인문사회과학원 1988, 9-30.

참여하던 교계 인사들은 예수의 선교 영역이 바로 상처받은 인간을 치유하고 험한 세상을 구원하여 "해방하고 일치시키는 **굿판**"이라고 규정한다.[25]

한국의 모순된 시대 상황이라는 맥락에서 이해된 그리스도의 모습은 그 모순과 부조리의 한가운데서 억눌려 살아온 이들(民衆)의 종교문화적 바탕에서 최우선적으로 이해되어야 한다. 그렇게 하기 위해서는, 한국 민중종교운동사에 나타나는 대로,[26] 민중의 끈질긴 저력에 원동력으로 작용하는 종교성을 밝혀내야 한다. 대체적으로 볼 때 한국종교사에서, 국교로 기능한 제도종교들은 기존 권력층과 야합servitudo한 반면, 민중종교인 무교는 한맺힌 이들(民衆)에게 꾸준히 봉사servitio한 전철을 밟아 왔다.

민중의 아픔과 슬픔에 조건 없이 동참하고 봉사하는 종교로서의 무교는 그리스도 교회의 성사성聖事性(Sakramentalität)과 상통한다. 즉, 하느님이 거저 주는 선물(恩寵)로 인간을 인간화(聖化)하는 공동체의 종교 행위인 미사를 비롯한 그리스도교 예배의 성사聖事적 성격이 무교의 공동의례인 굿에서도 드러난다. 그래서 오늘을 사는 한국인의 삶의 조건에 맞는 복음의 현지 문화 순응(土着化: inculturation)을 위해서는 무교적인 민중제의를 통해 알아볼 수 있는 한국인에게 고유한 종교성의 사회윤리적 내지 성사적 형상화形象化(Gestaltung)가 중요한 관건이 된다. 그것이야말로 "속알머리" 없는 곁뿌리만 잔뜩 심어 애꿎은 토양을 초토화할 것이 아니라, 진정한 "속알맹이" 뿌리와 토양의 상승 작용으로 말미암아 옥토에 든든한 뿌리를 내리는 비옥화肥沃化(fertilization)로 이어지는 일이기 때문이다.


## 4. 그리스도교와 무교가 만나서 시도하는 비옥화


가톨릭에서 말하는 선교의 의미에는 양면적인 요소가 있다. 우선 하느님으로부터 인간 쪽으로 향하는 구원 의지라는 의미가 있다. 하느님의 선교가

---

[25] 정호경 『나눔과 섬김의 공동체』 분도출판사 1984, 93-6 (강조는 필자).

[26] 황선명 『민중종교운동사』 종로서적 1981 참조.

실현되는 선후 관계를 약술하면 다음과 같다. 먼저 삼위일체 안에서 발동하는 역동적 사랑의 힘이 넘쳐나 세상의 창조가 이루어진다. 그 후 실낙원으로 상징되는 창조 질서의 상실로 인간에게는 비구원의 세계가 대두된다. 하느님 편에서의 선교missio Dei는 그러므로 창조 질서의 회복을 위한 재창조 의지의 표명이고 인간을 향한 하느님의 보편적 구원 의지의 표명이다.

다음으로는 인간 편에 관련된 선교의 내용이다. 비구원의 세계 속에서 구원을 받아야 할 인간조건condition humaine이 지역, 문화, 역사, 종교, 사상 등에서 다양한 모습을 하고 있기 때문에 선교에는 신학의 여러 분야를 위시하여 인접 학문이 총동원되는 인상을 준다. 온 세상 모든 이의 "총체적 평화"shalom를 원하는 하느님의 구원 경륜은 십자가에서 죽고 부활한 역사상의 구체적 인물 예수를 통하여 극명하게 드러난다. 인간의 처지에서 본 선교는 그러니까 "첫 선교사" 예수 그리스도의 파견을 통하여 인간을 구원하려는 하느님의 사랑을 증거하고 선포하기 위하여 예수의 본브기를 따라서 파견되는 일이다.

본론에서 살핀 대로 가톨릭 공식 문헌에도 일관되게 나타나는 선교 이해에 따르면, 이와 같은 선교 사업에 참여하는 선교자宣敎者들은 예수 그리스도가 하느님에 의하여 이 세상에 보내진 "것처럼 — 그렇게"kathos – kago[27] 파견되고 다가오는 하느님 나라(그느르심)를 안내해야 한다. 선교자는 예수의 선례를 따라 비구원의 세계에 횡행하는 온갖 궁핍, 불안, 폭력을 제거하고 가난과 고난과 위난을 감소하기 위하여 노력해야 한다.[28]

선교하는 이들의 삶은 남에게 희망을 보여주는 투신의 삶이다. 실제 삶으로써 드러내는 선교의 사명은 결국 하느님이 인간을 해방시킨다는 기쁜 소식을 인간 세계의 개별 "문화 안에 토착화"inculturation시키는 일이다. 그리하여 "평화의 네 기둥인 사랑, 정의, 자유, 진리"[29]를 위해 전심 전력으로 노력하는 것이다.

---

[27] 요한 17,18; 20,21.

[28] 루가 4,18-22 참조.

[29] 교황 요한 23세 「지상의 평화」 부제 (副題) 참조.

인간 입장에서 볼 때, 선교는 "하느님의 뜻에 맞는 인간화를 위한 사업"
이라 할 수 있다. 하느님의 뜻은 그런데 예수 그리스도를 통하여 구체적으
로 인간 세상 안에 육화肉化(incarnation)되었다. 그것이 바로 하느님이 보여준
선교의 모범이라면, 하느님의 뜻인 인간을 구원하려는 의지는 인간의 다양
한 문화 내지 생활 조건을 고려하여 제2, 제3의 육화가 이루어져 나가야
한다. 그것이 바로 토착화이다.

이렇게 선교의 주안점이 토착화라고 할 때, 근세 이후 서구 식민지 확장
정책과 맞닿았던 서구문화의 일방적인 수출이라는 형태를 지녔던 선교방식
은 지양되어야 한다. 그 대신에 각양각색의 사람들 사이의 만남과 대화를
통한 "상호 선교"가 이루어져야 한다. 복음화하는 사람과 복음화되는 사람
사이에, 이미 그리스도를 만난 사람과 아직 못 사귄 사람 사이에서 진리에
조금 더 가까이 다가가려는 공동 목표를 세워 의사소통communication이 제대
로 이루어질 때 비로소 서로 간에 진정한 이해와 일치가 생겨난다. 서로의
사상과 문화를 존중하는 가운데서 그리스도를 통하여 제시된 하느님의 뜻
이 여러 구체적인 문화 환경 안에서 올바로 받아들여지는(inculturation) 동시
에, 개별 문화 환경은 그리스도적으로Christically 토질 개선(肥沃化)을 해야 할
터이다.

오늘날 한국 사회는 세계에 유례가 없는 다종교상황에 놓여 있다. 이러
한 맥락에서 오늘 이 땅에 사는 종교인들에게는 특별한 과제가 주어졌다고
본다. 종교인들은 누구나를 막론하고 각 종교·종파의 풍부한 유산과 활력
을 가지고 누리와 겨레의 해방에 공헌해야 하며, 나아가 하나의 거대한 도
시로 변하고 있는 세계, 즉 지구시地球市라는 세상의 구원을 위하여 하나의
새로운 원리를 찾아내야 한다. 그러한 제 종교의 작업을 지구신학global theo-
logy 또는 세계신학world theology이라고 할 수 있겠다. 각각의 종교는 상호 선
교의 주체로서 자기 전통과 정체를 보존하는 동시에, 자신을 피선교의 대
상으로 내놓음으로써 각자의 성스러움을 더욱 심화하여 세계평화를 위하여
효과적으로 공헌하게 될 것이다.

이러한 관점에서 한국의 그리스도인들은 무교 신앙을 보는 시각을 교정할 필요가 있다. 무교를 성급히 원시적 미신으로, 우상숭배로, 사회 근대화를 저해하는 발전의 장애물이라고 일방적으로 매도할 것이 아니다. 반대로, 엄밀한 연구를 수행하지도 않은 상태에서 막연하게 호감을 나타내어, 무교야말로  한국종교의 모태母胎(matrix)라든지, 종교심성의 기반이라고 하는 둥 무조건 찬양 일변도의 태도도 바람직하지 못하기는 마찬가지이다. 민중종교성의 기능과 공헌을 제대로 평가하는 한편, 민간 서민에 국한되는 계층성이나 피지배층의 종교성 대변이라는 한계 내지 역기능을 균형 있게 보는 태도가 요구된다. 민중종교의 강한 역동성, 그 내적인 폭발력은 고등종교의 예언적이고 사회 비판적인 의식과 조우할 때 물신주의가 팽배한 현대사회에 창조적으로 공헌할 것이다. 덧붙여서, 무교 연구를 통해 주로 들여다보려는 한국인 고유의 종교성에 대한 분석과 그에 따른 그리스도교 토착화/한국화의 시도 역시 다양한 종교 간의 비교 연구로 보완해야 할 것이라 사료된다.

상대적으로 점점 더 좁아지고 있는 세계 안에서 그 필요성이 점증해 가는 "종교신학"은 오늘 한국의 다종교 상황에서 모범적으로 발전할 가능성을 충분히 지니고 있다. 구체적으로 그것은 "한국의 문화와 분리할 수 없는 무속·불교·유교의 … (신앙 내용과) 그 의미를 있는 그대로 바라다보고, 그 안에 숨겨져 있는 말씀의 씨를 기쁨과 경이를 가지고 발견하도록 노력"[30]하려는 작업이다. 왜냐하면 종교신학은 하나의 역사나 특정한 문화로 제한되지 않는 하느님을 더 잘 알고 인류 정신사에 나타난 제 종교들이 같은 하느님의 다양한 현현顯現임을 살펴서 나의 신앙 체험을 재조명하고 심화하는 일이라 보기 때문이다.

---

[30] 서공석 「"제찬과 성찬"에 대한 종합 발제」『종교신학연구』 3, 서강대학교 종교신학연구소 1990, 252.

# 말미에_그리스도교와 한국 무교의 상호 선교

## 1. 열린 마음과 질적인 선교

전통적으로 그리스도교에서는 "선교"라고 할 때 일차적으로 그리스도 교회에 속하지 않는 다른 사람들을 설득시켜서 나의 교단, 나의 교파에 소속시키는 양적인 확장에 치중해 왔다. 그것이 가톨릭과 개신교의 선교 역사에 공통되는 사실이다. 특히 근세 이후 가톨릭의 입장에서는 교회의 근거지였던 유럽에서 지역적으로나 수적으로 거의 절반을 신흥 개신교에 내주게 되자 유럽 밖에서 실지失地를 회복하려는 해외(외방)선교에 주력하게 된다. 이렇게 시작된 16세기 이후의 선교는 때마침 식민지 확장을 꾀하는 제국주의와 조우하게 되어 유럽의 경제, 유럽의 문화를 비유럽권역에 부식扶植(planta-tion)하는 일과 동일시되었다. 개신교의 경우도 마찬가지여서 개신교 내부의 자체 정비가 마무리되는 18세기 이후로 유럽과 미국의 선교사들이 비서구권의 선교에 힘쓰게 된다. 이렇게 되어 교회의 선교는 서구문화의 비서구 "전교지방"에 대한 일방통행으로 인식되기에 이르렀던 것이다.[1]

오늘날에 와서는 이러한 과거 선교 행태의 과오에 대한 반성이 그리스도 교회 내에서 이루어지고 있다. 한편으로 식민지 확장을 꾀하는 제국주의에 교회가 야합했던 일이라든가 조급하고 편협한 선교 이해로 말미암아 종교

---

[1] R. 프리들리 (박일영 역) 『현대의 선교. 선교인가 반선교인가』 성바오로출판사 1989, 15-21 참조.

의 이름으로 발생했던 수많은 분쟁과 전쟁에 대한 교회의 반성이 나타난
다. 또 다른 한편으로는 과거에 행해졌던 일방통행의 강요된 선교에 대한
피선교 지역들의 반발 또한 드세다. 그리하여 무엇이 과연 선교의 본래 모
습인가에 대한 그리스도 교회의 입장이 재정비되었다. 한마디로 그것은
"인간에 대한 가없는 사랑"[2]이라는 하느님의 뜻을 지금 여기서 실천하고 체
현體現하는 일이다. 다시 말하자면, 양적인 전교로부터 질적인 선교로의 전
환이 그리스도교에서 이루어지고 있다 하겠다.[3]

　이렇게 질적으로 이해된 선교에서는 타종교인에 대한 섣부른 개종의 강
요나 타종교의 파괴적 병탄이 우선적으로 시도되는 것이 아니다. 그렇다면
선교란 바로 남의 종교로부터 배워서 내가 진리에 좀 더 다가가는 데, 나
의 종교성을 심화하는 데 일차적인 관심을 두는 일이다. 더 나아가서 종교
간의 만남과 협력은, 남이야 어떻게 되든 말든 나 혼자 이 땅에 든든한 뿌
리를 내리겠다는 이기적인 토착화의 명분이 아니라, 토양과 뿌리가, 즉 문
화 조건과 종교 사상이 모두 "비옥화"되는 일에 애써야 한다는 상호 선교相
互宣敎(gegenseitige Mission)에 대한 자각이기도 하다. 그것은 한국 그리스도인의
처지에서 볼 때 자신의 신앙을 깊이하고 진리에 한 걸음 더 다가가기 위하
여 오랫동안 이 땅의 종교문화를 성격지어 온 불자에게서, 유생에게서, 심
지어는 무당의 얼굴에서도 그리스도의 모습을 새롭게 발견할 줄 알아야 한
다는 말이다. 이것은 물론 나 혼자 잘났다는 이야기인 진리독점권Absolutheits-
anspruch의 주장을 슬쩍 숨기고 있는 은근한 포괄주의soft inclusivism나 유사 배
타주의pseudo-exclusivism와는 그 유를 달리한다.[4]

　아래 도표는 그리스도교의 사회의식과 무교적 세계 이해가 사람들의 마
음속에서 만나 전인적 의사소통이 이루어질 때 이러한 두 종교 간의 대화

---

[2] 디도 3,4 참조.

[3] 박일영 「현대 교황청 문헌의 선교 이해」『현대사상연구』 6, 대구가톨릭대학교 1995, 4-11
참조.

[4] 박일영, 앞의 책 1-4 참조.

가, 나아가서는 영성과 문화의 실존적 만남이 세상을 좀 더 비옥하게 만드
는 데 어떠한 가능성을 제시하는지 보여준다.[5]

## 그리스도교와 무교의 5단계 대화

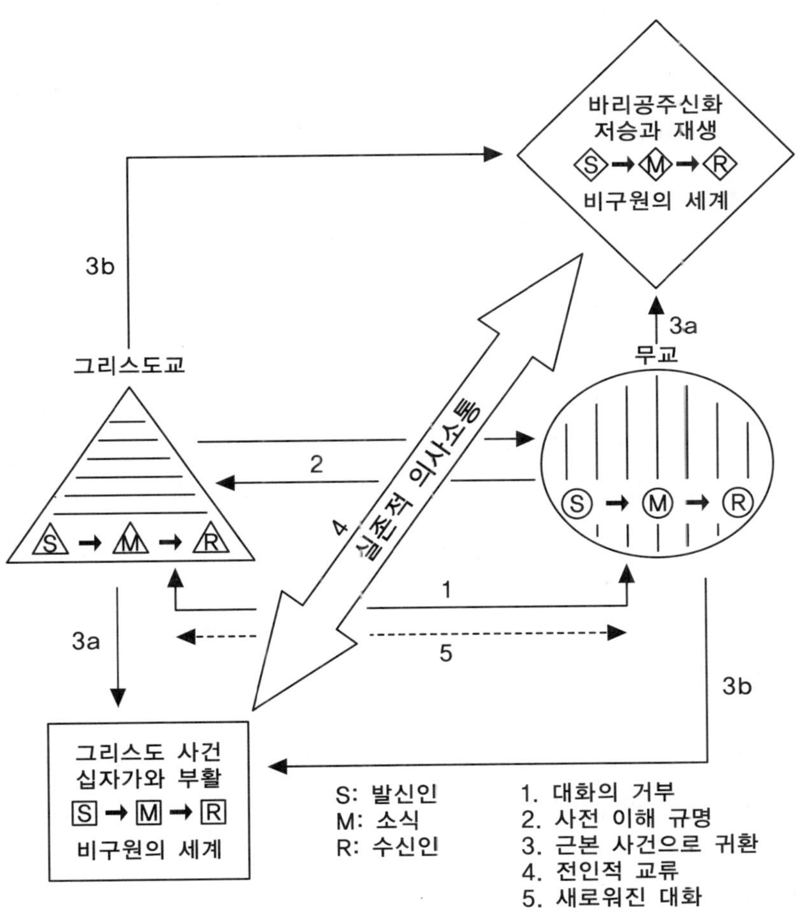


[5] R. 프리들리, 앞의 책 148 참조.

## 2. 한국 문화 속의 종교신학

어떤 종교든 간에 다른 종교를 만나게 되면, 자신의 정체와 위상을 다시 묻게 되고 상호 관계를 재정립하지 않을 수 없다. 이런 경우 많은 종교들이 다른 종교들을 사교시邪教視하거나 미신으로 치부하면서, 자신만이 유일하고 절대적인 진리를 지닌 참된 종교라는 배타적인 태도exclusivism를 드러낸다. 경우에 따라서는 노골적인 적대감이 아니더라도, 타종교의 부족한 점을 내가 보충한다거나 포용한다는 일견 관대한 포용주의inclusivism를 내세우기도 한다. 어떤 경우든 자기만이 올바른 종교라는 의식이 그 안에 담겨 있다. 그러나 이러한 태도는 모든 종교들이 저마다 내세우는 자세이므로, 주관적 의미에서 자기들끼리만 통하는 "고백적 논리"에 머무르고 만다. 그렇다면 종교 간의 참된 만남은 언제 어디에서 가능할까?

오늘날 세계에서 다양한 문화 간에 교류가 점점 잦아지고 있기에, 종교 간의 관계도 새롭게 정립되어야 한다. 앞에서 살펴본 바와 같이, 제2차 바티칸 공의회는 현대 세계에서 종교 간의 문제를 새삼 강조하여, 배타적인 호교론으로부터의 탈피를 호소한 바 있다. 종래 타종교에 대해, 특히 그 중에서도 민간신앙이나 민중종교를 타파해야 할 대상으로 간주하거나 적대적인 무관심과 몰이해로 일관해 온 한국 그리스도교계 일각에서 스스로를 찾고 자신의 종교성을 심화하는 작업의 일환으로 무교에 대한 진지한 관심이 피어나고 있음은 고무적인 현상이라 하겠다.

한민족 마음의 고향이며 신앙의 뿌리인 무교라든지 민간신앙이 지녀 온 종교적인 신앙내용이나 의례들을 스스로가 미신이라 경멸하고 배척으로 일관한다면, 현대인인 체하면서 결국은 뿌리 잘린 자아상실의 미아 신세를 면하기 어렵다. 이러한 의미에서 종교 "간"의inter-religious 대화는 바로 나 자신의 종교 행위 "안"intra-religious에서 시작되고 진행되어야 하는 일이다.[6]

---

[6] R. 파니카 (김승철 역) 『종교 간의 대화』 서광사 1992 참조.

오늘날 그리스도교 신학의 중심지는 서구 제국으로부터 소위 제3세계로 이동하고 있는 추세이다. 제3세계에서는 요즈음 신학의 주된 관심사가 바로 구체적 인간이 지닌 고난의 이야기이기 때문이다. 한국에서의 그리스도교 토착화 작업은 자기 삶의 자리에서 일궈낸 경험들로부터 도출되어야 한다. 물론, 오랜 세월 서구문화와 융합되어 온 그리스도교의 핵심을 따로 추출해 내어 각 문화권에서 새롭게 해석하고 개별 문화에 알맞게 적용한다는 문화순응inculturation은 지난한 작업이기는 하다.

프리들리R. Friedli는 이와 같은 맥락에서 그리스도에 대한 사실 자체Christus-Wirklichkeit로서의 "그리스도의 신원/그리스도다움"(Christustum; Christic)과 지리적·문화적으로 조건지어진 다양한 그리스도 이해Christus-Verständnisse로서의 "그리스도인의 신원/그리스도교"(Christentum; Christian)를 구별하자고 제안한다.[7] 그리스도가 전한 구원의 소식은 제각각의 환경과 의식구조에 맞춰서 전해지고 육화肉化(incarnation)되어야 한다. 역사가 짧은 교회는 자신의 정체를 잃지 않도록 하면서, 그리스도 안에서 성장해야 한다. 이러한 인식을 바탕으로 고유한 토착화 작업이 이루어지는 것이다.

오늘 한국에서의 토착화를 이루기 위해서 최우선의 과제는, 삶의 현장에다가 직접 그리스도의 본래 정신(복음)을 적용시켜 가면서 사회윤리적 전망을 획득하는 일이다. 한 가지 예를 든다면, 그리스도교에서 말하는 죄罪의 개념은 한국종교문화의 맥락에서는 "한"恨이라는 개념과 결부되어야 한다. 민중신학자 서남동의 해석에 따르면, 죄와 한은 마치 동전의 양면과 같다. 죄가 가해자의 편에 쌓여 가는 것이라면(sinned for ~), 한은 피해자의 편에 쌓여 가는 것이다(sinned against ~).[8]

홍콩 출신의 중국인 신학자 풍에 따르면, 인간은 단지 죄인일 뿐 아니라, 바로 동일한 그 인간이 죄가 저질러지는 대상이기도 하다는 것이다.

---

<sup>7</sup> R. 프리들리 (박일영 역) 『현대의 선교. 선교인가 반선교인가』 성바오로출판사 1989 참조.

<sup>8</sup> 서남동 「민중의 신학」 『신학사상』 24, 한국신학연구소 1979, 78-109 참조. 서남동 목사와의 인터뷰에서도 같은 내용을 확인할 수 있었다: 서울 기독교장로회 선교교육원 1984. 2. 9.

그래서 가난한 이들에게 있어서 그리스도의 복음은 단지 죄를 용서하라는 요청일 뿐 아니라, 가난한 이들에게 몹쓸 죄를 짓는 위세에 대한 저항에로 초대하는 부름이기도 하다는 것이다.[9]

이와 같은 맥락에서 볼 때, 굿으로 대표되는 무교의례는 억울한 피해자의 한을 풀어내는 기능을 갖고 있다. 그러나 여기에서 요청되는 일은 가해자에 대한 보복이라는 중독적인 악순환의 고리에 매달리지 않으면서, 가해자와 피해자 사이의 화해와 용서가 이루어지는, 적극적인 해방을 통한 조화의 전망을 획득하는 일이다. 무교와 그리스도교가 이 땅이 지닌 삶의 조건condition humaine 속에서 서로 만나 창조적인 종교문화에로 고양되는 길이 여기에 있다고 본다. 한국의 역사 안에서 지속적이고 다양한 민중운동들과 근세 이후 의식 있는 그리스도인들의 사회참여는 이러한 창조적인 고양이 가능하다는 선례들이다.

세계종교의 축소판을 방불케 하는 한국의 종교현황 안에서 바람직한 인간 해방의 바른 실천ortho-praxis이 계속 이어질 때, 한국의 종교문화는 전 세계 정의·평화의 실현을 위해서도 중요한 몫을 담당할 수 있다. 현대 인류가 대면하고 있는 "심각하고도 신속한 변화"mutatio profunda et rapida[10] 앞에서 제각각의 문화가 보유한 사회적이고 역사적인 경험을 서로 진지하게 수용한다는 자세는, 인류 전체가 공동으로 당면하고 있는 전환기의 위기를 극복하고 성숙해져서 온 누리에 조화와 평화를 가져오는 첩경이 될 것이다.

지금 한반도에는 아득한 선사시대부터 한민족의 신앙을 형성해 온 무교를 비롯하여 19세기 후반기 이래 창교되고 있는 동학을 위시한 각종 민족종교 그리고 불교, 그리스도교 등 세계종교들이 병존하고 있다. 세계에 유례가 없는 한국의 다종교상황에서 종교인들은 자기 종파의 풍부한 유산과

---

[9] Raymond Fung, "Good News to the Poor. A Case for a Missionary Movement", in: *Your Kingdom Come: Report on the World Conference on Missions and Evangelism* (Melbourne, 12-15. May 1980) Geneva 1980, 83-92.

[10] 『제2차 바티칸 공의회 문헌』「교의 헌장」4항.

잠재력과 생명력을 가지고 온 누리와 온 겨레의 인간다운 구원 내지 완성을 위해 공헌해야 한다.

그 중에서도 한국 민중은 특히 비인간화를 거슬러 부단히 저항해 온 전통이 있다. 이 전통에서 한국의 종교들은 점점 좁아져 가고 있는 세계(地球村)의 해방을 위해 하나의 새로운 원리를 갖추어야 한다. 민중증교성의 내면적인 힘을 바탕으로 각 종교는 상호 선교의 주체로서 자기 전통을 보존하는 동시에 자신을 피선교의 대상으로 내놓아야 한다. 파니카의 말대로, 개종당할 위험까지도 감수한다는 자세를 허심탄회하게 가질 때,[11] 종교적 인간homo religiosus인 인류는 너와 내가 아닌 "우리 모두"로서 세계평화에 창조적인 공헌을 하게 될 것이다.

---

[11] R. 파니카, 앞의 책 참조.

# 참고 자료

## 1. 단행본

### 국내 문헌

강남대학교 신학대학 편『종교와 영성』한들 1998.

건들바우박물관 편『그림으로 보는 한국의 무신도』이가책 1994.

교황 바오로 6세 (이종홍 역)『현대의 복음선교』한국천주교중앙협의회 1977.

교황 요한 23세 (정규만 역)『지상의 평화』한국천주교중앙협의회 ²1983.

교황 요한 바오로 2세 (정하권 역)『교회의 선교 사명』한국천주교중앙협의회 1991.

국립민속박물관 편『큰무당 우옥주 유품』국립민속박물관 1995.

국제한국학회『한국 문화와 한국인』사계절 1998.

길희성『포스트모던 사회와 열린 종교』민음사 1994.

김광일『한국전통문화의 정신분석. 신화·무속·종교 체험』시인사 1984.

김민기『한국의 부작. 단의 미술부작을 통해서 본 기층문화』보림사 1987.

김승혜·김성례『그리스도교와 무교』바오로딸 1998.

김열규『한국신화와 무속연구』일조각 1982(1977).

김인회『한국무속사상연구』집문당 1987.

김종서 외『현대 신종교의 이해』한국정신문화연구원 1994.

김태곤『한국무가집』전4권, 집문당 1980.

── 『한국 무속 연구』집문당 1981.

── 『한국민간신앙 연구』집문당 1983.

김헌선『한국의 창세신화. 무가로 보는 우리의 신화』길벗 1994.

노길명『한국의 신흥종교』가톨릭신문사 1988.

── 『한국신흥종교연구』경세원 1996.

클로드 샤를르 **달레** (최석우·안응렬 역주)『한국천주교회사』상, 분도출
　　판사 1979(절판).

류동식『한국종교와 기독교』대한기독교서회 1965.

── 『한국 무교의 역사와 구조』연세대학교 출판부 1975.

── 『민속종교와 한국문화』현대사상사 1978.

무라야마村山智順 (정현우 역)『조선의 점복과 예언』명문당 1991.

문화재관리국『한국민속종합조사보고서』전14권, 1969~1983.

박일영『한국 무교의 이해』종교학총서 9, 분도출판사 1999.

사적 환시 대책 신학위원회 편『사적 환시에 관한 올바른 판단을 위하여.
　　사적 환시 관계 자료』천주교정의구현전국사제단 1994.

서대석『한국 무가의 연구』문학사상사 1980.

서양자『15세기 이전에 동방에 온 전교사』계성출판사 1986.

성문재『만법 영부 비전』성문서적 1974.

세계통일신령협회『원리강론』성화사 1966.

니니안 **스마트** (김윤성 역)『종교와 세계관』이학사 2000.

미르세아 **엘리아데** (박규태 역)『상징, 신성, 예술』서광사 1991.

── (이은봉 역)『성과 속』한길사 1998.

오윤태『한국경교사』한국기독교사 1, 혜선문화사 1973.

루돌프 **옷토** (길희성 역)『성스러움의 의미』종교학총서 2, 분도출판사
　　1987.

윤이흠『한국종교연구』전3권, 집문당 1986.

이기백『한국사 신론』일조각 1977.

이병도 교역『삼국사기』국역편 · 원문편, 을유문화사 ⁵1983(1977).

이병도 역주『삼국유사』수정판 원문 겸 역주, 광조출판사 1982.

이은봉『한국 고대 종교사상』집문당 1984.

장정룡『관노 가면극 연구』두산 1989.

정호경『나눔과 섬김의 공동체』분도출판사 1984.

『제2차 바티칸 공의회 문헌』한국천주교중앙협의회 1969.

조광『한국천주교 200년』햇빛출판사 1989.

조자용『삼신민고』가나아트 1995.

조흥윤『한국의 무』정음사 1983.

——『한국 무의 역사와 현상』민족사 1997.

진수陳壽 (김원중 역)『삼국지』전8권, 신원문화사 1994.

차옥숭『한국인의 종교경험. 무교』서광사 1997.

천우교 편『천우교 교리서』천우교총부 1988.

G. 체스니 (강대석 역)『삶의 문제에 대한 제 종교의 해답』이문출판사
    1983.

최길성『한국무속의 연구』아세아문화사 1978.

——『무속의 세계』정음문고 181, 정음사 1985.

최남선『조선상식 의례편 삼신조』(1937), 육당 최남선 전집 3, 현암사
    1973.

최석우『한국천주교회의 역사』한국교회사연구소 1982.

최준식『무교, 유교, 불교』한국의 종교, 문화로 읽는다 1, 사계절 1998.

——『도교, 동학, 신종교』한국의 종교, 문화로 읽는다 2, 사계절 1998.

다니엘 키스터『무속극과 부조리극. 원형극에 관한 비교연구』서강대학교
    출판부 1986.

——『삶의 드라마. 굿의 종교적 상상력 연구』서강대학교 출판부 1997.

리카르트 프리들리 (박일영 역)『현대의 선교. 선교인가 반反선교인가』

신학선서 10, 성바오로출판사 1989.

한국문화신학회 편『한국종교문화와 그리스도』한들 1996.

한국종교교육학회『한국의 종교와 인격 교육』아름다운 세상 1998.

한국종교연구회『한국종교문화사강의』청년사 1998.

홍태한『서사무가 바리공주 연구』민속원 1998.

황루시『우리 무당 이야기』풀빛 2000.

황선명『민중종교운동사』종로서적 [2]1981.

## 동양 문헌

葛洪,「抱朴子」『諸子集成』第8卷, 香港: 中華書局 1978.

『高麗史』.

『三國遺事』.

李奎報「老巫篇」『東國李相國集』.

村山智順『朝鮮の巫覡』調査資料 第三十六輯. 民間信仰 第三部, 朝鮮總督府 1929.

─『朝鮮の鬼神』朝鮮總督府 1929.

─『釋奠・祈雨・安宅』朝鮮總督府 1938.

秋葉隆・赤松智城『朝鮮巫俗の研究』東京: 大阪屋號書店 1937/38.

許愼『說文解字』北京 1977.

## 서양 문헌

Peter ANTES, *Die Religionen der Gegenwart: Geschichte und Glauben*, München: C.H. Beck 1996.

Thomas, AQUINAS, *Summa Theologiae* I, Roma: Typographia Forzani et S. 1923.

Wolfgang BEHRINGER (Hg.), *Hexen und Hexenprozess*, München: DTV 1988.

John BOWEN, *Religions in Practice*, Allyn & Bacon 1998.

W.L. BRENNEMAN et al., *The Seeing Eye: Hermeneutical Phenomenology in the Study of Religion*, Pennsylvania State UP 1982.

H. BÜRKLE, *Der Mensch auf der Suche nach Gott: Die Frage der Religionen*, Paderborn: Bonifatius 1996.

I.M. CASANOWICZ, *Shamanism of the Natives of Siberia: Annual Report of the Smithsonian Institution*, Washington D.C. 1924.

Charles-Allen CLARK, *Religions of Old Korea*, New York 1929.

CHO Hung-youn, *Koreanischer Schamanismus: Eine Einführung*, Hamburg: Hamburgisches Museum für Völkerkunde 1982.

Marie-Antoinette CZAPLICKA, *Aboriginal Siberia: A Study in Social Anthropology*, Oxford 1914.

DENZINGER-SCHÖNMETZER, *Enchiridion Symbolorum et Definitionum*, Salamanca 1963.

Enrique DUSSEL, *Herrschaft und Befreiung: Ansatz, Stationen und Themen einer lateinamerikanischen Theologie der Befreiung*, Freiburg i.Br. 1985.

Mircea ELIADE, *Le chamanisme et les techniques archaïques de l'extase*, Paris 1951.

——, *Die Religionen und das Heilige: Elemente der Religionsgeschichte*, Salzburg 1954.

——, *Yoga: Immortality and Freedom*, tr. Willard R. Trask, London 1958 〔정의교 역 『요가. 불멸성과 자유』 고려원 1989〕.

——, *Shamanism: Archaic Techniques of Ecstasy*. Bolligen Series 76, tr. Willard R. Trask, New York: Princeton UP 1964〔이윤기 역 『샤머니즘. 고대적 접신술』 까치 1992〕.

Hans-Jürgen FRAAS, *Die Religiosität des Menschen: Ein Grundriss der*

*Religionspsychologie*, Göttingen: Vandenhoeck & Ruprecht 1993.

Hans-Georg GADAMER, *Wahrheit und Methode: Grundzüge einer philoso-phischen Hermeneutik*, Tübingen: J.C.B. Mohr 1975.

René GIRARD, *La violence et le sacré*, Paris 1972〔김진식 · 박무호 역 『폭력과 성스러움』 민음사 1993〕.

Horst Jürgen HELLE, *Religionssoziologie: Entwicklung der Vorstellungen vom Heiligen*, München: Oldenbourg 1997.

Johannes HIRSCHBERGER, *Gottesbeweise: Vergängliches, Unvergängliches im denkenden Glauben*, Frankfurt a.M. 1966.

William JAMES, *The Varieties of Religious Experience: A Study in Human Nature*, Penguin Books 1902/1982〔김재영 역 『종교적 경험의 다양성』 한길사 2000〕.

Roger L. JANELLI, Dawnhee Yim JANELLI, *Ancestor Worship and Korean Society*, Stanford: Stanford UP 1982.

Carl-Gustav JUNG, *Allgemeines zur Komplextheorie*, GW 8, Olten 1971.

Antony KALLIATH (ed.), *Pilgrims in Dialogue: A New Configuration of Religions for Millennium Community*, Bangalore: Journal of Dharma 2000.

Youngsook KIM HARVEY, *Six Korean Women. The Socialization of Sha-mans*, St. Paul, Minnesota: West Publishing 1979.

R. KIRSTE et al., *Die Feste der Religionen: Ein interreligiöser Kalender mit einer synoptischen Übersicht*, Gütersloh: Gütersloher Verlagshaus 1995.

W.B. KRISTENSEN, *The Meaning of Religion*, The Hague: Martinus Nij-hoff 1971.

René LAURENTIN, *Chine et Christianisme. Apres les Occasions manquées*, Paris 1977.

Lee Jung-young, *Korean Shamanistic Rituals: Religion and Society*, vol.12, Mouton Publishers 1981.

W. Lessa, E. Vogt, *Reader in Comparative Religion: An Anthropological Approach*, New York: Harper & Row 1979.

Åke Ohlmarks, *Studien zum Problem des Schamanismus*, Lund-Kopenhagen 1939.

R. Panikkar, *The Intra-religious Dialogue*〔김승철 역 『종교 간의 대화』 서광사 1992〕.

B. Pfleiderer et al., *Ritual und Heilung: Eine Einführung in die Ethnomedizin*, Dietrich Reimer 1995.

Aloysius Pieris, *Theologie der Befreiung in Asien: Christentum im Kontext der Armut und der Religionen*. Theologie der Dritten Welt, Bd. 9, Freiburg i. Br. 1986.

G.J. Ramstedt, *Studies in Korean Etymology*, Helsinki 1949.

Wilhelm Schmidt, *Der Ursprung der Gottesidee*, 12 Bde., Münster 1912~1955.

Wilfred Cantwell Smith, *Towards a World Theology: Faith and the Comparative History of Religion*, Philadelphia: Westminster Press 1981.

Henrik H. Sörensen, *Religions in Traditional Korea*, Copenhagen: The Seminar for Buddhist Studies 1995.

Normann Tanner (ed.), *Decrees of the Ecumenical Councils*, vol.2: *Trent to Vatican II*, Georgetown UP 1990.

Gerd Theissen, *Soziologie der Jesubewegung: Ein Beitrag zur Entstehungsgeschichte des Urchristentums*, Theologische Existenz heute, Nr.194, München ³1981〔조성호 역 『예수운동의 사회학』 종로서적 1982〕.

Josef Franz Thiel, *Religionsethnologie: Grundbegriffe der Religionen schriftloser Völker*, Collectanea Instituti Anthropos 33, Berlin 1984.

Horace-Grant UNDERWOOD, *The Religions of Eastern Asia*, New York 1910.

Gerardus VAN DER LEEUW, *Religion in Essence and Manifestation*, Gloucester, Mass. 1938/1967.

Fernand VAN STEENBERGHEN, *Dieu caché*, Louvain 1961[*Hidden God: How Do We Know That God Exists?*, Saint Louis, Mo. 1966].

Jacques WAARDENBURG, *Classical Approach to the Study of Religion: Aims, Methods and Theories of Research*, The Hague: Mouton 1973.

Joachim WACH, *Religionssoziologie*, Tübingen 1951.

## 2. 논문 · 정기 간행물 · 사전

**국내 문헌**

『가톨릭신문』 1990. 10. 7.

강영옥 「락탄시오」 『한국가톨릭대사전』 3, 한국교회사연구소 1996.

강우일 외 「제44차 세계성체대회 기념 "제찬과 성찬" 심포지엄에서 발표된 5편의 논문과 그에 따른 토론문」 『종교신학연구』 3, 서강대학교 종교신학연구소 1990, 111-428.

김명자 「무당 OOO. 숙명적인 신의 딸」 『전통문화』 1985/5, 117-9.

―― 「삼신」 『한국가톨릭대사전』 6, 한국교회사연구소 1998, 4177b-4179b.

김석종 「가톨릭도 이단 논쟁 뜨겁다」 『뉴스메이커』 1994/3/31, 74-5.

김열규 「원한 사상」 『사목』 50, 한국천주교중앙협의회 1977, 91 이하.

―― 「전통적 종교심성의 한 이해」 『사목』 107, 한국천주교중앙협의회 1986/9, 33 이하.

김영호 「한국 무속의 공동체관」 『사목』 211, 한국천주교중앙협의회 1996/8.

김인회「내림굿. 성숙한 인격의 구도자로서의 전환」『황해도 내림굿』한국
　　의 굿 1, 열화당 1983, 75-96.
류동식「한국인의 종교심성과 기독교 이해」『사목』93, 한국천주교중앙협
　　의회 1984/5, 41 이하.
──「한국의 문화와 신학사상. 풍류신학의 의미」『신학사상』47, 한국신학
　　연구소 1984/겨울, 718-34.
──「한국 무교의 종교적 특성」『한국 무속의 종합적 고찰』고려대학교 민
　　족문화연구소 1982, 127-45.
박계홍「한·일 민간신앙의 비교고찰 III ─ 祭神의 性格과 表象을 중심으
　　로」,『국어국문학』85, 국어국문학회 1981, 37-59.
박일영「1970년대 한국 가톨릭 교회의 정의구현운동」『현상과 인식』44,
　　연세대학교 한국인문사회과학원 1988/11, 9-30.
──「거듭난 자의 삶」『성서의 세계』6, 동아출판사 1989, 180-90.
──「종교 간의 갈등과 대화. 무속과 그리스도교를 중심으로」『종교신학연
　　구』2, 서강대학교 종교신학연구소 1989, 99-124.
──「무속의 대동잔치」『종교신학연구』3, 서강대학교 종교신학연구 1990,
　　115-44, 297-304.
──「한국 무속의 신관. 토착화 연구 발표」『사목』149, 한국천주교중앙협
　　의회 1991/6, 79-106.
──「사도들의 복음선교적 삶과 사도직」『성서와 함께』190, 1992/1, 10-4.
──「무속의 사후세계와 사령제」『사목』166, 한국천주교중앙협의회 1992/
　　11, 67-96.
──「무속의 제천의례」『이성과 신앙』6, 수원가톨릭대학교 1993, 88-148.
──「그리스도교에서 본 무속신앙」『종교신학연구』7, 서강대학교 종교신학
　　연구소 1994, 111-41.
──「현대 교황청 문헌의 선교 이해」『현대사상연구』6, 대구가톨릭대학교
　　1995, 1-29.

── 「한국인의 민간신앙과 종교적 심성」『한국 전통사상과 천주교』한국가
톨릭문화연구원 1995, 327-64.

── 「무교적 관점에서 본 그리스도교」『신학과 사상』 14, 가톨릭대학교
1995, 105-30.

── 「무교의 공수와 그리스도교의 계시에 관한 비교 연구」『종교연구』 11,
한국종교학회 1995, 321-53.

── 「한국 무속의 신관」『신관의 토착화』한국천주교중앙협의회 1995, 7-
45.

── 「무교와 그리스도 신앙」한국문화신학회 편『한국종교문화와 그리스도』
한들 1996, 203-33.

── 「가톨릭과 무교의 상호선교」『신학전망』 115, 광주가톨릭대학교 1996,
2-18.

── 「민족 화해를 위한 남북한 종교의 역할」『현대사상연구』 7, 대구가톨릭
대학교 1997, 171-81.

── 「두렵고도 인자한 님을 대하며. 무교와 그리스도교에서 본 하느님 체험
이야기」『한국그리스도사상』 5, 한국그리스도사상연구소 1997, 14-43.

── 「무교적 심성에 비추어 본 가톨릭 교회의 한국화 전망」우리사상연구소
편『한국 가톨릭 어디로 갈 것인가?』서광사 1997, 154-79.

── 「부적」『한국가톨릭대사전』 6, 한국교회사연구소 1998, 3627-30.

── 「해방 후 반세기의 한국 무교연구사」『종교연구』 15, 한국종교학회 1998,
137-61.

── 「한국 가톨릭 교회의 사회적 기능」『종교교육학연구』 9, 한국종교교육
학회 1999, 73-95.

── 「토착화 연구 활동에 대한 신학 노선별 검토」『사목』 247, 한국천주교
중앙협의회 1999, 51-71.

── 「다종교문화의 전통과 현실 속에서의 복음화」『한국그리스도사상』 8,
한국그리스도사상연구소 2001, 191-218.

── 「종교 공동체에 대한 비교 연구. 무교와 그리스도교」『신학과 사상』
　　37, 가톨릭대학교 2001, 89-109.

── 「단오굿을 통해 본 한국 무교의 이중적 실재」『샤머니즘 연구』 4, 한국
　　샤머니즘학회 2002, 165-98.

서공석 「"제찬과 성찬" 종합발제」『종교신학연구』 3, 서강대학교 종교신학
　　연구소 1990, 251-76.

── 「계시」『한국가톨릭대사전』 1, 한국교회사연구소 1994, 369-75.

── 「계시에 관한 현대신학적 이해」『사목』 183, 한국천주교중앙협의회
　　1994/4, 61-76.

송명석 「남근목男根木 깎아 풍어 기원한다. 삼척 신남마을 당제」『중앙일보』
　　1999/2/10, 40면.

심상태 「격동기를 사는 종교심성」『사목』 56, 한국천주교중앙협의회 1978,
　　2-3 및 5편의 "한국인의 종교심성" 특집 논문.

이강오 「신흥종교」『민간신앙·종교』 한국 민속대관 3, 고려대학교 민족문
　　화연구소 1982, 609-68.

이광규 「한국인 종교심성의 기저 구성」『사목』 37, 한국천주교중앙협의회
　　1975/1, 88 이하.

── 「한국의 가신 숭배와 무속. 인류학적 측면에서 본 한국인의 종교심성」,
　　『사목』 56, 한국천주교중앙협의회 1978/3, 31-9.

이기상 「21세기 기술시대를 위한 새로운 가치관 모색」『가톨릭철학』 1, 한
　　국가톨릭철학회 1999, 68-125.

이능화 「조선무속고」『계명』 19, 계명구락부 1927, 1-85.

이소라 「치리섬 별신제」『문화재』 17, 문화재관리국 1984, 187-217.

이부영 「한국 무속의 심리학적 고찰」『한국 무속의 종합적 고찰』 고려대학
　　교 민족문화연구소 1982, 147-78.

── 「귀령현상의 분석심리학적 이해」『한국사상의 원천』 박영사 1983,
　　294-340.

장익「미사와 굿 사이에」『사목』55, 한국천주교중앙협의회 1978, 2-3 및
　　7편의 "샤머니즘과 그리스도교" 특집 논문.

정양모「예수의 최후만찬과 교회의 성찬. 그 형태와 의미와 현실성」『종교
　　신학연구』3, 서강대학교 종교신학연구소 1990, 29-56.

정영한「계시에 있어서의 환시와 예언의 의미에 관한 구약성서적 고찰」
　　『신학전망』104, 광주가톨릭대학교 1994/봄, 2-18.

정진홍「한국종교문화의 전개」『한국종교의 이해』집문당 1985, 53-99.

조흥윤「잡귀·잡신 연구」『종교신학연구』1, 서강대학교 종교신학연구소
　　1988, 79-98.

──「한국 지옥 연구 ── 무巫의 저승」『샤머니즘연구』1, 한국샤머니즘학회
　　1999, 31-79.

최광식「삼신할머니의 기원과 성격」『여성문제연구』11, 효성여자대학교
　　한국여성문제연구소 1982, 47-57.

최길성「한국 무속의 엑스타시 변천고考」『아세아연구』12/2, 고려대학교
　　아세아문제연구소 1969.

최석우「사학징의를 통해서 본 초기 천주교회」『한국 교회사의 탐구』한국
　　교회사연구소 1982, 46-88.

최종성「무속의 국행의례연구. 의례의 성격과 무巫의 위상」『종교연구』16,
　　한국종교학회 1998, 299-324.

D. 키스터「무당 몸짓의 상징적 언어」『문학사상』60, 문학사상사 1977,
　　291-6.

현영학「민중신학과 한의 종교」『신학사상』47, 한국신학연구소 1984/겨
　　울, 762-73.

현용준「삼승할망본풀이」『한국민족문화대백과사전』13, 한국정신문화연구
　　원 1991, 350a-350b.

황루시「한풀이의 현장. 수망굿을 중심으로」『문학사상』127, 문학사상사
　　1983/5, 256-75.

## 서양 문헌

C.M. EDSMAN, "Offenbarung I: Religionsgeschichtlich", *Die Religion in Geschichte und Gegenwart* 4. 1986, 1597-9.

Mircea ELIADE, "Pantheism and Panentheism", *The Encyclopedia of Religion*, vol.11, New York 1987, 165-71.

Richard FRIEDLI, "Interkulturelle Theologie", *Handwörterbuch missionswissenschaftlicher Grundbegriffe*, Düsseldorf 1989.

Richard A. HORSLEY, "Further Reflections on Witchcraft and European Folk Religion", *History of Religion* 19, 1979〔최형묵 역「마법과 유럽 민중종교에 관한 심층적 고찰」『신학사상』 82, 한국신학연구소, 1993, 251-80〕.

Åke HULTKRANTZ, "A Definition of Shamanism", *Temenos* 9, 1973.

Laurell KENDALL, "Caught between Ancestors and Spirits: Field Report of a Korean Mansin's Healing Kut", *Korea Journal*, Aug. 1977, 8-23.

——, "Mugam: The Dance in Shaman's Clothing", *Korea Journal*, Dec. 1977, 38-44.

Jan KERKHOFS, "Dieu en Europe", *Pro Mundi Vita – Dossiers*, 1987, 13-8.

KIM Chi-ha, "Gewissenserklärung", *Forum*, 1976, 34-90.

Rodney NEEDHAM, "Percussion and Transition", *Reader in Comparative Religion: An Anthropological Approach*, New York: Harper & Row 1979, 311-8.

PARK Il-young, "Communion Feast in Korean Shamanism", *Korea Journal* 31/1, 1991, 73-86.

Jean-Paul SARTRE, "Orphée Noir", *Les temps modernes*, 1948, 577-606.

Norbert SCHIFFERS, "Offenbarung: I. Zur fundamentaltheologischen Bestimmung des Begriffs der Offenbarung", Karl Rahner (Hg.), *Herders Theologisches Taschenlexikon* 5, Freiburg i. Br.: Herder 1973, 228-37.

Dominik SCHRÖDER, "Zur Struktur des Schamanismus: Mit besonderer Berücksichtigung des Lamaischen Gurtums", *Anthropos* 50, 1955.

YIM Suk-jai, "Introduction au Mouïsme: La Religion populaire Coréenne", *Social Compass* 25, 1978, 175-90.

## 3. 학위 논문

### 국내

김동규「무교의 신앙 실천과 일상성」서강대학교 석사 2000.

김인회「한국 교육의 문화적 기저에 관한 연구. 무속을 중심으로」연세대학교 박사 1980.

서영대「한국고대 신관념의 사회적 의미」서울대학교 박사 1991.

서현선「16, 17세기 유럽 대륙에서 발생한 마녀 박해사 연구」이화여자대학교 석사 1992.

이수자「제주도 무속과 신화 연구」이화여자대학교 박사 1989.

조형경「바리공주 무가의 기호학적 분석」대구가톨릭대학교 석사 1996.

주강현「두레 연구」경희대학교 박사 1995.

최경호「"미신타파" 이후의 동제와 마을의 정체성」영남대학교 석사 1996.

최광식「한국 고대의 제의 연구」고려대학교 박사 1989.

최진경「현대 사회 속의 신점神占. 그 의례적 특성을 중심으로」이화여자대학교 석사 1998.

홍나래「무속 신화 "칠성풀이"의 연구」이화여자대학교 석사 1997.

### 국외

Harald MOTZKI, "Der Schamanismus als Problem religionswissenschaftlicher Terminologie", Magisterarbeit, Bonn 1974.

O Sek-keun, *Der Volksglaube und das Christentum in Korea*, Dissertation, Freie Universität Berlin 1979.

PARK Il-young, *Minjung, Schamanismus und Inkulturation: Schamanistische Religiosität und christliche Orthopraxis in Korea*, Dissertation, Universität Fribourg 1988.

Th. P. VAN BAAREN, *Vorstellingen van Openbaring, phaenomenologisch beschouwd*, Dissertation, Utrecht 1951.

## 4. 학술회의 발표 자료

### 국내

안병무, Wolfgang KRÖGER, 「민중신학에 관한 대학원 세미나 자료」 한신대학교 대학원 신학과 1985. 12. 3.

원광대학교 민속학연구소 「샤머니즘의 현대적 의미」 제2회 국제 민속학 학술회의 동양 샤머니즘학자 대회록, 원광대학교 출판부 1972.

주강현 「한국사에 나타난 공동체관. 조선후기 마을 공동체문화를 중심으로」 제44회 토착화 연구발표회 자료, 한국천주교중앙협의회 1998. 3. 30.

크리스찬 아카데미 편 「문명의 전환과 종교의 새로운 비전」 종고 간의 대화 30주년 기념 대화모임 자료집, 아카데미 하우스 1995.

한국민속학회 편 「점복 신앙」 1999년 춘계 학술대회 자료집, 한국민속학회 1999. 6. 5.

### 국외

Fung, Raymond, "Good News to the Poor. A Case for a Missionary Movement. Report on the World Conference on Missions and Evangelism, Melbourne, 12-25. May 1980", *Your Kingdom Come*, Geneva 1980, 83-92.

## 5. 기타 자료

박복개 「천지순환지법」(필사본), 통영, 1984. 7. 5.
박일영 「내림굿 현장자료 녹음 테이프」 부천 원미동(무당 후보자 자택),  1985.
　　10. 15. (음: 9.2) N 3: 258-289.
──「재수굿 현장자료 녹음 테이프」 서울 삼곡사(굿당),  1984. 3. 6. (음: 2.4)
　　C 2: 038-112.
최정무 「무속에 나타난 신과 문화질서 의식」 발표 초록 사본, 서강대학교
　　동아연구소 1986. 1. 9.

헐버트(Hulbert, H.B.) 30-4
「현대의 복음선교」(*Evangelii Nuntiandi*) 23-
    4 49 81 204
현대화(aggiornamento) 63 165 190
현세 지향 85-6
현실도피 37 85-6
형상화(形象化, Gestaltung) 52 161 163-4
    173 214
형이상학 49 88 170 213
형이상학적 신학 113
형제적 친교(communio fraterna) 191-2
호연지기(浩然之氣) 168
혼합종교 31
횡액(橫厄) 145
화두 7 212
화랑 41 168
화랑도 41 153 168 176
화음(禍音, Drohbotschaft) 18
환웅 169
활성화(revitalization) 43 55 88 187
황해도 굿 138
황홀경(trance) 33-4 40
회개(metanoia) 46 55
회교 16
회두(回頭) 149
회심(回心) 116
후천개벽(後天開闢) 172
흉일(凶日) 29
흠숭 160
희생 제물 55 107 111-2
힌두교 16 124
힘(威力) 122